博士论文
出版项目

受欺骗承诺的
刑法效果问题研究

Research on Legal Effect of Consent from Deceit

杜治晗　著

中国社会科学出版社

图书在版编目(CIP)数据

受欺骗承诺的刑法效果问题研究 / 杜治晗著 . --北京：中国社会科学
出版社，2022.3

ISBN 978-7-5227-0094-6

Ⅰ. ①受… Ⅱ. ①杜… Ⅲ. ①刑法—研究—中国 Ⅳ. ①D924.04

中国版本图书馆 CIP 数据核字（2022）第 062622 号

出 版 人	赵剑英	
责任编辑	宫京蕾　周怡冰	
责任校对	郝阳洋	
责任印制	郝美娜	

出　　版	中国社会科学出版社	
社　　址	北京鼓楼西大街甲 158 号	
邮　　编	100720	
网　　址	http://www.csspw.cn	
发 行 部	010-84083685	
门 市 部	010-84029450	
经　　销	新华书店及其他书店	

印刷装订	北京君升印刷有限公司
版　　次	2022 年 3 月第 1 版
印　　次	2022 年 3 月第 1 次印刷

开　　本	710×1000　1/16
印　　张	20.25
字　　数	310 千字
定　　价	118.00 元

凡购买中国社会科学出版社图书，如有质量问题请与本社营销中心联系调换
电话：010-84083683

出 版 说 明

为进一步加大对哲学社会科学领域青年人才扶持力度，促进优秀青年学者更快更好成长，国家社科基金 2019 年起设立博士论文出版项目，重点资助学术基础扎实、具有创新意识和发展潜力的青年学者。每年评选一次。2020 年经组织申报、专家评审、社会公示，评选出第二批博士论文项目。按照"统一标识、统一封面、统一版式、统一标准"的总体要求，现予出版，以飨读者。

全国哲学社会科学工作办公室

2021 年

序

　　被害人承诺，又称被害人同意，是指法益主体对他人侵害自己能够支配的利益表示允诺或者同意。在偌大的刑法学体系当中，被害人承诺只是个很不起眼的小问题，但却是最能体现刑法学基本立场的问题之一。贯彻个人主义刑法观的话，就会说被害人处分自己利益的行为，只要不对其他人的利益造成妨害，就不应受到任何限制，承诺杀人也应当允许，在费尔巴哈等启蒙时期的刑法学者那里，就是坚持这种观点。相反地，贯彻国家主义刑法观的话，就会对被害人承诺的适用范围进行严格限制，无论是个人的生命、身体健康还是名誉、自由，都不允许自由处分，而要受到国家、社会或者民族共同体的共同观念的制约，这种倾向，在纳粹德国时期的刑事立法中，曾经登峰造极。我国的社会制度决定了我国是一个以人的全面自由发展作为终极目标的社会，我国刑法虽然没有像有些国家那样，将被害人承诺明文规定为排除犯罪性事由，但是，从我国刑法没有将违反社会伦理规范的被害人放弃自己利益的行为，如自杀、卖淫、通奸、自己吸毒等规定为犯罪，同时，将违反被害人意志理解为盗窃、强奸、非法侵入他人住宅等犯罪的犯罪构成要件要素的现状来看，应当说，我国刑法借鉴和吸收了在战后西方社会中占主导地位的个人主义刑法观。只是，刑法属于公法，在这个领域当中，个人原则上不具有决定犯罪成立与否的权限，因此，虽说"同意无侵害"，但和民法等私法领域中个人具有广泛的自主决定权的情况不同，在刑法上，被害人承诺原理的适用范围应当极为有限；而且，由于对被害人承诺原理的法理、适用被害人承诺原理的有效条件、有瑕疵承诺的处理以及推定承诺的认定等，中外学者的见解也极不一致，因此，在刑法领域内，被害人承诺原理的适用范围，是不是像正当防卫、紧急避险等排除犯罪性事由一样，具有普遍适用的意义，还有待探讨，特别是被害人承诺的有效条件，受欺骗的承诺是不是具有排除法益侵害性的效果，都是值得探讨的问题。从此意义上讲，杜治晗博士的《受欺骗承诺的刑法效果问题研究》一书，就具有了重要的理论价值和实践意义。

正如本书所言，对于被害人受欺骗所做的承诺的效力判断，大致上存在两种不同的思考进路：一是以他人之欺骗为考察的出发点，这是德国刑法理论的传统见解，认为法益主体因受骗而作出的承诺全部无效，即"全面无效说"。一般认为，该说仅根据行为人实施了欺骗行为这一因素就使得承诺无效，会导致处罚范围的过分扩张，并不妥当。二是以法益主体之错误为中心的见解，其近年来流行于德日并对我国有巨大影响，认为法益主体是否受欺骗对承诺的有效与否并没有决定性的作用，法益主体在什么样的错误之下所做出的意思决定才是判断被害人承诺有无刑法效果的关键。被害人的错误性质，依照其内容，有动机错误说、条件错误说和法益关系错误说三种。

在本书中，杜治晗博士认为，动机错误说为限制全面无效说提供了一个理论工具，但"动机错误"概念自身缺乏明确性，概念的内涵和外延都很模糊，因此，其并不是一个成功的检验标准。作为从日本司法判例发展出来的条件错误说，长期处于日本的通说地位，但按照该理解，几乎所有与欺骗行为有关的承诺都归于无效，不具有限定处罚范围的过滤功能。法益关系错误说将判断标准落实在"与法益有关的错误"上，这种观点既能够厘清刑法分则具体各罪的保护范围，又能兼顾具体各罪构成要件的定型性，因此，在思考方向上是正确的，且蕴含合理内核。

对于法益关系错误说所面临的一些批判，即如在欺骗行为人就反对给付、利他目的及紧急事态等内容进行欺骗的场合，本说会"过分限制处罚范围"的说法，杜博士认为，法益关系错误说在多数场合将法益主体有关反对给付的错误期待排除在保护范围之外，并无不可；但是，在欺骗行为人针对法益主体的利他目的进行欺骗，或者虚构紧急事态进行欺骗的场合，法益关系错误说仍会肯定承诺的正当化效力，导致法益主体的利他目的落空或者必须承受损害，则是需要修正的问题。现有的修正学说致力于扩张"与法益有关的错误"的范围，反倒损及法益关系错误说的客观性、明确性等理论品质，并不能令人满意。

在上述背景之下，杜博士提出了"二阶的法益关系错误说"。认为由于受欺骗承诺的情形具有相当的复杂性，不宜将法益关系错误说作为一个绝对标准；法益关系错误说的意义并不在于没有法益关系的错误则承诺有效，而是表明存在法益关系的错误则承诺无效。在受欺骗承诺的法律效力之判断上，法益关系错误说仅仅是第一道筛选机制；如果不能认定法益主体的错误认识与具体构成要件的保护法益有关，还需进一步考察该承诺能否在规范评价上视为法益主体的自己决定权之实现。在判断受欺骗承诺的法律效力时，第一步首先判断法益主体是否因为该欺骗而产生了与相应构成要件的保护法益有关的错误；如果未产生上述错误，则进一步考察，法益主体是否误以为维系该法益的选择可能性已经丧失或缩减，并基于这一判断放弃了该法益。杜博士认为，这种以法益关系错误说为基础，分阶段进行考察的判断方法能够使"受欺骗承诺的刑法效果问题"在刑法总论的抽象研究和刑法各论的具体事例中，都得到较为周延妥善的解决。

本书是在杜治晗向清华大学提交的博士学位论文的基础上，根据各位评审专家所提出的修改意见修改而成的。在论文的外审和答辩过程中，各位专家对杜治晗的博士论文给予了高度评价，使得论文最终被评为当年度清华大学优秀博士学位论文，随后又被中国刑法学研究会评为全国刑法学优秀博士学位论文，并获得国家社科基金优秀博士论文出版项目资助。

作为最早将"法益关系错误说"引进到国内的学者，我对杜治晗博士在继承法益关系错误说的基本立场的同时，针对现实中对其的质疑，提出"二阶的法益关系错误说"，对其进行弥补修正方面做出的重要贡献，感到欣喜。学术事业讲究薪火相传，任何观点都不能故步自封，必须接受时间的检验，与时俱进。这一点，在《受欺骗承诺的刑法效果问题研究》一书中有非常具体的体现。同时，作为杜治晗博士在清华大学的指导教师，看到杜治晗同学今天的进步成长，也是感慨万千。杜治晗同学在武汉大学法学院读完本科和硕士之后，来到清华大学在我的名下攻读博士学位。因为同样出身于武大法学院的缘故，我对他有一种完全不同的期待和要求。也正因如此，他最初非常不适应在清华的学习，一度有些辛苦。好在他能秉承"自强弘毅"的精神，能够理解导师的一片苦心，在压力之下仍然坚持过来，最终以优异成绩毕业，让我欣慰！

"长江后浪推前浪，一代更比一代强"！祝愿现在长江边上的"南方清华"任教的杜治晗博士能够以本书的付梓为契机，学术精进，更上层楼！

是为序

黎宏

2022 年 4 月 4 日于北京清华园

摘　　要

　　"得承诺的行为不违法"，法益主体的有效承诺可以排除损害法益的行为之不法。有效的承诺必须出自具有承诺能力的法益主体内心真挚的、任意的意思决定。法益主体由于受到欺骗而产生错误认识，基于此种错误认识而作出的承诺是否有效，理论上仍然存在争议。

　　对于受欺骗承诺的效力判断，大体而言，存在两种不同的思考进路：一是以他人之欺骗为考察的出发点，二是以法益主体之错误为考察的中心。从欺骗出发的观点是"全面无效说"，这是德国的判例和传统通说，认为法益主体因受骗而作出的承诺全部不具有正当化效力。该说仅根据行为人实施了欺骗行为这一因素就使得承诺无效，过分扩大了处罚范围。相对地，以错误为中心的观点则认为，欺骗对于承诺的有效与否并不具有决定性作用，法益主体基于什么样的错误而为意思决定才是问题的关键；而具体到何种性质的错误会否定承诺的效力，则又存在动机错误说、条件错误说和法益关系错误说等不同学说。

　　动机错误说最先析出了"动机错误"这一类型概念，为限制全面无效说提供了一个理论工具，但"动机错误"概念自身缺乏明确性，概念的内涵和外延都很模糊，并不是一个成功的检验标准。条件错误说是日本司法判例发展出来的理论，也是日本刑法理论的通说，但实际上会导致几乎所有与欺骗行为有关的承诺都归于无效，不具有限定处罚范围的过滤功能。法益关系错误说将判断标准落实在"法益关系"上，既能够厘清刑法分则具体各罪的保护范围，又能兼顾具体各罪构成要件的定型性，不仅思考方向正确，而且蕴含合理内核。不过，由于受欺骗承诺的情形具有相当的复杂性，不宜将法益关系错误说作为一个绝对标准。

本书赞同这样的观点，法益关系错误说的意义并不在于没有法益关系的错误则承诺有效，而是表明存在法益关系的错误则承诺无效。在判断受欺骗承诺的法律效力时，第一步首先判断法益主体是否因为该欺骗而产生了与相应构成要件的保护法益有关的错误；如果未产生上述错误，则进一步考察，法益主体是否误以为维系该法益的选择可能性已经丧失或缩减，并基于这一判断放弃了该法益。这种以法益关系错误说为基础，分阶段进行考察的观点，本书称之为"二阶的法益关系错误说"。这一判断方法能够使"受欺骗承诺的刑法效果问题"在刑法总论的抽象研究和刑法各论的具体事例中，都得到较为周延妥善的解决。

关键词：受欺骗承诺；全面无效说；动机错误说；条件错误说；法益关系错误说

Abstract

"Consented act is not illegal". The effective consent by the owner of legal goods can exclude the illegality of the act that infringed upon legal goods. The requirement for the effective consent can be divided into two parts: the objective requirement outside the owner of the legal goods and the subjective requirement inside the owner of the legal goods. The point in time of the consent, the ability to consent of the owner of the legal goods, etc. are the outside objective requirement. As to the subjective requirement, it means that the consent must be made from the sincere and voluntary decision – making. If the owner of the legal goods was deceived and got a mistake, there is still theoretical controversy on whether the consent based on such mistake is effective.

Concerning determination of the legal effect of the consent based on mistake, there are two different ways of thinking: one takes the deceit of the perpetrator as the starting point of the examination and one takes the mistakes of the owner of the legal goods as the focus of the research. The viewpoint of the former one is the doctrine of overall invalidity, which is supported by the judicial precedents and traditional theory in Germany, contending that none of the consent made by the owner of legal goods from deceit bears the effect of justification. Such theory deems the consent invalid simply because of the fact that the perpetrator deceived the owner of legal goods, and thus expands the scope of punishment too broadly.On the contrary, the latter one believes that whether the owner of legal goods got deceived plays no decisive role in determining the effect of consent and contends that the key point of the legal effect lies in the type of mistake, upon which the owner of legal goods made decision.As to the type of mistake that negates the effect of consent, there are many theories, mainly including the doctrine of mistake in motives, the doctrine of mistake in condition and the doctrine of mistake related to legal goods.

The doctrine of mistake in motives is the first one in criminal theory that separated the "mistake in motives" out.It provides a theoretical tool for limiting the doctrine of overall invalidity and deepen the research on the subject of "the legal effect of consent from deceit".However, because the concept of "mistake in motives" lacks clarity and the connotation and denotation of the concept are vague, such theory cannot constitute a useful standard.The doctrine of mistake in condition developed from the judicial precedents in Japan and kept taking the position of common theory in Japan for a longtime.Nonetheless, such theory will in fact make almost all the consent from deceit invalid and thus bears no filtering function for limiting the scope of punishment.The doctrine of mistake related to legal goods puts the standard for determining the legal effect of the consent based on deceit on the "relationship to legal goods". It can clearly define the scope of protection for specific offenses in special provisions of criminal law and give consideration to the regularity of the constituent elements of specific offenses.Not only is the way of thinking correct, it also has reasonable contents.Though the doctrine of mistake related to legal goods provides a reasonable standard for determining the effect of the consent from deceit, because the cases of consent from deceit are relatively complex, it would be better not to take the doctrine of mistake related to legal goods as an absolute standard.

The author agrees the following opinion, that the doctrine ofmistake related to legal goods does not mean that consent without such mistake is always effective, but that if there is such mistake, the consent becomes invalid. In the process of determining the legal effect of consent from deceit, the doctrine of mistake related to legal goods is merely the first selecting mechanism. If it cannot be confirmed that the mistake is related to the legal goods of specific constituent requirements, it should be further examined whether the consent can be normatively assessed as the express of the free will and the realization of the self-determination of the owner of the legal goods. The opinion based on the doctrine of mistake related to legal goods, carrying out examination into steps, is named in this paper as " the Second - Order doctrine of mistake related to legal goods". This way of thinking can make it possible to solve "the problem of legal effect of consent deceit" properly both in the abstract research on general parts of criminal law and specific cases in specific provisions of criminal law.

Key words: consent from deceit; the doctrine of overall invalidity; the doctrine of mistake in motives; the doctrine of mistake in condition; the doctrine of mistake related to legal goods.

目　　录

Contents

绪　　论

法益主体由于受欺骗而作出的承诺在刑法上究竟应产生什么样的效果，是久负争议的问题，至今仍有可以深入探讨的空间。本章首先介绍"受欺骗承诺的刑法效果问题"的研究背景、研究意义、研究方法以及研究内容。

第一节　问题的提出

所谓法益主体的同意或承诺，是指法益主体根据自主的意思决定，对其可以处分的个人法益，许诺他人加以损害的情形。古罗马先哲乌尔比安之名言"符合他人意志的，则不为违法"（Nulla iniuria est, quae in volentem fiat），已是法律人随口能诵的法谚。19世纪古典自由主义思想家约翰·密尔基于其自由原则的群己界限论提出，没有人能正当地干涉一个理性的成年人自愿实施仅损害其本人的行为，也无法正当地阻止某人损害另一人，只要后者在自由且知情的条件下自愿承担该损害后果。① 上述论断和原理在所有现代法

① ［英］约翰·密尔：《论自由》，孟凡礼译，广西师范大学出版社 2011 年版，第117 页以下。

律体系中都获得承认。① 因此，法益主体享有自主处分个人法益的权利，存在法益主体的有效同意就意味着其实现了个人的自主决定权和自主处分权，即可阻却相对人行为的构成要件该当性或违法性，进而否定犯罪的成立。不过，法益主体所作出之自我损害决定应当出自于其真实的自主决定，始能发生阻却犯罪成立的效力。理论上没有争议地认为，法益主体自身认识能力、判断能力存在缺陷时，或者法益主体受到强制、胁迫、欺骗时所作的瑕疵承诺，在法律上并不认可其有效性。

在瑕疵承诺的各种情形中，法益主体因欺骗而作出承诺的情形最具复杂性。一方面，虽然法律学者将"欺骗"提炼为"虚构事实、隐瞒真相"，但仍然无法网罗社会生活中形式繁多且层出不穷的欺骗方式；另一方面，在刑法分则中，除了特别以"欺骗"作为犯罪手段的诈骗罪之外，在杀人、故意伤害、强奸、非法侵入他人住宅、非法拘禁等等罪名中都可以使用欺骗手段完成犯罪。当行为人以欺骗手段实施上述犯罪行为时，法益主体的承诺是否有效将会决定行为人的刑事责任；而欺骗行为的光怪陆离与具体罪名的不同特性相互碰撞，无疑会增加具体案件的处理难度。

根据笔者的观察，我国刑事司法实务对涉及"受欺骗承诺"的犯罪案件之处理现状，目前似乎只能看出对具体情形的不同态度，难以归纳出一定之规，概括为"有态度，无方法"似不为过。具体表现有以下三种情形：

第一，对于法益主体受欺骗而作出的承诺，司法实务分别确定了一些否定或肯定承诺效力的典型案件与具体情形，却满足于能够轻易确定的结论及说理，没有深层次的探究和追问。

司法机关否定受欺骗承诺的有效性的典型案件，可以举出江苏姚定荣故意杀人案。被告人姚定荣为达到不偿还债务之目的，利用

_____

① ［美］乔尔·范伯格：《刑法的道德界限（第一卷）：对他人的损害》，方泉译，商务印书馆 2013 年版，第 126、127 页。

债权人成乃章夫妇不和之机会，劝说成乃章以假装自缢寻短见的方式吓唬妻子不再为琐事吵闹，并为成乃章制定了具体计划：姚与成先行支开成乃章的妻子杨凤干，待杨将要回来时，姚定荣以手电筒发出信号，成乃章即开始自缢，一待成某踢翻脚下凳子，姚即进入现场及时施救。成同意了姚的计划。但姚故意不待杨凤干出现即提前发出信号，成乃章依计划自缢、踢翻脚下凳子，姚却故意不予施救，导致成乃章身亡。对此，法院认为被害人成乃章因为受到被告人姚定荣的欺骗而陷入错误认识，进而根本没有认识到自己的自缢行为将会导致自己死亡，因此被害人并不是"自杀"，姚定荣成立故意杀人罪。① 与此相对，根据相关司法解释及司法实务经验总结，部分受欺骗而作出的承诺并不丧失有效性。例如，行为人如果冒充国家机关工作人员与他人发生性行为、骗取性利益，并不构成强奸罪，而是构成《刑法》第 279 条的招摇撞骗罪；以结婚、恋爱为名欺骗他人发生性关系，在 1997 年修订刑法之前，是以流氓罪论处，现在则不再以犯罪论处；不难推知，司法机关认为在上述情形中，尽管法益主体因为受到欺骗而承诺与他人发生性行为，其承诺却仍然有效，阻却强奸罪的成立。②

第二，当行为人通过欺骗行为获得法益主体处分不同法益的承诺时，司法实务会在此法益的场合否定承诺效力，而在彼法益的场合肯定承诺效力，对此区别对待却不做说明。

以发生在浙江省台州市的黄卫松抢劫案为例。被告人黄卫松于深夜时分闲逛，见被害人龚某在街道旁向其招嫖，遂起意抢劫，于是假意购买性服务，随龚某进入其出租屋，二人发生性关系之后，黄卫松持随身携带的弹簧刀劫走龚某价值 1091 元的金戒指两个、现

---

① 最高人民法院中国应用法学研究所主编：《人民法院案例选》（1994 年第 4 辑），人民法院出版社 1995 年版，第 30、31 页。

② 陈兴良：《刑事疑案研究》，中国检察出版社 1992 年版，第 328 页；罗翔：《刑法中的同意制度——以性侵犯罪为切入》，法律出版社 2012 年版，第 158 页。

金 300 余元。本案经过两审定案，检察机关与法院就黄卫松是否构成"入户抢劫"激烈争论，最终，二审法院认为龚某的出租屋在从事卖淫活动时对卖淫对象而言不属于"户"，否定了"入户抢劫"的指控。不过，二审法院以相当的篇幅进行论证，不仅冒充军警人员入户、使用欺骗手段入户，甚至在具有入户抢劫等犯罪动机时利用合法理由入户的，也属于以"合法形式掩盖非法目的"，户主的邀请或许可属于"受蒙骗而作出的非真实的意思表示"，行为人的入户行为自始便具有"欺骗性和非法性"。① 但事实上，该案被告人黄卫松同时实施了两个不同内容的欺骗行为，一是欺骗被害人许可其进入出租屋，二是隐瞒内心并无支付意愿的真实意思，欺骗被害人提供性服务，但司法机关始终聚焦于前者，自始就不认为黄卫松具有构成强奸罪的可能。对于性从业者受骗提供性服务的情形，司法机关只表达了"承诺有效"的态度，自然而然地忽略具体理由。

第三，对于行为人以欺骗方式获取法益主体处分某项法益的承诺，司法机关会对不同条件的法益主体采取差异态度。

例如，24 岁的男青年林某供职于南京某制药公司，后得知该公司实际从事肾脏买卖的非法交易，公司经理孙某欺骗林某卖一个肾可得 6 万元人民币，林某误信其言，于 2010 年 10 月前往徐州一卫生院切除左肾，但事后只拿到 3 万元。林某遂报警，司法机关以非法经营罪处罚孙某及涉事卫生院。② 相对地，2009 年 5 月，被告人解某以卖肾能赚大钱为诱饵将不满 18 周岁的被害人李某、王某从西安诱骗至兰州，交由同伙杨某、尚某看管。杨某、尚某联系好需要移植肾脏的病人后，将李、王二人分别带至兰州市城关区某医院实施肾脏移植手术。手术后，尚某共收取 26.3 万元，从中支付李某

---

① 王永兴：《黄卫松抢劫案》，最高人民法院刑事审判第一、二、三、四、五庭主办：《刑事审判参考》总第 91 集第 844 号指导案例，法律出版社 2014 年版，第 25—29 页。

② 详见《南京 24 岁青年被骗卖肾，手术后体弱多病想自杀》，http://news.sohu.com/20110916/n319511871.shtml，最后访问时间：2019 年 3 月 19 日。

5.1 万元、王某 4 万元。受害人李某和王某在住院恢复期间，从接受肾脏的病人家属口中获知"卖肾"所得的利益大部分被解某、杨某、尚某侵吞，两人"意识到被骗"，于是报警。司法机关以"诱骗不满 18 周岁公民卖肾，违反《人体器官移植条例》有关规定"① 为由，对被告人以故意伤害罪起诉。②

在上述"少年卖肾案"中，根据《人体器官移植条例》第 9 条的规定，本来能够以两名被害人未满 18 周岁不具有摘取器官的承诺能力为由否定承诺效力，③ 但司法机关似乎还是更重视"欺骗"因素对承诺效力的影响。付立庆教授指出，以上两例案件都是法益主体在"卖肾"的"价金"上受到欺骗，司法机关对欺骗成年人卖肾的案件中肯定其承诺效力，只以非法经营罪处理，而对欺骗未成年人卖肾的承诺则否定其效力，以故意伤害罪处理，这样的处理是否完全妥当和协调，不无疑问。④ 这一差异态度需要引起重视：2011 年生效施行的《中华人民共和国刑法修正案（八）》增设了第二百三十四条之一"组织出卖人体器官罪"，其第 2 款规定"摘取不满十八周岁的人的器官，或者强迫、欺骗他人捐献器官的"，应当依照故意杀人罪、故意伤害罪定罪处罚。毋宁说，立法机关和司法机关都只表明了注重保护未成年人的态度，并没有清楚无疑地回答法益主体仅仅在出卖人体器官的"价金"上受到欺骗的案件应当如何处理。⑤ 这一问题亟待学理的正面解释。

由此可以看出，对于纷繁复杂的具体案件和事例类型，如何

① 《人体器官移植条例》第 9 条规定：任何组织或个人不得摘取未满 18 周岁公民的活体器官用于移植。

② 详见《骗人卖肾赚黑心钱，兰州"卖肾"第一案提起公诉》，《甘肃法制报》2010 年 4 月 16 日 A3 版。

③ 张明楷：《组织出卖人体器官罪的基本问题》，《吉林大学社会科学学报》2011 年第 5 期。

④ 付立庆：《被害人因受骗而同意的法律效果》，《法学研究》2016 年第 2 期。

⑤ 张明楷：《组织出卖人体器官罪的基本问题》，《吉林大学社会科学学报》2011 年第 5 期。

能在理论上确立一套行之有效的判断方法，使得有关"受欺骗承诺"的案件能够得到一贯的、有说服力的解决方案，是理论上需要研究和探讨的课题。然而，我国刑法理论对"受欺骗承诺的刑法效果问题"的研究现状也不理想，陷入了"后发研究的发展陷阱"。

　　我国传统刑法理论通说虽然承认行为人得相对人承诺而实施的行为是正当行为，但并没有专门展开讨论，至于"受欺骗承诺"则是在论述诈骗罪的客观方面时进行说明。① 近年来，随着个人权利日益受到尊重，我国刑法理论对承诺论的研究也获得了长足发展。就"受欺骗承诺的刑法效果"的研究而言，我国刑法学者积极借鉴域外刑法理论的分析判断方法，最早流行的方法是通过区分个人因欺骗而产生的错误是属于"事实错误"还是"动机错误"来决定承诺的效果；② 其后，黎宏教授大力提倡德日刑法理论中的"法益关系错误说"，使得我国刑法理论对"受欺骗承诺的刑法效果"之研究内容丰富起来。③ 现在，对于与法益主体的承诺相关的"动机错误"与"法益关系错误"等分析框架、学术名词，我国刑法学界并不陌生，但仔细讲究起来，什么是动机错误、什么是法益关系错误、各种理论学说的根据何在、适用范围之边界何在等等，却都没有得到深入的研究和说明。更为不利的是，我国刑法学者往往不待某一理论经过深入探讨进而获得普遍承认，就迅速引入另一新的理论观点。例如，法益关系错误说在我国尚未深入展开，车浩教授所介绍的德国刑法理论在法益主体错误承诺问题上的新发展就迅速吸引了学者

---

① 高铭暄、马克昌：《刑法学》（第九版），北京大学出版社、高等教育出版社 2019 年版，第 124 页。

② 储槐植：《美国刑法》（第三版），北京大学出版社 2005 年版，第 93 页以下；王政勋：《正当行为论》，法律出版社 2000 年版，第 462 页以下；郭理蓉：《被害人承诺与认识错误》，《云南大学学报》（法学版）2003 年第 1 期。

③ 黎宏：《被害人承诺问题研究》，《法学研究》2007 年第 1 期。

们的注意力;① 近年来，付立庆教授、李世阳博士各自对法益关系错误说进行了深刻的批判，付立庆教授还提出了自己的见解。② 但即使是这样的批判性研究，距黎宏教授提倡法益关系错误说也已逾十年；其十年之间，我国刑法理论对"受欺骗承诺的刑法效果问题"之研究状况，不问可知矣。笔者适才所言之"后发研究的发展陷阱"，形象地说就是"域外理论百花齐放、弱水三千，本土研究偶露峥嵘、不取一瓢"。这样的研究现状，自然无法支持司法机关一以贯之地处理有关"受欺骗承诺"的复杂案件。

除开司法实践的研究需求，"受欺骗承诺"问题有其特殊的理论价值。当前，法益主体的承诺或同意是德日刑法理论中最受重视的超法规正当化事由（超法规出罪事由）。在李斯特的刑法教科书中，法益主体的承诺或同意虽然已经是"最为重要的几种"超法规的违法性阻却事由之一，也只是厕身于法令行为、自助行为、惩戒行为等情形之间，并未脱颖而出。③ 时至今日，几乎所有的德日刑法学教科书都会辟出专门章节讲述承诺论（同意论），列于两大法定正当化事由（正当防卫、紧急避险）之后。从文献上可见，承诺论的理论地位在第二次世界大战后明显提升，承诺论的绝大多数重要成果出现于第二次世界大战之后。刑法学者重视承诺论，其实是推崇其理念基础。法益主体的承诺作为正当化事由的理念基础，是尊重个人自主决定权，个人自主决定权是人格独立、个人自由的根本。④ 本

---

① 车浩：《德国关于被害人同意之错误理论的新进展》，《环球法律评论》2008年第6期。

② 付立庆：《被害人因受骗而同意的法律效果》，《法学研究》2016年第2期；付立庆：《有关被害人受骗同意的几个问题》，《刑事法评论》第42卷，第415页以下；李世阳：《刑法中有瑕疵的同意之效力认定——以"法益关系错误说"的批判性考察为中心》，《法律科学》2017年第1期。

③ ［德］弗兰茨·冯·李斯特：《德国刑法教科书》，［德］埃贝哈德·施密特修订，徐久生译，北京大学出版社2021年版，第191—200页。

④ ［日］曾根威彦：《刑法学基础》，黎宏译，法律出版社2005年版，第56页以下。

来，法益主体的承诺作为超法规的正当化事由，其有效要件就相对简单清晰，而刑法学者普遍重视承诺论的理念基础，使承诺论的体系性、原理性色彩更加突出，以致其各项有效要件都具有原则化的倾向，如"生命不在承诺范围之内"，"有瑕疵之承诺无效"，如此等等。刑法学者只能在体系与原则的灰色边缘，展开承诺论的问题研究，如"安乐死""受欺骗承诺"等等。"受欺骗承诺"的特殊之处在于，法益主体在外观上表达了一个"自愿"的意思决定，而其内心还潜藏着一个相反的"真实意思"，法规范究竟应该尊重哪一个"自主决定"？与强制、胁迫不同，受到欺骗的法益主体并不是被迫接受他人强加于己的意思内容，因此，法益主体基于欺骗而作出的承诺是否全部是违背自主决定的"他主"，是否能与强制、胁迫相提并论、一律否定承诺的有效性，也不无疑问。正因如此，审查被害人需保护性，强调被害人自我负责的被害人教义学，特别注意诈骗罪的教义学研究。[①] 如果结合上述理论背景进行思考，"受欺骗承诺"课题的研究，至少既有平衡承诺论的体系研究与问题研究的意义，也具有探讨个人自主决定的保护边界的意义。

正是基于对我国司法实务及理论现状的观察与反思，本书以"受欺骗承诺的有效性判断"作为问题核心和研究主线，撷取德日刑法理论的主流学说加以介绍、分析和批判，试图在此基础上得出一个较为妥善的分析框架，并选取实务中的突出问题加以讨论和检视。据此，本书拟分为三个核心部分进行展开：第一部分对有关受欺骗承诺的刑法效果之诸学说分别予以详细地梳理和评析；第二部分围绕对法益关系错误说的批判观点和修正观点进行分析；第三部分阐述本书观点和具体适用方法。

[①] 　申柳华：《德国刑法被害人信条学研究》，中国人民公安大学出版社 2011 年版，第 321 页以下。

第二节　受欺骗承诺之关联问题的整理与说明

受欺骗承诺的刑法效果问题当然不是一个独立的问题。着眼于形式上法益主体作出的承诺而言，"受欺骗承诺"是承诺论项下承诺的有效性要件问题；着眼于最终的"刑法效果"而言，法益主体的承诺还关系着相对人是否承担刑事责任的问题；着眼于行为人所实施的欺骗行为而言，"欺骗"这一行为方式还可以勾连起承诺论的相似问题或延伸问题。因此，在正式开始讨论受欺骗承诺的刑法效果问题之前，需要先行说明本书讨论的具体语境及相关术语，明确本书讨论的范围界限，再就是探讨有无可以一并分析的相似情形等。

一　"同意"与"承诺"的区分及其体系定位问题

在德国刑法理论中，对于法益主体接受或许可他人侵害行为的意志，可以用三个术语来指代，分别是"Zustimmung"、"Einverständnis"和"Einwilligung"，此三者皆含有同意、承诺、认可、合意等表示双方达成意思一致的意涵。[①] 一般来说，德国刑法学者以"Einverständnis"专指单纯排除构成要件该当性的"同意"，而"Einwilligung"可以指

[①] 对于"Zustimmung"的翻译，徐久生教授译为"同意"，其他学者分歧意见较少。有关"Einverständnis"与"Einwilligung"的中文译法，不同译者之间分歧颇多，我国大陆刑法学者分歧尤大。对于"Einverständnis"，王世洲教授译为"认可"，徐久生教授、杨萌博士、蔡桂生博士译为"合意"，王钢副教授译为"同意"；对于"Einwilligung"，王世洲教授、徐久生教授、杨萌博士译为"同意"，王钢副教授、蔡桂生博士译为"承诺"。我国台湾地区学者对此分歧较小，韩忠谟、林山田、黄荣坚、林钰雄、林东茂、张丽卿、王皇玉等学者都将"Einverständnis"译为"同意"，将"Einwilligung"译为"承诺"。本书采用多数译法，以"同意"指称排除构成要件该当性的"Einverständnis"，以"承诺"指称阻却违法性的"Einwilligung"。

代狭义的阻却违法性的"承诺",二者统之于"Zustimmung(同意)"。① 也有学者直接在两种意义上使用"Einwilligung",一种使用方式就是之前提及的狭义的阻却违法性的"承诺",另一种使用方式就是以广义的"Einwilligung"统称排除构成要件该当性和阻却违法性两种效果的法益主体之意志。②

是否应当将阻却犯罪成立的法益主体之意思表示区分为阻却构成要件的"同意"和阻却行为违法性的"承诺",并分别对之赋以不同的成立及有效要件,在德国刑法学者中分歧颇大。在 20 世纪中叶之前,德国刑法学者并不严格区分"同意(Einverständnis)"和"承诺(Einwilligung)"这两个术语的使用;德国学者弗里德里希·戈尔茨(Friedrich Geerds)于 1953 年在其著述中明确提出应当区分排除构成要件该当性的被害人同意和阻却违法性的被害人承诺。戈尔茨认为,诸如强奸、非法侵入住宅等罪名的构成要件本就以违背法益主体的意志为前提要件,因此,按照法益主体的意志所实施的行为,也就是得到了法益主体的"同意"的行动,一开始就是不符合构成要件的行为;相反,诸如毁坏财物、伤害身体等犯罪的构成要件并没有规定需要违背法益主体的意志,法益主体的"承诺"从始至终都不能改变损害的结果或状态,也就只能作为针对整体的构成要件(der gesamte Tatbestand)的正当化事由,其正当化的基础在于更深一层次的内容,即法益主体放弃了法律保护,是宪法位阶的个人自决权发挥了正当化效力,因此属于违法阻却事由。③ 要言之,当具体罪名的构成要件将"违背意志"作为形式上的、概念性

① [德]汉斯·海因里希·耶赛克、托马斯·魏根特:《德国刑法教科书(上)》,徐久生译,中国法制出版社 2017 年版,第 503、504 页;[德]沃斯·金德豪伊泽尔:《评合意和承诺的区分》,蔡桂生译,《中国刑事法杂志》2010 年第 4 期。

② Vgl.Claus Roxin, Luís Greco, Strafrecht Allgemeiner Teil Band Ⅰ, 5.Aulf., 2020, S.646; Güter Stratenwerth, Lothar Kuhlen, Strafrecht Allgemeiner Teil, 5. Aufl., 2011, S. 115.

③ Vgl.Friedrich Geerds, Einwilligung und Einverständnis des Verletzten, 1953, S.205 ff.

的构成要件要素加以规定，或者是通过法律解释的方式得出该具体构成要件中包含有"违背意志"这一要素（例如盗窃罪），阻却犯罪成立的法益主体之意志就是"同意（Einverständnis）"，定位在构成要件阶层；相反，当符合构成要件的行为实质地违背法益主体之意志时，能够阻却犯罪成立的法益主体的意志就是"承诺（Einwilligung）"，定位在违法性阶层。① 戈尔茨区分被害人同意和被害人承诺的学说在德国刑法学上产生了重大影响，迅速占据通说地位。②

　　目前，戈尔茨的区分说正面临着"一元论"的强力挑战。罗克辛教授认为，如果考虑到"法益"本身是围绕个人自由而展开的实践载体，则法益主体基于自由意思对个人法益所为之处分就不可能产生法益侵害结果，反而是个人自由之实现。戈尔茨的区分说混淆了构成要件规定的行为对象和保护法益，例如，得到财物所有者的许可而毁坏财物的行为，但这并不是对财产权益的攻击，毋宁说是支持了法益主体实现财物处分自由；同样，在法律许可的界限内即使破坏了法益主体的身体完整性，也是帮助其实现个人自由，理发师、整容师就是如此。一方面，当法益主体行使由基本法所保障的个人自由时，便自始不会产生相应法益的损害，相对人的行为当然也就自始不可能满足构成要件的规定；另一方面，法益主体的承诺所具有的正当化力量并不是建立在利益衡量原则和必要性原则的基础上，故而并不属于紧急避险、正当防卫之类的纯粹的违法性阻却事由；因此应当将法益主体所有的处分法益的意志都作为排除构成要件该当性的承诺（Einwilligung），无须区分。③ 越来越多的德国学

---

　　① ［德］沃斯·金德豪伊泽尔：《评合意和承诺的区分》，蔡桂生译，《中国刑事法杂志》2010 年第 4 期。

　　② ［德］汉斯·海因里希·耶赛克、托马斯·魏根特：《德国刑法教科书（上）》，徐久生译，中国法制出版社 2017 年版，第 504、505 页；［德］约翰内斯·韦塞尔斯：《德国刑法总论》，李昌珂译，法律出版社 2008 年版，第 197 页。

　　③ Vgl.Claus Roxin, Luís Greco, Strafrecht Allgemeiner Teil Band Ⅰ, 5.Aufl., 2020, S.655ff, Rn.12ff.

者支持将法益主体接受侵害行为的意思全部称为"承诺（Einwilligung）"，定位成自始排除构成要件该当性的正当化事由。①

相比之下，我国大陆刑法学界虽然承认基于权利人的承诺或自愿的损害能够排除行为人之行为的社会危害性，却主要集中于讨论被害人承诺的概念、生效要件等具体问题，"同意"与"承诺"之区别以及相关的体系定位问题长期不受重视。② 即便论及相关问题的学者，多数也采取一元论的主张，而且是将"被害人承诺"作为违法性阻却事由，③ 也有少数学者支持将"被害人同意"定位为排除构成要件该当性事由的一元论立场；④ 不过，支持区分"同意"与"承诺"并给予不同体系定位的学者在晚近以来呈增长趋势。⑤ 而在我国台湾地区，多数学者支持戈尔茨的区分说，⑥ 只有少数学者支持一元论的立场和观点。⑦ 总而

---

① Vgl.Güter Stratenwerth, Lothar Kuhlen, Strafrecht Allgemeiner Teil, 5.Aulf., 2011, S.117, Rn.7, Fn.10.

② 高铭暄、马克昌主编：《刑法学》（第九版），北京大学出版社、高等教育出版社2019年版，第124页；高铭暄、张杰：《刑法学视野中被害人问题探讨》，《中国刑事法杂志》2006年第1期。

③ 黎宏：《刑法学总论》（第二版），法律出版社2016年版，第153页，脚注165；张明楷：《刑法学（上）》（第六版），法律出版社2021年版，第297页。

④ 赵星：《被害人承诺的体系定位及其展开》，《政法论坛》2014年第4期；方军：《被害人同意：根据、定位与界限》，《当代法学》2015年第5期；王钢：《被害人承诺的体系定位》，《比较法研究》2019年第4期。

⑤ 陈兴良：《教义刑法学》，中国人民大学出版社2010年版，第385页；周光权：《刑法总论》（第四版），中国人民大学出版社2021年版，第230页；杨春然：《论被伤害权对同意效力范围的限制——兼论被害人同意在三阶层犯罪论体系中的位置》，《清华法学》2013年第3期；蔡桂生：《论被害人同意在犯罪论体系中的定位》，《南京师范大学学报》（社会科学版）2013年第6期。

⑥ 林山田：《刑法通论》（增订十版），北京大学出版社2012年版，第238页；林钰雄：《新刑法总则》（第七版），台湾元照出版公司2019年版，第283页；张丽卿：《刑法总则理论与运用》，台湾五南图书出版公司2015年版，第225页。

⑦ 明确支持将"同意"与"承诺"都作为排除构成要件该当性事由的，参见林东茂《刑法综览》，台湾一品文化出版社2015年版，第128—130页；承认区分说是主流意见，但是将"被害人承诺"整体作为违法性阻却事由予以理解的，参见王皇玉《刑法总则》（第五版），台湾新学林出版公司2019年版，第307、308页。

言之，"同意"或"承诺"的区分及体系定位问题，仍然是一个争议未定的问题。

本书探讨的主题是，当法益主体是因为受到欺骗而作出放弃法益的意思决定时，究竟还能否阻却犯罪成立。戈尔茨在提出区分说时，结合德国联邦最高法院刑事判例，推导出一个重要论点：排除构成要件该当性的"同意"与阻却违法性的"承诺"在有效性要件上存在区别，"同意"只要求同意人具有自然的意思能力，而"承诺"则要求承诺者具有一定程度的认识能力等要求；"承诺"需要法益主体的意思决定及表示不存在受欺诈、胁迫等意思瑕疵，而"同意"则毋庸此要求。①这一论点的提出不仅使得"同意"与"承诺"之区分摆脱名词游戏的嫌疑而具有实质的功能和意义，对后续研究的影响也至今未衰。例如，林钰雄和张丽卿二位教授就始终坚持，阻却构成要件该当性的同意与阻却违法性的承诺，在意思瑕疵的效果上存在不同。② 因此，为了确定本书讨论主题的术语使用和讨论框架，还是需要对法益主体的承诺之体系定位问题予以探讨和说明。

本书认为，就使用术语和分析问题的实用性而言，讨论"同意"和"承诺"的概念区分及犯罪论体系定位问题，其实意义有限。归根结底，"排除构成要件该当性"与"阻却违法性"是法益主体接受侵害行为的意思的不同效果，完全不必与体系定位问题绑定在一起。

第一，不可否认，在将"违反法益主体意志"规定为构成要件要素的部分罪名中，法益主体的"承诺"或"同意"确实仅仅起到排除构成要件该当性的作用，而在没有将"违反法益主体意志"规

---

① Vgl. Friedrich Geerds, Einwilligung und Einverständnis des Verletzten, GA 1954, S.263，265，266，268.

② 林钰雄：《新刑法总则》（第七版），台湾元照出版公司 2019 年版，第 283、284 页；张丽卿：《刑法总则理论与运用》，台湾五南图书出版公司 2015 年版，第 227 页。

定为构成要件要素的多数罪名中，无论是"同意"还是"承诺"都无法从形式上排除构成要件该当性，只能否定实质违法性。例如，盗窃罪要求必须违反占有人的意志，只要财物的占有人同意将财物转移给他人，即使他受到了欺骗，行为人的行为就没有满足盗窃罪的构成要件。因此，与其将"同意"和"承诺"强行塑造成对立的概念，不如承认二者只是法益主体接受侵害行为的意志所具备的不同效果类型。① 正如车浩教授所指出的，"同意"或"承诺"的概念区分及二者的体系定位问题，实际上是完全依托于三阶层犯罪论体系的伴生问题，即使是支持区分说的学者也无法否认这一事实。② 一旦在犯罪论体系上舍弃三阶层结构，则法益主体接受侵害行为的意志仍然具有相应的排除形式的犯罪构成要件或否定实质违法性的功能，但所谓"同意"或"承诺"的概念区分及其体系定位即无所附丽矣。我国台湾地区学者黄荣坚教授就认为，从二阶层的犯罪论结构来看，区分排除构成要件该当性的"同意"和阻却违法性的"承诺"是完全没有意义的；而且，区分说以"犯罪构成要件该当性"和"违法性"的"层次意义"为根据坚持区分，不过是"为三阶层而三阶层"的循环论证。③

第二，区分"同意"与"承诺"，并将二者分别定位在构成要件阶层和违法性阶层，固然具有澄清概念的体系美感，但实际的意义有限。按照德国刑法理论的主流意见，对构成要件错误和正当化事由错误作相同处理，在行为人出现正当化事由前提条件的认识错误时，也与构成要件错误一样地阻却故意。质言之，有关"排除构成要件该当性的同意"和"阻却违法性的承诺"之体系定位区别也

---

① 张明楷：《刑法学（上）》（第六版），法律出版社 2021 年版，第 297 页；［德］沃斯·金德豪伊泽尔：《评合意和承诺的区分》，蔡桂生译，《中国刑事法杂志》2010 年第 4 期。

② 车浩：《论被害人同意的体系地位——一个中国语境下的"德国问题"》，《中国法学》2008 年第 4 期。

③ 黄荣坚：《基础刑法学（上）》，台湾元照出版公司 2012 年版，第 323、324 页。

就是提升了概念内容的清晰度而已，没有司法实务上的实际意义。① 虽然德国学者就"同意"与"承诺"的概念区别及体系定位争执不休，但日本学者却极为务实地认为，既然归根到底是根据法益主体的意志来否定犯罪的成立，那么就没有区分为阻却构成要件该当性和阻却违法性的必要；完全可以说，区分"同意"与"承诺"并不是日本学者的共识。②

第三，本书赞同施特拉腾韦特教授的看法，在承诺论的领域内，最具决定意义的问题并不是区分排除构成要件该当性的"同意"与阻却违法性的"承诺"，这一问题的答案也并不取决于刑法对具体犯罪构成要件的偶然规定；相比之下，法益主体接受侵害行为的意志在具备何种条件时才能产生免除相对人刑事责任的效力，显然才是更为根本和重要的问题。③ 当然，根据"区分说"的观点，排除构成要件该当性的"同意"与阻却违法性的"承诺"在有效性要件上存在区别，受欺诈、胁迫等意思瑕疵对二者效力的影响也有差异，

---

① ［德］乌尔斯·金德霍伊泽尔：《刑法总论教科书》（第六版），蔡桂生译，北京大学出版社 2015 年版，第 118 页，边码 6。

② ［日］山口厚：《刑法总论》（第 3 版），付立庆译，中国人民大学出版社 2018 年版，第 162 页；［日］佐伯仁志：《刑法总论的思之道·乐之道》，于佳佳译，中国政法大学出版社 2017 年版，第 170 页。必须指出，区分说当然不可能在日本全无支持者，日本刑法理论中甚至有更为精细的"三分说"主张。日本学者佐藤阳子认为，首先应当区分排除构成要件的"同意（合意）"与阻却违法性的"承诺"，在前者之中，还要区分"与行为样态相关的同意"及"与法益侵害性相关的同意"。"与行为样态相关的同意"是指，具体罪名的构成要件行为与法益主体的意思密切相关，或者是法益主体的意思就能够决定相关行为是否符合构成要件，例如盗窃罪里财物占有人的意思就决定该行为是否属于"盗窃"；"与法益侵害性相关的同意"是指，相关罪名的保护法益与法益主体对其的自律的处分权相关，法益主体的同意意味着实现自我决定权，消灭法益侵害性，例如器物毁坏罪中，法益主体对毁坏财物的同意，就是与保护法益的丧失与否相关的问题。这与阻却违法性的承诺只是在利益衡量的基础上，以法益主体的自律的处分权减少了已经符合了构成要件的行为的违法性不同。详见［日］佐藤阳子《被害者的承诺——根据各论的考察再构成》，成文堂 2011 年版，第 24、38 页。

③ Vgl. Güter Stratenwerth, Lothar Kuhlen, Strafrecht Allgemeiner Teil, 5. Aufl., 2011, S. 117, 118, Rn. 10, 11.

似乎二者的区分也具有理论价值。然而，这只是"区分说"将无效"同意"或无效"承诺"的具体情形归类、附会于预设前提的障眼法而已——当在具体个罪中判断"同意"或"承诺"有效与否时，"同意"或"承诺"的有效要件终归还是由刑法分则对各个罪名的具体规定来决定，与犯罪论体系的定位无关。

基于上述理由，本书承认法益主体接受侵害行为的意思具有在形式上排除构成要件该当性和否定实质违法性的两种不同功能，但并不在三阶层犯罪论的体系内严格区分"同意"与"承诺"的概念和相应体系定位，将法益主体接受侵害行为的意思统一使用"法益主体的承诺"进行讨论。概言之，本书承认法益主体的承诺具有不同的出罪效果与出罪功能，否认概念与定位的"二元论"。

需要郑重指出的是，讨论"承诺"或"同意"的区分及体系定位问题虽然实用性不彰，但并不是全无意义的问题。由前文的简略介绍可以看出，在戈尔茨提出区分"排除构成要件该当性的同意（Einverständnis）"与"阻却违法行为的承诺（Einwilligung）"之时，其出发点与论据主要是不同罪名的刑法规定与学理解释，而在区分说之后发难的"一元论"，其出发点与论据已经脱离刑法规定与学理解释，进入法益主体的承诺何以具有正当化效力这一层次。如此说来，"一元论"对"区分说"的真正挑战，实际上是在"法益主体的承诺的正当化根据"这一问题领域。因此，在讨论"承诺"或"同意"的区分及体系定位问题时，不得不对"法益主体的承诺的正当化根据"加以注意。

在法益主体的承诺尚未从一众超法规的出罪事由中脱颖而出的时代，其正当化根据就已经存在分歧见解。德国刑法学界早期的流行观点认为，刑法领域内法益主体的承诺在本质上与民法上的法律行为形似，都是旨在设定特定法律后果（法律关系）的意思表示。法益主体的承诺意味着法益主体根据自身的意愿更改了法律的设定，使得接受承诺的相对人享有了法律所认可的、实施相应行为的权利，从而排除了相对人的行为的违法性。① 该见解存在明显的缺陷，刑法中法益主体的承诺与民法上的法律行为恰如南橘北枳，其形相似而实质不同。最明显的，民法上的法律行为所创设的权利义务关系对于双方当事人都具有约束力，任何一方违约均要承担违约责任，但刑法上法益主体作出的承诺完全不具备这一特性，法益主体在侵害行为前乃至侵害行为进行当时都可以任意撤回承诺。再者，如果法益主体的承诺意味着法益主体向相对人授权，相对人获得了实施相应行为的权利，那么，第三人出于保护法益主体的意图制止、干扰相对人实施相应行为时，还需要承担相应的法律责任，这显然是不正常的结论。

其后，德国刑学界曾有一种影响极大的观点认为，行为是否适合"国家规定的共同生活目的"，是对人的行为进行法律评价的"法学基本规律"；因此，对行为的实体内容进行检验时，必须以国家规定的、产生于历史经历的、共同生活的目的为依据，如果一个行为是实现国家规定的共同生活的目的的适当方法，即使该行为符合构成要件也不违法。也就是说，法益主体的承诺，只有在相对人以"被认为是实现国家所认可的目的适当方法"攻击法益主体的法益时才不会被认为是犯罪。② 该观点显系受耶林的影响而形成。耶林早期是萨维尼的历史法学派之代表人物，笃信萨维尼所主张的"历史存在且潜移默化的民族精神"是法律演进的动力，其后因参与种种立法及司法活动引发对上述信条的怀疑，终于改弦更张与历史法学派决裂，在《法律的目的》（*Zweck im Recht*）这一名篇中提出是"目的"（Zweck）而非"民族精神"在引导、推动着法律的演进。耶林认为，所有生命体的行动都是具

---

① ［德］汉斯·海因里希·耶赛克、托马斯·魏根特：《德国刑法教科书（上）》，徐久生译，中国法制出版社 2017 年版，第 510 页；王钢：《被害人承诺的体系定位》，《比较法研究》2019 年第 4 期。

② ［德］弗兰茨·冯·李斯特：《德国刑法教科书》，［德］埃贝哈德·施密特修订，徐久生译，北京大学出版社 2021 年版，第 172、194 页。

有目的的行动，目的是关于未来的主观想象，因为实现这样的未来对于主体有利益，所以主体朝着目的而行动。耶林更进一步提出，整个人类存在的目的可以分为两大类，即个人的目的与社会的目的，前者主要是个人以自我维持为内容的自利目的，后者则是共同生活的目的；国家是具有强制力的社会组织，是为了人类的目的而运用强制力的最终形态，因此，前述社会的目的即为法律的目的，法律的目的就是透过国家的强制力量确保社会的生活条件。耶林之说使得德国法学思潮为之一变，德国刑法学界当时即受到深刻影响，李斯特即为其中代表。①

将正当化事由的效力根据求之于刑法的目的，这是直捣黄龙的思考方法。但是，以所谓的"国家规定的共同生活目的"作为正当化事由的效力根据，则有些似是而非。详言之，对出于治疗、诊断、美容或科学目的而实施的身体手术而言，上述观点能够充分说明其正当性何在，因为保持和恢复公民的健康是现代国家当然的伦理要求，从医生的职业权利、患者的知情同意等推导手术行为的正当性根据则不尽如人意。然而，对法益主体的承诺等其他正当化事由而言，某些具体情形是否能够正当化就要取决于是否违背主流文化观念，甚至于与他人打赌后能否"愿赌服输"都存在着干碍"善良风俗"的争议。②归根结底，"国家规定的共同生活目的"并没有彰显法益主体的个人自主决定，甚至潜在地限制着个人自主决定，此该说之一大不足。因此，"国家规定的共同生活目的"并不适合说明法益主体的承诺的正当化根据。

耶林对德国刑法学的启发，德国刑法学对耶林的借鉴，于现代

---

① 吴从周：《概念法学、利益法学与价值法学：探索一部民法方法论的演变史》，中国法制出版社 2011 年版，第 125 页以下；钟宏彬：《法益理论的宪法基础》，台湾元照出版公司 2012 年版，第 47、49 页。

② ［德］弗兰茨·冯·李斯特：《德国刑法教科书》，［德］埃贝哈德·施密特修订，徐久生译，北京大学出版社 2021 年版，第 195—199 页。

刑法学最具意义者当然就是实质的"法益"概念。① 耶林以"利益"作为"权利"的实质要素和实践目的，"利益"的确保和实现是社会创造法律的目的，"权利"就是法律所保护的利益。② 宾丁认为，规范与刑法的目的就是保障自由与健全的法律生活，需要规范予以保护的客体，就是对法律生活具有有益的性质的事物（Gut），称之为"法益"（Rechtgut）。宾丁恪守形式法治国的立场，以纯粹实证的方法从当时的德意志帝国刑法典中提取、确认法益，使得法益概念只有解释功能。稍后的李斯特鉴于宾丁的形式法益概念将法益的确定完全系于立法者，从实定法之外寻找能够指导、限制立法者的实质法益概念，最终认为，所有的法律都为了人类而存在，人类的——个人的和整体的——利益，都应该透过法律条文的制定而受到保护与促进，法律所保护的利益就是"法益"。李斯特一手打造了指导、限制立法者的前实证的实质法益概念，也因此他一向被认为是自由主义刑法学者。③ 在实质的法益概念提出之后，理论上随之出现以法益理论解释承诺的正当化根据的学说，如"法益权衡理论""放弃保护说"等。④ 时至今日，法益理论已经成为解释承诺的正当化根据的主要理论根据。

基于法益概念考察承诺的正当化根据，主要有以下几种观点。一是"放弃保护说"和"保护利益阙如说"，认为法益主体能够对自身法益进行自由处分，法益主体的承诺意味着法益主体主动放弃了自身法益，此时欠缺对法益主体进行保护的必要，因此相对人的

① ［日］伊东研祐：《法益概念史研究》，秦一禾译，中国人民大学出版社2014年版，第61页。
② 吴从周：《概念法学、利益法学与价值法学：探索一部民法方法论的演变史》，中国法制出版社2011年版，第111页以下。
③ 钟宏彬：《法益理论的宪法基础》，台湾元照出版公司2012年版，第49页以下。
④ ［德］弗兰茨·冯·李斯特：《德国刑法教科书》，［德］埃贝哈德·施密特修订，北京大学出版社2021年版，第194、198页。

行为不构成犯罪。①二是"利益权衡说"或"优越利益说",认为法益主体的承诺之所以阻却犯罪成立,是因为法秩序在保障法益主体的自由和保护法益的公共利益之间进行利益权衡,承诺所实现的法益主体的自主决定自由这种利益要优越于被行为所侵害的利益。② 二是"法益利用说",认为法益主体的承诺意味着法益主体根据自身的意志对自己的法益进行了利用,此时不存在法益损害。③当然,这些观点也各有利弊。"放弃保护说"与"保护利益阙如说"虽然重视法益主体的自身意志,说理也直接透彻,但"欠缺保护的必要"实际上就是在申明刑法不介入的态度,重申法律对法益主体的承诺的处理结果而已,至于为何法益主体的个人意志能够免除国家保护法益的义务,法益主体的主观意思何以优越于国家保护法益的客观义务,是完全没有得到回答的问题。④ "利益权衡说"或"优越利益

---

① 张明楷:《刑法学(上)》(第六版),法律出版社 2021 年版,第 252、296 页;黎宏:《刑法学总论》(第二版),法律出版社 2016 年版,第 154 页;林亚刚:《刑法学交易(总论)》(第二版),北京大学出版社 2017 年版,第 302 页;林钰雄:《新刑法总则》(第七版),台湾元照出版公司 2019 年版,第 284 页;[日] 西田典之:《日本刑法总论》(第 2 版),王昭武、刘明祥译,法律出版社 2013 年版,第 157 页;[日] 松原芳博:《刑法总论重要问题》,王昭武译,中国政法大学出版社 2014 年版,第 94、95 页;[日] 佐伯仁志:《刑法总论的思之道·乐之道》,于佳佳译,中国政法大学出版社 2017 年版,第 172 页,边码 205;[日] 山口厚:《刑法总论》(第 3 版),付立庆译,中国人民大学出版社 2018 年版,第 161 页;[德] 约翰内斯·韦塞尔斯:《德国刑法总论》,李昌珂译,法律出版社 2008 年版,第 201 页,边码 370。

② 付立庆:《刑法总论》,法律出版社 2020 年版,第 186 页;[日] 曾根威彦:《刑法学基础》,黎宏译,法律出版社 2005 年版,第 60 页;[德] 汉斯·海因里希·耶赛克、托马斯·魏根特:《德国刑法教科书(上)》,徐久生译,中国法制出版社 2017 年版,第 511 页。

③ 陈兴良:《规范刑法学(上册)》(第四版),中国人民大学出版社 2017 年版,第 156 页;黄荣坚:《基础刑法学(上)》,台湾元照出版公司 2012 年版,第 328 页。

④ [德] 汉斯·海因里希·耶赛克、托马斯·魏根特:《德国刑法教科书(上)》,徐久生译,中国法制出版社 2017 年版,第 511 页。

说"最显著的优势在于能够为"得承诺的杀人"提供有弹性的解释方案,① 其弊端也同样显著,一是如果在法益主体的自主决定自由与其所放弃的利益之间进行衡量,必然是由外于法益主体的法律或社会观念根据异于法益主体的外在价值体系或价值观念进行衡量,这与"优越利益说"标榜个人自主决定权优越的初衷和立场适成反对,二是法益主体的个人自主决定自由原本就属于规范评价的范畴,无从确定其具体价值,难以对之进行精准的衡量,就法益主体的承诺进行的利益衡量恐有流于恣意之虞,② 事实上,现实生活中个人为了某些物质利益"自愿"屈从于他人要求的事情司空见惯,很难说法益主体自己认为自主决定是更值得重视的"利益"。

承诺的正当化根据是承诺论的根本问题,对于承诺论的诸具体问题均有直接或间接的影响,上述这些见解的差异当然会投射到承诺的体系定位、要件、效果等问题上。③ 如果认为承诺是与法律行为相类似的行为,那么可以在违法性阶层运用法秩序统一性原理获得正当性。如果认为,获得法益主体有效承诺的场合应当由法益主体自己负责相应结果,视为法益主体自己实施了相应行为,那么,法益主体造成自身损害的行为就不符合构成要件,承诺应当作为排除构成要件该当性事由。④ 如果认为得承诺的行为还必须符合"国家规定的共同生活目的"或者具有社会相当性才能正当化,那么承诺是否具有正当化效力就仍然要在违法性阶层实质判断,承诺就是违法性阶层的违法阻却事由。⑤ 如果认为法益衡量是承诺的正当化根据,承诺当然属于违法性阶层。如果认为承诺的正当性基础在于放

① ［日］曾根威彦:《刑法学基础》,黎宏译,法律出版社 2005 年版,第 60 页;付立庆:《刑法总论》,法律出版社 2020 年版,第 185 页。

② 王钢:《被害人承诺的体系定位》,《比较法研究》2019 年第 4 期。

③ 张明楷:《外国刑法纲要》(第三版),法律出版社 2020 年版,第 147 页。

④ 李世阳:《刑法中有瑕疵的同意之效力认定》,《法律科学》2017 年第 1 期。

⑤ ［日］高桥则夫:《刑法总论》,李世阳译,中国政法大学出版社 2020 年版,第 286 页,边码 321。

弃法益或法益要保护性的阙如，则承诺的体系定位具有两种可能性：违法行为必须引起法益侵害或法益侵害的危险是实质违法性的要求，因此一般认为"法益要保护性的阙如"是阻却实质违法性的理由；但更进一步考虑，既然法益主体的有效同意使法益丧失了要保护性，那么就应该否定法益侵害的存在，此时否定存在作为构成要件要素的结果、否定构成要件该当性，这在理论上更具有合理性，承诺也可以说是排除构成要件该当性事由。① 如果认为，法益是实现个人自由的条件，那么，基于法益主体的意志而进行的法益处分，就并非是对法益的损害，相反是利用法益实现法益主体的自由，不属于法益侵害，相对人依法益主体的有效承诺实施的行为自然也不具有侵害法益的性质，不属于构成要件所要求的行为，因此承诺只能是排除构成要件该当性事由。②

由此可见，承诺在犯罪论体系中的定位与承诺的正当化根据确实紧密关联，相比之下，受欺骗承诺问题与承诺的正当化根据之间的关系似乎显得迂远。本书特地将承诺的正当化根据的相关学说予以简略勾勒和介绍，意在指出以下值得重视的内容。其一，整个承诺论的学说发展有一道大体的轨迹，前期接受、借鉴民法学说的观点、方法及价值，自个人的自主决定权受到普遍重视，刑法学的承诺论始一变焉。这道轨迹在承诺论的宏观（如承诺的正当化根据）、中观（承诺的体系定位）、微观三个层面的问题上都留下了投影，在研究"受欺骗承诺"问题时，应当予以注意。其二，法益理论与承诺论的关联相当密切。王钢副教授认为，法益主体的承诺阻却犯罪成立的原因以及其在犯罪构成体系中的定位这两个问题，其实都与法益概念的建构具有紧密的联系。③ 张明楷教授明确提出，"承诺是

---

① ［日］山口厚：《刑法总论》（第3版），付立庆译，中国人民大学出版社2018年版，第161页。

② 王钢：《被害人承诺的体系定位》，《比较法研究》2019年第4期。

③ 王钢：《被害人承诺的体系定位》，《比较法研究》2019年第4期。

伴随法益论的探讨、深化而取得进展的"。①前文所勾勒的承诺的正当化根据之内容，当可印证以上判断。承诺论与法益论的相呼相应并非偶然，二者都得到了来自个人自主决定权的推力。当前，是固守"事实性的法益概念"还是拥抱"个人自治的法益概念"是建构法益概念的重大问题，其中的差别就在于如何看待"法益主体的意志"在法益概念中的性质与地位，而"法益主体的意志"在承诺论中的重要性不言而喻，尤其是在处理瑕疵承诺的相关问题时，法益概念具有重要作用。此处略赘数语，后文在具体分析时仍要对此加笔。

二　承诺论、归属论及间接正犯论的分工问题

众所周知，承诺论是与归属论及间接正犯论紧密关联的问题。行为人得法益主体的承诺而实施损害法益行为的过程，类似于在行为人行为和具体结果之间介入了法益主体的行为；在能够认定法益主体的承诺不存在瑕疵时，其所作出的法益处分是有效的，不能追究相对人参与该行为的刑事责任；但是，当法益侵害是基于有瑕疵的承诺而作出时，就需要考虑法益侵害结果究竟是归属于行为人还是法益主体；尤其是在行为人使用欺骗、强制等手段使得法益主体作出承诺的场合，欺骗行为人是否属于利用被害者行为的间接正犯，也成为重要的问题。这样看来，所谓"受欺骗承诺的刑法效果"的完整回答需要包含三个方面的内容，即法益主体的承诺是否有效、法益侵害结果归属于谁、欺骗行为人是构成共犯（主要是教唆犯）还是成立间接正犯。

一般来说，在研究受欺骗承诺的刑法效果问题时，绝大多数刑法学者习惯于在承诺论、归属论和间接正犯论等三个领域内分别加以考虑，②而且将探讨的重心放在承诺论领域。例如，德国学者罗克

---

① 张明楷：《外国刑法纲要》（第三版），法律出版社 2020 年版，第 147 页。

② ［日］盐谷毅：《被害者的承诺与自己答责性》，法律文化社 2004 年版，第 63 页。

辛教授首先在其客观归责论体系的"创设法不允许的风险"项下提及，当存在法益主体的承诺时就应该视为没有创设法不允许的风险而排除归责，而后在承诺论部分详细探讨了受欺骗承诺的效力认定方法，最后在间接正犯论的"凭借认识错误的意志控制"部分，以承诺论上的认定结论为基础讨论欺骗行为人的正犯性问题。① 日本学者山口厚教授则是先在正犯性问题的"行为的介入类型与间接正犯的成否"项下简单表明，在行为人的行为后介入了被害人基于没有意思瑕疵的自损行为时，不能肯定间接正犯的成立，但当被害人由于受欺骗而陷入错误时，能够肯定行为人支配了被害人的行为而成立间接正犯；而后，在承诺论的"有瑕疵的承诺"项下详细讨论了受欺骗承诺的效力判断。② 张明楷教授则是先在承诺论部分确立了受欺骗承诺之有效与否的方法，而后在间接正犯论项下的"被利用者具有违法阻却事由"部分直接表示，当利用者使被害人对结果缺乏认识或产生其他法益关系的错误，导致被害人实施了自我侵害行为时，应认定利用者（欺骗行为人）成立间接正犯。③ 采取类似讨论体例的学者还有很多，此处不再枚举。

不过，上述刑法学者们习以为常的理论分工模式也并非"金科玉律"，在受欺骗承诺的刑法效果问题上，有学者尝试着将判断的重心由承诺论转移至归属论或间接正犯论。

（1）德国学者阿梅隆（Knut Amelung）便是将判断重心转向归属论的先行者。在阿梅隆看来，承诺是法益主体用来利益衡量的工具（ein Instrument der Interessenwahrnehmung），也是法益主体向第三人显示自己目的之方式：表明自己保留某种利益、希望增加某种新

---

① Vgl.Claus Roxin, Luís Greco, Strafrecht Allgemeiner Teil Band Ⅰ, 5.Aufl., 2020, S.487, Rn.65, S.696ff, Rn.97 ff ; sowie Claus Roxin, Strafrecht Allgemeiner Teil Band Ⅱ, 2003, S.32, 33, 34, Rn.70, 71, 72, 73.

② ［日］山口厚：《刑法总论》（第三版），付立庆译，中国人民大学出版社 2018 年版，第 69、70 页，第 168—171 页。

③ 张明楷：《刑法学（上）》（第六版），法律出版社 2021 年版，第 298、527 页。

的利益或舍弃已经厌恶的利益。如果法益主体对事实存在错误认识或估计，那么就会在利益冲突的场合作出错误的选择和意思决定，将放弃和牺牲法益误作为最佳选择。① 因此，阿梅隆认为，在判断存在错误（由法益主体自己引起）、欺骗等意思瑕疵的承诺的效力时，应该以"意思决定的自治性"（Autonomie der Entscheidung）为标准，而判断意思决定是否具有"自治性"，"一个法益主体自身的价值关系体系是应该确立的"，如果法益主体的意思决定符合其价值体系，则该承诺就属于其个人自治的实现，反之，偏离其价值体系的承诺就没有实现其个人自治。一个偏离法益主体的个人价值体系的意思决定总是会从这些原因中产生：比如法益主体没有能够认识到事实的全貌，或者是受到拘束而勉强决定；也就是说，错误、恐吓等意思瑕疵总会导致承诺偏离法益主体的价值体系，尤其是行为人的欺骗将总会产生承诺无效的结果。②

　　在否定了承诺的有效性之后，还需要进一步解决法益侵害结果的归属问题。阿梅隆认为，在错误是由法益主体自身引起的场合，应当区分法益主体的"表示欠缺"（Erklärungsfehler）和"意思决定欠缺"（Entscheidungsfehler）两种类型来决定法益侵害结果的归属，对前一种错误情形，因为承诺表达的内容不是法益主体真正的意思决定，所以承诺总是无效，但是在相对人不知情或相对人与法益主体无特殊关系时，不可归责于相对人；对后一种错误情形，法益主体在意思形成和决定过程中，根据错误的"成本—收益"衡量结果而作出意思决定和承诺，因此承诺也是无效的，而且由此产生的法益侵害结果只能归属于法益主体自己，而不能归属于不知情或无特

---

① Vgl.Knut Amelung, Irrtum und Täuschung als Grundlage von Willensmängeln bei der Einwilligung des Verletzten, 1998, S.41.

② Vgl.Knut Amelung, Irrtum und Täuschung als Grundlage von Willensmängeln bei der Einwilligung des Verletzten, 1998, S.41, 42, 56, 73.

殊责任关系的相对人。① 在法益主体受到欺骗的场合，欺骗者蓄意开启了对法益主体造成损害的过程，欺骗者歪曲或隐瞒对法益主体的意思决定具有重要的价值和意义的事实，法益主体的承诺因为缺乏自治而无效。但阿梅隆还是认为，在法益侵害结果的客观归责上，不能仅以欺骗行为和承诺具有条件关系就将结果归属于欺骗行为人，只有当欺骗所涉及的事实信息对于法益主体的意思决定具有重要作用时，行为人才应承担全部责任。例如，在斯图加特州高等法院审理的"蒂宾根的红胡子案"中，受欺骗的妇女们被告知她们需要与行为人发生性行为来维持健康，那么，妇女们为了身体健康而忍受性行为当然不可与为外形美观而忍受节食同日而语。当然，这种限缩归责范围仍然要根据规范性的客观归责标准进行。②

　　要言之，阿梅隆的观点要旨在于"无效性判断与归属问题的区别"（Die Trennung von Umwirksamkeitsurteil und Zurechnungsfrage），也就是说，在瑕疵承诺的刑法效果问题上，传统学说只是单纯地研究承诺的有效与否，这种研究方法混淆了承诺有效性的判断与结果归属，使得承诺有效性的判断毫无必要地负担上了结果归属的任务，也妨碍了在法益主体和相对人之间进行充分的利益衡量。③ 对于阿梅隆教授的"双层结构理论"（Zweistufentheorie），学界普遍称许其在"无效性判断"与"归责问题"的双层结构中接续解决问题的思路具有创造性。④ 不过，在瑕疵承诺的刑法效果问题中，有效性判断并不是问题的全部内容，这是不言自明的道理，因此本书还是倾向认

---

① Vgl.Knut Amelung, Irrtum und Täuschung als Grundlage von Willensmängeln bei der Einwilligung des Verletzten, 1998, S.48, 49, 50.

② Vgl.Knut Amelung, Irrtum und Täuschung als Grundlage von Willensmängeln bei der Einwilligung des Verletzten, 1998, S.75, 76.

③ Vgl.Knut Amelung, Irrtum und Täuschung als Grundlage von Willensmängeln bei der Einwilligung des Verletzten, 1998, S.34, 36, 39.

④ Vgl.Katrin Braun-Hülsmann, Die Einwilligung als Zurechnungsfrage unter Parallelisierung zur Betrugsdogmatik, 2012, S.225；车浩：《德国关于被害人同意之错误理论的新发展》，《环球法律评论》2008 年第 6 期。

为，双层结构理论的实际意义是将瑕疵承诺问题的讨论重心由承诺论转移到归属论。那么，应该如何评价和看待阿梅隆的理论尝试呢？

我国刑法学者陈毅坚积极借鉴阿梅隆的"双层结构理论"。陈毅坚教授认为，客观归责是在客观上将结果归属于主体的一定行为的认定活动，因此，在解决刑法上犯罪成立与否的问题时完全应当适用客观归责原理。法益主体的承诺是否有效与法益主体是否需要对相应的法益损害结果自我答责（也就是法益损害结果的客观归责），这是两个层面的问题：前者是对法益主体的主观心理状态进行事实判断，后者是对法益主体有效放弃法益的结果是否客观上归属于法益主体的规范判断。至于为何要区分承诺有效性的判断与法益损害结果的归责判断，则是因为"自由答责性"（Freiverantwortlichkeit）与"自我答责性"（Eigenverantwortlichkeit）这两种不同的原理。"自由答责性"所考察的问题是，被害人的意思决定有无瑕疵或者瑕疵程度；"自我答责性"所考察的则是，在确定被害人的意思瑕疵之后，被害人对损害其自己的法益在规范上是否具有答责性。由于自我决定是主体基于对自由的普遍承认和尊重而通过行为来决定和实现自己的自由，故而"自由答责性"是与自我决定权相关联的；又因为自我决定是自我答责的前提和根据，因此"自由答责性"是"自我答责性"的前提和条件。与阿梅隆不同的是，陈毅坚教授在承诺有效性的判断上仍然采取了限定立场，并没有宽泛地否定受欺骗承诺的有效性。①

不过，日本学者盐谷毅认为，阿梅隆先是广泛否定了瑕疵承诺的有效性，在此基础上再将行为人的可罚性在归属论层面予以调整，这种双层结构的处理方案必须要慎重对待和检讨。② 本书赞同盐谷毅教授的审慎态度，并在下文尝试剖析双层结构理论的不足之处。

---

① 陈毅坚：《被害人目的落空与诈骗罪——基于客观归责理论的教义学展开》，《中外法学》2018 年第 2 期。

② ［日］盐谷毅：《被害者的承诺与自己答责性》，法律文化社 2004 年版，第 64 页。

　　第一，在本书看来，阿梅隆教授设计的双层结构理论，似乎是通过虚化瑕疵承诺的效力判断来加强结果归属判断的刻意之举。尽管阿梅隆教授在瑕疵承诺的有效性判断上设置了一个"以价值体系检验自治性"的标准，但几乎任何意思瑕疵都可能导致承诺偏离法益主体的价值体系，该标准实际上是一个无限制地否定瑕疵承诺有效性的判断标准。正因如此，我国学者车浩教授将阿梅隆教授的观点在承诺论的讨论框架内归类为"新全面无效说"。① 本书无意指摘阿梅隆教授过于宽泛的认定受欺骗承诺或有错误承诺的无效性，毕竟下文将要介绍的"全面无效说"也是如此。问题在于，阿梅隆教授的"自治"概念过于理想化，有德国学者批评这种概念根本就是脱离现实生活的实际情况，个人的任何意思决定常常并不是在最优条件下作出的，个人总是难以掌握全面的重要信息，或者难免受到他人的影响，在这样的条件下，过于理想化的自治概念当然总是会导出承诺无效的结论。② 这就难免引起怀疑，阿梅隆教授以高度理想化的"自治性""价值体系"等概念充当瑕疵承诺的效力判断标准，到底是不是将刑法教义学上的承诺论当作了寄托理想主义的自治主张的乌托邦？德国学者 Katrin Braun-Hülsman 尖锐地批评阿梅隆教授人为地创造出由承诺的效力问题转向归属问题的理论需要。③ 我国学者王钢副教授也认为，考虑到法益主体在进行承诺时几乎不可能拥有全面且完善的信息基础，一旦采用过于理想化的"自治"理念，难免会使法益主体的承诺接近全面无效，最终只能借由归责原理来判断是否应当追究相对人的刑事责任，在如此理论前提之下，区分承诺有效性和法益损害结果的可归责性这两个层次就毫无意义。④

---

　　① 车浩：《德国关于被害人同意之错误理论的新发展》，《环球法律评论》2008 年第 6 期。

　　② Vgl. Thomas Rönnau, Willensmängel bei der Einwilligung im Strafrecht, 2001, S.354.

　　③ Vgl. Katrin Braun-Hülsmann, Die Einwilligung als Zurechnungsfrage unter Parallelisierung zur Betrugsdogmatik, 2012, S.232.

　　④ 王钢：《动机错误下的承诺有效性问题研究》，《中外法学》2020 年第 1 期。

第二，仅仅根据刻意虚化瑕疵承诺的效力判断来加强结果归属判断，还不能批评双层结构理论是不合理的尝试。真正应该受到批评的是阿梅隆教授为瑕疵承诺的双方当事人所准备的结果归属标准。车浩教授准确地指出，阿梅隆用来在承诺人和行为人之间分配责任的归责原理，借用了一些在刑法、民事诉讼法上为了解决法益损害的归属问题而发展起来的传统原则，例如，对蓄意、疏忽、无责任的错误的归类，还有对主观责任的归类，再就是合义务替代性行为，等等。[①] 阿梅隆的这一操作方法在理论上受到了广泛的批评。有德国学者指出，阿梅隆在否定了承诺效力之后的结果归属阶段，仍然以法益主体单方面错误、受欺骗错误、"表达欠缺"、"意思决定欠缺"等分类作为讨论框架，这完全是承袭《德国民法典》第 119 条以下有关意思瑕疵的撤销权的制度框架和责任分配原理。可是，《德国民法典》第 119 条以下条文的制度设计本身就是针对意思瑕疵的效力规定，民法理论上普遍肯定，这些条文本身就是根据责任分配的考虑而进行效力规定的设计。也就是说，《德国民法典》第 119 条以下条文，就是阿梅隆所批判的"糅合效力判断与责任分配"的制度设计。阿梅隆的观点在此完全陷入尴尬境地。[②] 日本学者盐谷毅提出的批评意见是，阿梅隆教授为了突破传统学说的范式，区分有效性判断和结果归属判断，因此着重考虑了结果归属的判断原理，但是，即便要对法益主体的自我答责严格把握，似乎也不必使其烦琐到如此程度；再者，承诺有效性判断是就法益主体方面进行的判断，其上位原理是承诺论的理论根据，欺骗行为人的责任分配需要就行为人方面进行判断，其上位原理是归属论的规则，不必在一个框架内

---

① 车浩：《德国关于被害人同意之错误理论的新发展》，《环球法律评论》2008 年第 6 期。

② Vgl. Katrin Braun – Hülsmann, Die Einwilligung als Zurechnungsfrage unter Parallelisierung zur Betrugsdogmatik, 2012, S.231.

进行整合。① 这些批评意见表明，阿梅隆教授在双层结构内未能合理分配判断任务，更未能提出独特的、有说服力的责任分配标准。

第三，阿梅隆教授设计双层结构理论的指导理念是，承诺无效并不会当然决定结果归责。在本书看来，这一论断对于法益主体基于自己引起的错误认识而作出承诺的情形，是值得重视的意见，对于法益主体基于受欺骗的错误认识而作出承诺的情形则意义十分有限。原因在于，在法益主体单方面产生错误的场合，是法益主体自己开启了法益侵害的因果链条，难以溯及相对人，这也就是为什么法益主体单方面存在的错误即使会导致承诺无效，也不一定会导致结果归属于相对人；而在欺骗行为人对法益主体进行欺骗时，原则上已经创设出法益侵害的危险，开启了一个可归责的因果链条，如果法益主体的承诺效力最终被否定，那么结果归属就大概率会溯及至欺骗行为人。正因如此，阿梅隆教授将研究的起点和重心放置在法益主体基于自身原因而产生错误的情形上，处理受欺骗承诺的刑法效果更像是扩张适用处理单方错误承诺的规则。② 尽管阿梅隆教授援引条件因果关系与客观归责理论的差异说明，即使欺骗行为与法益侵害结果之间具有必要条件关系也并不一定能将结果归属于欺骗行为，但是，如果限制将结果归属于欺骗行为人的理由在于，欺骗涉及的必须是在规范评价上对法益主体的意思决定具有重要作用的事实信息，这就完全是将承诺论的研究结论挪用在归属论而已——承诺论不就是根据欺骗行为人所欺骗的事实是否属于法益主体必须认识的范围这一点来判断承诺的有效与否吗？这样看来，阿梅隆教授提出的双层结构解决方案，在受欺骗承诺的刑法效果问题上意义着实有限。

---

① ［日］盐谷毅：《被害者的承诺与自己答责性》，法律文化社 2004 年版，第 64、65 页。

② 车浩：《德国关于被害人同意之错误理论的新发展》，《环球法律评论》2008 年第 6 期。

　　第四，区分承诺有效性的判断与法益损害结果的判断，看似层次清晰，其理由根据却不牢固，更确切地说，在承诺有效性的判断后还有没有讨论法益主体自我答责的必要性，始终让人疑窦重重。例如，陈毅坚教授一方面认为，"自由答责性是自我答责性的前提和条件"，"缺乏自由答责性当然也缺乏自我答责性。没有自由的答责，则其意思决意存在瑕疵，当然就不能自我答责，不能对损害自己法益的行为结果答责。但如果存在自由答责性，仍然要进一步规范性检验，是否因为被害人自我负责的行为而中断结果归责"；另一方面又认为，只要法益主体亲手转化其具有自由答责的决意而损害自己的法益，就可以对法益损害结果自我答责。具体而言，在自杀者具有自由答责的自杀决定的场合，仍然要根据自杀者"是否亲手地在犯罪事实中转化其自杀决意"来判断是否由自杀者自我答责，而在诈骗罪的场合一般都是由受骗者亲手处分财产，因此，"只要确定了被害人的自由答责，确定了被害人意思决意没有重大瑕疵，就可以确定被害人的自我答责"。①要言之，在判断承诺有效性（是否有意思瑕疵、是否"自由答责"）之后，法益主体是否自我答责全系于法益主体是否"亲手转化"其意思决定。可是，所谓法益主体的承诺，绝对有相对人存在，否则就是法益主体之自言自语而已。既有相对人存在，法益主体"亲手转化"其意思决定的情形必属稀有——无论是对他人郑重承诺后却自己料理，还是预备自己料理却对他人郑重承诺，在生活经验上都非常少见。这样看来，需要在判断承诺有效性之后再判断可归责性的情形应当是十分有限。

　　总之，在承诺的效力判断之外探讨法益损害结果的归属固然有其合理性，但是，两种判断之间的分工与平衡、各自的判断标准，乃至分工的必要性都还有值得商榷的余地。如果贸然将受欺骗承诺问题的讨论重心由承诺论转向归责论，恐非所宜。王钢副教授也特

────────────

　　①　陈毅坚：《被害人目的落空与诈骗罪——基于客观归责理论的教义学展开》，《中外法学》2018 年第 2 期。

别指出，根据阿梅隆教授的双层次理论，必然会导致将相对人的可归责性视为法益主体承诺问题的中心议题，法益主体的自治反倒不再是承诺论的关键所在，这就偏离了承诺的本质。①

（2）与阿梅隆教授既相似又不同，德国学者雅克布斯（Günter Jakobs）在承诺的有效性判断之外，加入欺骗行为人是否成立间接正犯的判断。

雅克布斯教授认为，受强制、错误、欺骗等瑕疵因素影响的承诺的刑法效果问题，混杂了不同领域的理论问题，而且各种情形的混杂程度不同。② 具体到受欺骗承诺这一情形，雅克布斯总体上认为，凡是通过与法益侵害的种类、范围、危险程度等内容无关的欺骗或恐吓行为而获得的承诺仍然是有效的，但是，在大部分事例中还需要考虑欺骗行为人是否应该按照间接正犯的规则追究责任。③ 具体而言，如果欺骗行为人虚构的情况成为法益主体的行为动因，使得法益主体认为放弃法益才是合理的，那么，欺骗行为人需要承担间接正犯的责任。要言之，对于受欺骗承诺的刑法效果而言，即便肯定了承诺的有效性，也还是要根据"承诺者放弃法益的意思决定过程是否在合理性的范围内"，来决定欺骗行为人是否成立间接正犯。这种放弃法益的合理性，只要根据一般的、普遍的价值标准（allgemeine Wertungsmaßstäben）进行衡量即可。这样一来，最典型的就是虚构紧急事态欺骗法益主体放弃某项法益以求躲避某种损害的场合，再就是通过牺牲身体法益来获得报酬、取得利润的场合，欺骗行为人也都会成立间接正犯。④

雅克布斯主张的特点和长处在于，不但能够在欺骗的程度类似于强制状况的场合肯定欺骗行为人具有正犯性，而且，在法益主体

①　王钢：《动机错误下的承诺有效性问题研究》，《中外法学》2020 年第 1 期。

②　Vgl.Günter Jakobs, Strafrecht Allgemeiner Teil, 2.Aufl., 1991, S.246, Rn.117.

③　Vgl. Günter Jakobs, Strafrecht Allgemeiner Teil, 2. Aufl., 1991, S. 247, Rn. 118, sowie S.438, Rn.8.

④　Vgl.Günter Jakobs, Strafrecht Allgemeiner Teil, 2.Aufl., 1991, S.249, Rn.121.

虽然作出了有效承诺，但实际上对于法益侵害的发生并没有事实上的"管辖"的场合，雅克布斯奠定并说明了"利用有效承诺的间接正犯责任的非难基础"。欺骗行为人是通过欺骗或者恐吓的方式惹起了法益主体的自我损害行为，并且利用法益主体的有效承诺参与、干涉该自我损害行为，将该自损行为纳入欺骗行为人自己的支配性管辖内，这就相当于利用他人合法行为（利用"合法工具"）的间接正犯类型。① 日本学者盐谷毅认为，在雅克布斯的观点中，对欺骗行为人的间接正犯性起决定作用的要素是与承诺的有效性问题相分离的"对瑕疵的支配"。② 本书也认为，雅克布斯教授是将受欺骗承诺的刑法效果问题进行了切割，在承诺论部分仅仅承认与法益有关的错误会导致承诺无效，对于无法否认承诺效力却又有处罚必要的部分情形划分给间接正犯论进行处理，是一种在承诺论和间接正犯论之间调整判断任务的主张。

　　事实上，奥地利学者 Friedrich Nowakowski 在雅克布斯之前也表明过相似立场，而雅克布斯更加深入、系统地说明了这一主张，雅氏弟子 Alfred Göbel 也是代表性的支持者。③ 不过，雅克布斯教授的主张在具体结论及思考方法上，都还有商榷和批评的余地。

　　就具体结论而言，德国学者 Katrin Braun-Hülsmann 从两个角度提出了疑问。其一，显而易见的是，雅克布斯教授是在部分个例中推导出"承诺即使有效，仍有可能成立间接正犯"的结论，但是雅克布斯教授没有清楚地说明"支配的界限"，既没有说明利用无效承

---

　　① Vgl. Katrin Braun-Hülsmann, Die Einwilligung als Zurechnungsfrage unter Parallelisierung zur Betrugsdogmatik, 2012, S.249.

　　② ［日］盐谷毅：《被害者的承诺与自己答责性》，法律文化社 2004 年版，第 67 页。

　　③ Vgl. Friedrich Nowakowski, Das österreichische Strafrecht in Seinen Grundzügen, 1955, S.63, sowie Alfred Göbel, Die Einwilligung im Strafrecht als Ausprägung des Selbstbestimmungsrechts, 1992, S.71 ff. 以上文献转引自 Katrin Braun-Hülsmann, Die Einwilligung als Zurechnungsfrage unter Parallelisierung zur Betrugsdogmatik, 2012, S.247, Fn.858.

诺的正犯性与利用有效承诺的正犯性之间究竟有无差别，也没有说明，何以在法益主体的有效承诺的法益侵害中，欺骗行为人反倒还占据了优先于法益主体的管辖性地位。其二，雅克布斯教授只是在承认了法益主体受欺骗承诺的有效性之后，简单运用了间接正犯论的规则来为欺骗行为人的可罚性提供基础，但是，至于这种与法益关系无关的欺骗和错误，是否能够与强制、威胁等量齐观，也是引人怀疑的问题。①

就连带考量间接正犯成否的思考方法而言，赞成意见与反对意见大致两分。日本学者岛田聪一郎肯定了雅克布斯的思考方式，即在受欺骗承诺的刑法效果上，承诺论和间接正犯论的关系是"一体两面"，但岛田只认可当法益主体的承诺无效时欺骗行为人就成立间接正犯，不认可在承诺有效的场合欺骗行为人还能成立间接正犯。② 岛田认为，当法益主体的意思和态度对法益侵害的发生与否具有重要影响时，法益主体自身情状就与行为人的犯罪成否、违法性或责任的程度、正犯性等刑法效果具有紧密联系。而且，在故意作为犯中，当法益侵害行为过程中介入他人的行为时，关于幕后的行为人的罪责问题，可以作为间接正犯来探讨，也可以作为相当因果关系或客观归责的问题来探讨，在介入行为是被害人自身行为的场合，就还可以作为承诺的有效性问题来探讨；无论从哪个角度切入探讨，其判断资料应当都是同样的。因此，承诺的有效性问题与行为人的间接正犯成否问题就是一个问题的两个面相，二者的判断都取决于法益主体是否具备自律性决定，也就是是否在理解了结果的意义与射程的基础上，未受强制地引起了最终的法益侵害结果，如果对此得出肯定结论，则幕后的行为人不成立针对该法益侵害结果

---

① Vgl. Katrin Braun-Hülsmann, Die Einwilligung als Zurechnungsfrage unter Parallelisierung zur Betrugsdogmatik, 2012, S.250.

② ［日］岛田聪一郎：《正犯·共犯论的基础理论》，东京大学出版会 2002 年版，第 254 页。

的单独正犯（直接正犯与间接正犯）。① 我国学者李世阳博士认为如果将法益主体的承诺视为从行为人的行为导向结果发生的过程中的介入因素，并考察该介入因素对责任归属的影响，那么法益主体承诺的有效性与行为人是否成立间接正犯这两个问题就交织在一起，而一旦认为承诺有效性的判断基准与间接正犯的判断基准保持一致，则两个问题就合成一个问题。李世阳博士最终赞同岛田聪一郎的意见，认为当法益主体的承诺被认定为无效时，行为人就成立间接正犯。②

　　不过，日本学者林干人教授却认为雅克布斯的主张在根本上就值得商榷。第一，林干人教授仍然坚持要区分承诺的有效性判断和间接正犯判断在指向上的差异。就受欺骗承诺的有效性问题而言，讨论的是刑法上的"法益侵害结果"之存否；而行为人是否成立间接正犯的问题，则是在肯定法益侵害的存在这一前提之后，由于在行为人与结果之间存在着第三人或者法益主体本人的介入，而进一步探讨行为人究竟是成立正犯还是狭义共犯。因此，如果认为承诺有效，那么就应该认为行为人的行为不具有法益侵害性，从而完全没有成立间接正犯的余地。第二，在肯定了承诺有效性的前提下还要以法益主体在当时只有放弃法益才是"合理的"为由，追究欺骗行为人的正犯责任，不但面临着何谓合理的判断标准本身就不明确与不"合理"的问题，而且，为什么行为人以"合理"的内容来骗人就具有管辖地位、构成间接正犯，而以"不合理"的内容骗人则不罚，其根据也完全不清楚。③

　　归纳起来，雅克布斯教授的主张最核心的命题便是"承诺有效，

---

　　① ［日］岛田聪一郎：《间接正犯与共同正犯》，收录于《神山敏雄古稀祝贺论文集》，成文堂 1996 年版，第 445、446 页；［日］岛田聪一郎：《正犯·共犯论的基础理论》，东京大学出版会 2002 年版，第 256 页。

　　② 李世阳：《刑法中有瑕疵的同意之效力认定》，《法律科学》2017 年第 1 期。

　　③ ［日］林干人：《基于错误的被害者同意》，收录于《松尾浩也先生古稀祝贺论文集·上卷》，有斐阁 1998 年版，第 241 页。

但欺骗行为人也可以构成间接正犯"，只有承认这一命题，才使得间接正犯论在受欺骗承诺的刑法效果问题中具有并列于承诺论的独立地位和意义。否则，无论再怎么肯定间接正犯论在该问题中的重要性，也不过是在承诺论背面书写华章而已，反倒还不如承认承诺论与间接正犯论的指向差异，更能提升间接正犯论的独立意义和重要性。

（3）回归本书在此处所要探讨的问题意识，在受欺骗承诺的刑法效果问题上，讨论和判断的重心究竟是放在承诺论、归属论还是间接正犯论？

本书认为，阿梅隆教授和雅克布斯教授的观点核心是相似的，都可以概括成一个假说命题；阿梅隆教授的命题是"承诺虽然无效，但法益损害结果不一定归属给欺骗行为人"，雅克布斯教授的命题是"承诺虽然有效，但欺骗行为人不一定不构成间接正犯"。众所周知，任何理论假说都只能以检验演绎法来证成或证伪，而上述两个假说属于只有穷尽所有事例才能证伪，而只要举出一个事例就可以证成的情形。[①] 因此，本书并不能否认上述命题的意义，这也意味着本书需要承认，阿梅隆教授、雅克布斯教授在受欺骗承诺的刑法效果问题上，将判断重心向承诺论、间接正犯论转移，是一种有意义且有必要的思考方向。即使上述方案和观点仍然存在问题，也无法否定这种思考方向的可能性。或许，在阿梅隆和雅克布斯二位学者所开启的思考方向上，更为圆满的学说或解释方案正在萌芽或成熟也未可知。

不过，综核阿梅隆和雅克布斯二位教授所提出的命题及观点可知，阿梅隆教授全因采取"全面无效说"导致承诺无效的范围过大才需要归属论进行过滤，雅克布斯教授则因为固守"法益关系错误说"导致承诺无效的范围过于狭窄才需要间接正犯论予以补强。毋

---

① ［英］卡尔·波普尔：《科学发现的逻辑》，查汝强、邱仁宗、万木春译，中国美术学院出版社 2017 年版，第 6 页。

宁认为，二位教授不过是以归属论和间接正犯论去解决承诺论的遗留问题而已。既然如此，理论上最为现实和稳妥的努力方向就是继续在承诺论范围内继续深入探讨，尽可能减少遗留问题。事实上，在受欺骗承诺的刑法效果问题上，承诺论领域的学说发展更为成熟，判断承诺效力的标准也更为清晰、有效。如果进入间接正犯的领域，由于欺骗行为本身就是将受骗者导入错误认识的过程，因此很容易就可以承认欺骗行为人的认识优越于法益主体，间接正犯性的肯定也似乎毫无障碍。如果在归属论领域解决受欺骗承诺的刑法效果问题，主要运用的理论工具应该是自我答责原则，但是，诚如学者们所批判的那样，自我答责原则目前还远未能形成统一的答责条件体系，甚至在某些场合形同"因为自我答责所以自我答责"的独断。① 也许正因如此，有学者在研究涉及被害人自我答责领域内的错误的问题时，还是要借助于承诺论的错误问题的各种学说和处理方式。② 因此，本书遵从传统的讨论体例，一方面承认受欺骗承诺的刑法效果问题需要承诺论、归属论和间接正犯论协同思考，另一方面，在具体研究时选择以介绍、分析承诺论领域的已有判断标准和相关学说为主，暂不涉及归属论、间接正犯论领域的相关问题。

三　法益主体的承诺与自冒风险之区分

所谓"自冒风险"（Handeln auf eigene Gefahr, assumption of risk），民法学界也称为"自甘风险"。③ "自冒风险"在德国最早是民法学的研究课题，主要集中在合同及侵权领域，一般所指的是如

---

① 张明楷：《刑法学中危险接受的法理》，《法学研究》2012 年第 5 期；黄荣坚：《基础刑法学（上）》，台湾元照出版公司 2012 年版，第 311 页。

② 马卫军：《被害人自我答责研究》，中国社会科学出版社 2018 年版，第 99—104、314 页。

③ 周子实：《受害人承诺与受害人自冒风险中的刑民关系研究——基于英美法系与德国的比较视角》，《刑法论丛》总第 53 卷（2018 年第 1 卷），第 438 页，脚注①；王利明：《论受害人自甘风险》，《比较法研究》2019 年第 2 期。

下一类情形：法益主体（或者说侵权法意义上的"受害人"）已经预见和意识到某种危险的存在，甚至是明知将会遭受某种危险，却依然决定冒险行事，最终致使自己遭受损害。德国刑法学者齐普夫（Zipf）首先创设了"风险接受"（Risikoübernahme）这一新概念，日本刑法学界转译为"危险接受""危险引受"，我国刑法学界因袭这一译法和术语。① 刑法上广义的自冒风险或危险接受，大致可以包括三种情形：第一种情形是，法益主体认识到自己的行为会给自己的法益造成危险，仍然实施该行为，结果给自己造成实害，也称为"狭义的自发的自我危险化"；第二种情形是，法益主体认识到自己亲自实施的行为对自己的法益具有危险，但仍然实施了该行为，他人的参与行为与法益侵害结果具有物理或心理的因果关系；第三种情形是，法益主体已经认识到他人的行为对自己的法益具有危险，却仍然承诺、接受了由他人实施的危险行为，最终发生了法益侵害结果，这称为"基于合意的他者危险化"。由于"狭义的自发的自我危险化"自始至终都是法益主体自己导致了法益侵害结果的发生，故而不具有刑法学上的意义；学界现在通常讨论的自冒风险或危险接受就是"自我危险化的参与"和"基于合意的他者危险化"。②

　　法益主体的承诺与自冒风险在理论上都被认为是源自于"得承诺者不违法"（Volenti non fit iniuria）的罗马法谚，二者也都同时在英美法系和大陆法系得到了广泛承认。③ 同时，承诺与自冒风险都是从法益主体（被害人）的立场出发，研究法益主体（被害人）的意思和态度对行为人（相对人）刑事责任的影响问题。与法益主体的

① 周子实：《危险接受理论的历史考察与概念界分——以德国为镜评我国的研究现状》，《东南法学》2016 年第 2 期。

② 张明楷：《刑法学（上）》（第六版），法律出版社 2021 年版，第 304 页；陈家林：《外国刑法理论的思潮与流变》，中国人民公安大学出版社、群众出版社 2017 年版，第 342 页。

③ 周子实：《受害人承诺与受害人自冒风险中的刑民关系研究——基于英美法系与德国的比较视角》，《刑法论丛》总第 53 卷（2018 年第 1 卷），第 439 页。

承诺长期受到刑法理论的承认和研究不同，自冒风险或危险接受的问题，是在 20 世纪 20 年代刑事法学开始重视"加害—被害"的犯罪互动关系之后，伴随着被害人学、被害人教义学、被害人自我答责等理论的发展而展开，再被客观归责论、过失犯论、承诺论等理论分别吸收，逐步成为刑法教义学关注的新兴热点问题。①

　　最早进入刑法学者视野的危险接受案件与过失犯罪案件存在明显的重叠关系，例如 1923 年著名的"梅梅尔河案"，作为被告人的船夫起初拒绝在暴风雨的气象条件下渡河，最后在两名乘客的强硬要求下冒险开船，结果船只发生事故乘客遇难，被害人对风险是明知的，但行为人对于损害结果并不是追求或放任的心态。德国早期的司法实践对这类案件仍然是从注意义务出发判断过失犯成立与否，但是由于在类似案件中很难否认行为人违反了注意义务，行为人缺乏必要、有效的出罪通道，德国法院转而对此类案件中是否能够运用承诺论进行讨论。② 由此，法益主体的承诺与自冒风险的关系问题逐渐成为理论上的一个重要问题，围绕着法益主体的承诺能否吸收包容自冒风险或危险接受、自冒风险或危险接受的案件究竟是应该根据承诺论的原理还是根据自我答责原理进行处理、承诺论是否能够适用于过失犯罪，理论上争议至今。③ 根据笔者的观察和概括，不同学者对此大致有三种不同的态度：

　　（1）相异说。德国刑法通说认为，自冒风险与法益主体的承诺应该是性质不同的问题。④ 德国学者罗克辛教授认为，法益主体自冒

① 申柳华：《德国刑法被害人信条学研究》，中国人民公安大学出版社 2011 年版，第 282 页；王焕婷：《刑法中的被害人行为理论史考察》，《河南警察学院学报》2015 年第 3 期。

② 周子实：《危险接受理论的历史考察与概念界分——以德国为镜评我国的研究现状》，《东南法学》2016 年第 2 期。

③ 黎宏：《刑法学总论》（第二版），法律出版社 2016 年版，第 158、159 页。

④ 陈家林：《外国刑法理论的思潮与流变》，中国人民公安大学出版社、群众出版社 2017 年版，第 343 页。

风险的行为，不论是自我危险化的参与，还是基于合意的他者危险化，都应该与法益主体的承诺区别开来，因为选择冒险的法益主体总是对最终结果持排斥态度的。① 周光权教授认为，对他人危险行为的接受，等于同意他人造成危险，但却与阻却违法性的承诺并不相同。在法益主体的承诺的场合，法益主体对结果有认识并且愿意接受，但在同意他人造成危险的场合，法益主体并不希望结果发生，而是期待有利于自己的结果。法益主体接受他人的危险行为时，如果需要其自我答责，就应当满足两个条件，一是损害必须是法益主体接受的风险的结果，而不能是其他附加的结果；二是承受危险的人与造成危险的人对危险有相同程度的认识，从而应当对自己的行为负责，也就是造成危险的人不能有优越于承受危险者的认识程度。②

（2）同一说。该观点认为，承诺论可以作为自冒风险或危险接受的理论根据。日本学者林干人教授认为，危险接受可以置于法益主体的承诺的"延长线"上进行理解，虽然在危险接受的情形中法益主体对于结果发生可能性的预见和认识程度通常要低于法益主体承诺的场合，法益主体也不期待最终发生结果，但是这些都不是扩张适用承诺论的重要影响因素。既然法益主体对最终的结果发生至少说是存在着抽象认识，却仍然基于自己的自由意志将自身法益置于危险之中，就能够承认与法益主体承诺相同的违法阻却效果。③ 黎宏教授认为，不能将自冒风险形式化地理解为"法益主体承诺了危险行为而没有承诺最后发生的侵害结果"，一个行为既然是"危险行为"，就表明行为本身蕴涵着发生结果的可能，然则行为人绝对不可能"只承诺行为不承诺结果"，一如绝不可能"只许割肉不许流血"，这应该是从"违法性评价乃是针对包括结果在内的行为整体予

---

① Vgl.Claus Roxin，Luís Greco，Strafrecht Allgemeiner Teil Band Ⅰ，5.Aufl.，2020，S.505，Rn.108，S.513，Rn.121.

② 周光权：《刑法总论》（第四版），中国人民大学出版社 2021 年版，第 132 页。

③ ［日］林干人：《刑法总论》（第 2 版），东京大学出版会 2008 年版，第 174 页。

以评价"的立场出发所得出的必然结论。因此,当法益主体作为完全责任能力人,在能够预见该行为的结果而执意置身其中的时候,完全可以作为"法益主体的承诺"的一种类型进行处理。① 黄荣坚教授也认为,在概念上其实可以说,经法益主体承诺之加害行为也属于法益主体之自我危害或自陷风险的行为。②

(3)有限相异说。张明楷教授指出,不可忽视法益主体的承诺与危险接受之间的明显差别,一是危险接受基本上是就过失犯罪而言,而法益主体的承诺虽然也可以适用于过失犯,但主要还是适用于故意犯;二是在危险接受的场合,法益主体只是认识到了行为的危险性质,并没有承诺法益侵害结果的发生,自然也就没有放弃自己的法益,而法益主体的承诺必然是明确放弃了自己的法益,接受了侵害结果的发生。在现实生活中,冒险行事的人并非都愿意接受最终的不利结果,因此在危险接受的场合认定法益主体也承诺了实害结果,并不符合现实。因此,对于危险接受案件不能根据法益主体的承诺予以解决。③ 不过,张明楷教授还是表示,危险接受与法益主体的承诺具有联系,甚至有可能作为法益主体的承诺进行处理,特别是,当认为法益主体的承诺只要承诺危险行为即可时,二者之间的差异就取消了。④

由此观之,法益主体的承诺与自冒风险的核心差别在于法益主体(被害人)接受的究竟是行为还是结果,或者说,问题的核心在于法益主体的承诺的对象究竟是行为还是结果。⑤ 理论上通说认为,法益主体的承诺对象不仅包括行为,还应该包括构成要件的结果,

---

① 黎宏:《刑法学总论》(第二版),法律出版社2016年版,第159页。

② 黄荣坚:《基础刑法学(上)》,台湾元照出版公司2012年版,第310页。

③ 张明楷:《刑法学中危险接受的法理》,《法学研究》2012年第5期。

④ 张明楷:《刑法学(上)》(第六版),法律出版社2021年版,第304页,脚注[386]。

⑤ 陈家林:《外国刑法理论的思潮与流变》,中国人民公安大学出版社、群众出版社2017年版,第343页。

即便是在过失犯的场合也同样如此，而在危险接受的场合，法益主体通常只是认识到了行为的危险性，却并没有承诺实害结果的发生。① 与此相对，近来一种颇为有力的观点认为，承诺的对象只需要针对行为而不必及于结果。日本学者井田良认为，法益主体的承诺对象只需要针对行为，因为自己决定权的内容不仅包括允许自己的利益受到损害的自由，而且包括使自己的利益遭受危险的自由，实际上是通过甘冒风险而享受超越风险的某种利益的自由，例如，参与格斗等体育竞技、同意医生的手术行为，就能够以法益主体知道行为具有一定危险而仍然作出承诺为由，在承诺限度内否定对其法益的刑法保护；再者，实行行为是"具有超出被允许的危险之上的危险的危险行为"，法益主体既然对此危险有承诺，就可以使法益主体遭受该危险适法化。② 我国也有学者认为，刑法上的实质违法性包括行为无价值与结果无价值两个方面，要否定违法性只需要否定二者之一即可，因此，只要法益主体承诺了行为就可以排除行为不法，就足以否定实质违法性的存在；同时，承诺的功能在于通过放弃刑法对法益的部分保护，将法益从特定的行为规范的保护中排除出去，切断法益与特定的行为规范之间的联系而使得行为规范失效；于是，法益主体只需要对行为存在承诺即可排除犯罪成立。③ 在两种对立的观点之间，也有立足于通说的缓和观点。日本学者前田雅英教授认为，法益主体的承诺的对象必须包括结果，但在所谓危险接受的例子中法益主体（被害人）实际上也承诺了结果。在过失犯的场合，大多会发生当事人预想之外的结果，当事人对该结果本身存在明确且具体的承诺的情形是很少的，严格来说当事人对结果发生没有承

---

① ［德］乌尔斯·金德霍伊泽尔：《刑法总论教科书》（第六版），蔡桂生译，北京大学出版社 2015 年版，第 130 页，边码 62。

② ［日］井田良：《被害者的同意》，《现代刑事法》2000 年第 14 号，第 90、91 页；［日］井田良：《刑法总论的理论构造》，秦一禾译，中国政法大学出版社 2021 年版，第 163 页，边码 197。

③ 蔡颖：《重构被害人自陷风险的法理基础》，《法制与社会发展》2020 年第 3 期。

诺，但当事人自己积极置身于高度危险时，就应该由该危险当然预测到相应结果，此时就可以说对该结果存在承诺。因此，在过失犯的场合，承诺的内容较为抽象即可阻却违法。例如，在拳击等格斗运动中，一些赛事组织者会对死亡事件进行通报，部分国家甚至禁止相关赛事，就此而言不能否定赛事参与者对死亡结果的预见可能性，而参与比赛的竞技者应当是同意了包括死亡结果在内的危险，当发生死亡事件时，致他人死亡者可以依法益主体的危险接受而否定过失犯的成立。①

　　如前所述，提出区别"承诺"与"自冒风险"的契机是要讨论能否用承诺论否定过失犯罪的成立。也就是说，上述争论观点的出发点是过失犯中的承诺对象问题。② 正因如此，多数观点的讨论都没有跳出区别故意与过失的观察方法。不过，这样的观察还需要更加深入，绝不能停留在纯粹的主观心理层面。一方面，我们无法否认自冒风险的法益主体对不利结果的排斥心理，自冒风险的法益主体可能是死中求活，比如为了逃离战火的难民冒险选择乘走私船横渡海峡，也可能就是大胆而不盲目的投机心态，认识到有危险但希望结果不会发生在自己身上。但另一方面，如果抽离"危害结果"的具体形象，所谓的对"行为本身蕴藏的危险"的抽象认识肯定也无法存在。不妨试想，从事徒手攀岩的探险家在攀登之前所认识到的"危险"如果不是"掉落悬崖而死伤"等结果的具体形象，其抽象认识到的"行为危险"又会是什么呢？赛前誓言"要像男子汉一样战死在拳台"的格斗选手，结果在拳台上被对手打成终身残废，如果赛后提出"武学切磋应该是点到即止绝不是你死我活非死即伤"，要求追究对手的刑事责任，这样的主张能够得到支持吗？从前田雅英教授的观点中可以看出，前田教授对"只认识危险未承诺结果"

---

　　① ［日］前田雅英：《刑法总论讲义》（第 6 版），曾文科译，北京大学出版社 2017 年版，第 214、215 页，边码 241。

　　② 张明楷：《外国刑法纲要》（第三版），法律出版社 2020 年版，第 153 页。

的说辞也是持怀疑态度的。已经确实认识到行为对自己法益的危险而承诺该行为的人，事后提出没有考虑实害结果的发生，是不自然的、非现实的，近乎任性矫情的强辩。

因此，为了区分承诺与自冒风险而在"是对行为有承诺还是对结果也有承诺"的问题上进行纠缠，并无任何效益，假如纠缠到底则可能连最简单的例子都不能清晰说明。例如，参加赌博的赌徒到底是对"输赢的偶然性"有承诺还是对"输钱结果"也有承诺？如果我们认为，对行为结果的认识程度可以左右、抵消对行为整体本身的自愿性，那么，几乎所有输钱的赌徒一开始都是非自愿的，除非到他赢钱的时刻，谁也不能说他的赌博行为是自愿的，因为几乎不会有赌徒是抱着必输无疑的认识参与赌博。[①] 在笔者看来，自冒风险或危险接受问题既然是伴随着被害人学、被害人教义学、自我答责原理等一系列关注"加害—被害"之犯罪互动关系的理论课题所发展起来的，那么，自冒风险的案件究竟是应该根据"法益主体的承诺"的法理进行处理，还是另行发展"自我答责"的归责条件予以解决，实际上取决于论者在刑事政策上对干涉自我决定权之程度的思考。如果认为，刑法应该像一个严厉的家长，既然法益主体认识到可能发生的具体结果仍然选择冒险行事，那就应该尊重其自我决定，由法益主体自己承担成为现实的具体结果；如果认为，即使是法益主体的投机行为，刑法也需要加以保护和救济，则可以由其他人分担相应的结果责任。

就本书的研究主题而言，法益主体受欺骗的承诺和受欺骗的自冒风险，也有相当的共性。详言之，本书考察的主要是，当法益主体是受到欺骗而作出承诺时，在其所处分的法益之上究竟是否存在一个"承诺"？其所作出的承诺是否仍然具有自愿性？相同的，在法益主体受欺骗而自冒风险时，问题也是法益主体究竟对实际存在的

---

① ［美］乔治·范伯尔：《刑法的道德界限（第三卷）：对自己的损害》，方泉译，商务印书馆 2015 年版，第 127 页，边码 116。

风险有无认识和承担？其承担风险是否具有自愿性？也就是说，二者追问的都是"是否自愿承诺或自愿接受风险"的问题。事实上，即使是主张区分法益主体的承诺与自冒风险的学者，也会将受欺骗的承诺与受欺骗的自冒风险不加区别地进行讨论。例如，罗克辛教授在探讨受欺骗承诺的问题时，就曾使用这样一个案例进行讨论：行为人以自己的妻子受困火场为名，欺骗他人进入火场救出自己的爱犬。① 如果区分自冒风险和法益主体的承诺，这个例子中的营救者更符合前者，但将其放在"受欺骗承诺"的语境下一起研究，也不影响最终的正确结论。因此，在下文的具体讨论中，本书不会严格区分受欺骗的承诺与受欺骗的自冒风险情形。

第三节　研究思路与研究方法

正如前文所述，本书的研究思路，是在承诺论的理论领域内，以"受欺骗承诺的有效性判断"作为问题核心和研究主线，将介绍、分析和批判德日刑法理论的相关学说作为主要内容，最终在此基础上尝试提出本书自己的分析框架。具体而言，本书的主要内容包括以下几个部分：

第一部分是对承诺论领域有关受欺骗承诺的刑法效果之诸学说予以详细的梳理和评析。本书主要以德国刑法和日本刑法的研究成果作为借鉴，探寻受欺骗承诺在效力判断上的基本原理。当然，英美刑法也对相关问题有丰富的研究，囿于文献资料，本书对此着墨不多，只作简单介绍。对于有关受欺骗承诺的效力判断之众多学说的整理，前辈学人一般习惯以相关学说导致刑法处罚范围之广狭为标准进行分类。本书在介绍和分析过程中，着重从各学说的学理渊

---

① Vgl.Claus Roxin, Luís Greco, Strafrecht Allgemeiner Teil Band Ⅰ, 5.Aufl., 2020, S.699, Rn.104.

源和学说流传的角度进行整理和叙述，更注重相关学说的来龙去脉
及理论根基，希望通过澄清各学说的起源，在学说史的脉络中更清
晰地说明相关学说所具有的借鉴意义和问题所在。因此，该部分的
内容计划以流传最为悠久的"全面无效说"为起点，包括"动机错
误说""条件错误说"，止于 20 世纪 70 年代提出的"法益关系错
误说"。

第二部分是围绕对法益关系错误说的批判观点和修正观点进行
分析。这一部分全部围绕"法益关系错误说"展开。法益关系错误
说为基于受骗而承诺的有效性判断提供了一个合理的判断标准，不
仅具有超越以往诸说的合理性，也极大的启发了后来学者的研究，
具有重要的研究价值。由于受欺骗而承诺的情形具有相当的复杂性，
法益关系错误说也暴露出一些问题，并因此遭受众多批评。因此，
以"法益关系错误说"为解剖对象，首先陈述批评意见以显现其可
能的不足，再对批评意见进行甄别，确定真正有价值的批评，这样
的研究思路和方法应该既能够掌握"受欺骗承诺的刑法效果问题"
的真正症结，也能够检验出法益关系错误说以及其他诸说的优劣长
短。在此基础上，再介绍有关法益关系错误说的修正观点，并对修
正观点也进行辩证分析，庶几能够对提出合理的分析框架有所裨益。

第三部分阐述本书观点和具体适用方法。在前文的分析基础上，
本书在该部分正式开始确立自己的分析框架。在法益关系错误说提
出之后，德日刑法学者在其合理结论的基础上，发展出了更为周延
的学说。本书即从这些学说中汲取养分，确定自己的分析框架。这
一部分的重中之重，是有关"法益关系错误类型"的梳理，以及
"任意性"的判断。然后，运用本书的分析框架，选取司法实务中
"受欺骗承诺"问题比较集中的罪名，结合实际案例进行分析和
评述。

总之，概括本书的研究思路，可以形象地称为"一个核心，三
个步骤"；"一个核心"就是在承诺论领域内判断受欺骗承诺的有效
与否，"三个步骤"就是溯源、辩证与自说，以此确定判断受欺骗承

诺的刑法效果之教义学原理。为达成以上理论目标，本书拟使用以下研究方法：一是逻辑思辨法，分析具体学说的初衷和实际作用，肯定其理论价值的同时思考批判意见，不全盘否定也不片面盲从任何一种学说；二是比较研究法，不仅比较研究各个国家刑法理论的研究现状和研究观点，而且在刑法与民法之间进行比较，还要在刑法教义学的合理性和刑事政策的适当性之间进行比较，寻找平衡点；三是案例分析法，通过典型案例、假想案例，进行应用性研究。以下，根据上述研究思路和研究方法，正式展开有关受欺骗承诺的刑法效果的主题研究。

第 一 章

受欺骗承诺的效力判断之学说诸相

承诺的有效要件大致可以分为法益主体外部的客观要件和内部的主观要件两部分：承诺的时间、法益主体具有承诺的能力等是外部的客观要件或规范要件；至于内部的主观要件，则要求承诺必须出自法益主体内心真挚的、任意的意思决定。也就是说，法益主体必须认识到了承诺的含义、射程与效果，当法益主体由于自身原因或受到欺骗而产生错误认识，基于此种错误认识而作出的承诺的有效性就是有疑问的。[①]

法益主体基于受欺骗所致的错误认识而承诺的场合，能否承认承诺的有效性，理论上众说纷纭、聚讼不已。大概而言，存在两种不同的思考进路：一是以他人之欺骗为考察的出发点，二是以法益主体之错误为考察的中心。[②] 从欺骗出发加以考察是德国的判例和传统学说的观点，认为在行为人欺骗法益主体的场合，法益主体因欺骗而产生认识错误，进而作出的承诺不具有正当化的效力，也就是

---

① ［日］山中敬一：《刑法总论》（第 3 版），成文堂 2015 年版，第 217 页。

② 陈家林：《外国刑法理论的思潮与流变》，中国人民公安大学出版社、群众出版社 2017 年版，第 336 页。

仅根据行为人实施了欺骗这一因素就足以使承诺无效。① 理论上一般称之为"全面无效说"。相对的，以错误为中心的观点则认为，法益主体是否受欺骗对承诺的有效与否并没有决定性的作用，法益主体基于什么样的错误而为意思决定才是效力问题的关键；而具体到何种性质的错误会否定承诺的效力，理论上又存在多种观点。根据日本学者的整理，主要包括动机错误说、条件错误说和法益关系错误说三种学说。② （1）动机错误说：该说的核心特征是在法益主体的主观认识错误中析出"动机错误"这一类型的错误，至于动机错误是否影响承诺的有效性则有不同观点。（2）条件错误说：该说认为，在法益主体的错误认识是由行为人的欺骗而引发，随后错误认识又引发法益主体之承诺的场合，应该否认承诺的效力；概言之，"若没有因欺骗所产生的错误恐怕就不会作出承诺"，则承诺无效。（3）法益关系错误说：该说主张只有在法益主体对自己放弃了什么法益这一点存在错误认识的场合，承诺才是无效的。

　　有关法益主体基于受欺骗所为之承诺的有效性究竟如何判断，以上概述只是略举其大端而已。自学说发生史而观之，全面无效说最为传统，甚至可以认为，其余诸说都是以批判或继承全面无效说为起点；当然，其余诸说并非一成不变，而是在相互批判的过程中修正、改良，并发展出新的学说。以下，本书将对相关学说进行全面梳理。

第一节　全面无效说的源流与意义

　　全面无效说实际上仅有一条极为简单明确的原则性内容：法益

---

　　① ［德］克劳斯·罗克辛：《德国最高法院判例刑法总论》，何庆仁、蔡桂生译，中国人民大学出版社 2012 年版，第 75 页，边码 311；［德］乌尔斯·金德霍伊泽尔：《刑法总论教科书》（第六版），蔡桂生译，北京大学出版社 2015 年版，第 122 页，边码 24。

　　② ［日］盐谷毅：《被害者的承诺与自己答责性》，法律文化社 2004 年版，第 21 页以下。

主体受到他人欺骗而作出的承诺一概无效。需要注意的是，支持"区分说"的学者即使在文献中使用了如上原则性内容的表述，实际上也会暗含语境限制而并非真正的"全面无效"。正如前文所述，"区分说"认为，排除构成要件该当性的同意（Einverständnis）即使存在受欺骗或胁迫等意思瑕疵（Willensmängel），也不影响其有效性，而阻却违法性的承诺（Einwilligung）的有效性则会受此类意思瑕疵影响，例如，行为人通过欺骗屋主而获准进入房间，区分说论者认为此时行为人并没有侵害住宅安宁，在被骗而交付财产的场合，不符合德国刑法规定的盗窃行为方式"拿走"。①

　　显而易见，全面无效说的原则性内容是由德国民法的意思表示瑕疵规则演化而来。自 1896 年以来，《德国民法典》第 123 条便规定，当行为人使用某种可以归责于自己的、恶意的欺诈行为引起他人的任何错误，为意思表示之人可以撤销该意思表示。② 由于承诺在刑法中属于超法规的正当化事由，因此尽管《德国刑法典》先于《德国民法典》公布施行，德国刑法理论和判例仍然明显地借鉴了被民法典成文化的意思表示瑕疵理论。差别仅在于，在行为人恶意欺骗的场合，民法能够通过肯定受欺骗者的撤销权而对受欺骗者予以更周至的保护；而刑法上并不存在撤销意思表示的制度，必须在法益主体受到侵犯的时刻便确定行为人是否应当受惩罚，也就是确定承诺的有效与否，故而将基于欺骗的承诺全部都作无效处理最为直截了当。③ 诚如德国学者阿茨特所观察和形容的那样，刑法理论针对基于错误、欺骗的承诺问题的研究事实上长期被民法理论和规则所

---

① Vgl.Claus Roxin, Luís Greco, Strafrecht Allgemeiner Teil Band Ⅰ, 2020, S.652, Rn.7.

② ［德］迪特尔·梅迪库斯：《德国民法总论》，邵建东译，法律出版社 2013 年版，第 593 页，边码 787。

③ Vgl.Claus Roxin, Luís Greco, Strafrecht Allgemeiner Teil Band Ⅰ, 5.Aufl., 2020, S.696, Rn.97.

"统治"。①

时至今日，自然人在受欺骗、胁迫时对外作出的意思表示或承诺不会产生法规范所认可的效力，不仅是法学学者所持的信条，而且是一般大众熟知的常识。但是，"全面无效说"所表达的原则性内容并不是自古以来就如此"天经地义"，而是启蒙思想家们提倡个人自主自由的思想成果，是法学方法的进化成果。

透过法制史的研究可知，罗马法不存在近代民法"意思表示"的抽象观念，也未能在表意人的主观层面将欺诈和胁迫等概念抽象上升到"意思表示瑕疵"这一层次。在罗马法中，欺诈、胁迫原则上不影响法律效力；基于欺诈和胁迫而产生的行为，仅仅根据对方当事人实施不正当行为导致表意人遭受损失这一客观事由，给予表意人相应的法律救济——表意人可以"恶意"为理由通过"恶意的抗辩"（exceptio doli）"请求恢复原状；也就是说，欺诈或胁迫行为类似于侵权行为，表意人获得的救济是为了恢复原状的间接撤销。至 12、13 世纪，注释法学家发展并修正了罗马法的欺诈、胁迫理论。根据注释法学家的见解，即便是被胁迫或欺诈"玷污"的契约仍然有效。其依据在于，即使在受欺诈或受胁迫的情形下，当事人仍然给予了真实的承诺（vrai consentement）。注释法学派的上述观点一直延续至 17 世纪末期。进入 18 世纪后，在自然法学派思潮的影响下，法学家开始扭转观念，普遍认为无论是受到胁迫还是遭受欺诈，有关的法律行为均应被视为无效。重视意思自由的自然法学家强调，在受到胁迫的情况下意思的自由不复存在。在格劳秀斯、普芬道夫、托马修斯及沃尔夫等自然法学家和教会法学家的共同努力下，欺诈和胁迫被视为给行为人的自

---

① Vgl.Gunter Arzt，Willensmängel bei der Einwilligung，1970，S.16.日本学者森永真纲也有类似观点，"事实上，一直以来刑法有关错误、欺骗的讨论，从民法的转用都是支配性的"，详见［日］森永真纲《被害人承诺中的欺骗与错误（一）》，《关西大学法学论集》第 52 卷第 3 号（2002），第 203 页。

由的意思决定造成了障碍，并最终在理论层面形成了"意思表示之瑕疵"的抽象观念。正是基于自然法的命题，欺诈和胁迫的概念内核被定义为造成他人意思决定不自由的瑕疵。经由《德国民法典》的编纂、施行，对受欺诈、胁迫之表意人的法律救济，从恢复原状的间接撤销变更为承认物的溯及力（自始无效）的直接撤销；围绕欺诈、胁迫的法律解释理论最终完成了从古老的侵权行为理论向意思表示的瑕疵理论之转变。①

结合学说史的发展历程可以看出，民事法律一概否认受欺骗、胁迫而作出的意思表示的法律效力，所表达的态度是重视个人在意思决定时免受他人不正当影响的自主与自由；同理，刑事法律一概否认受欺骗、胁迫而作出的承诺的法理效力，就是禁止侵入他人自主决定之领域，禁止以不正当行为干涉、影响他人自主的意思决定自由，这也就是全面无效说的价值立场。如果贯彻全面无效说的价值立场与理论主张，可以最大程度的保护法益主体的意思决定自由，最大限度的彰显刑法保护个人自主决定权的价值立场。全面无效说的理论意义就在于此。

正是由于全面无效说与德国民法之意思表示瑕疵理论具有明显而密切的亲缘关系，且能够彰显刑法保护个人自主决定权的价值立场，故而能够自始便得到德国法学体系的强大助推，至今仍在德语法学圈保有强大的影响力。例如，德国学者施特拉腾韦特在其教科书中表示，只有在法益主体事实上认识到了承诺的影响范围，而且没有因外界的其他影响而被剥夺意思决定的自由，其承诺才是自我决定的表现，因此，在欺骗、威胁、误导、强迫之下而表示的承诺无效。② 相似地，韦塞尔斯也认为，通过威逼强迫的、通过欺骗骗取的或者是建立在违反医生的告知义务基础上取得的承诺，通常无效；

---

① 顾祝轩：《民法概念史·总则》，法律出版社 2014 年版，第 231—234 页。

② Vgl. Güter Stratenwerth, Lothar Kuhlen, Strafrecht Allgemeiner Teil, 5. Aufl., 2011, S. 121, Rn. 26.

对于这个基本原则，只能是在严格限制的范围内允许认可例外。① 奥地利学者 Helmut Fuchs 认为，欺骗、强迫、错误，乃至必要情形下的资讯不全，法益主体的意思决定都缺少意思自由。②

　　对于继受德国法学体系的学者而言，全面无效说的影响力亦长盛不衰。20 世纪初期，我国仿效日本引进德国法学体系，法律行为理论迅速在清末和民国的民法修纂中得到确立，有关法律行为有效要件的各项规定也一如《德国民法典》。例如，在民国二年大理院确定的一项民事判例中，大理院明确了诈欺的内涵和构成要件，即行为人以欺诈相对人的恶意，对相对人示以不实之事实，相对人即可以行使撤销权，至于欺诈使对方陷于何种错误，是否必须是对契约要素的认识错误，对诈欺的认定并无影响。③ 受此影响，在至今仍然沿用所谓的"中华民国法统"的我国台湾地区，不同世代的刑法学者及司法人员仍然沿袭全面无效说。例如，甘添贵教授如此论述："承诺须具有任意性及真挚性。如出于心里保留、无知、行为者之欺罔、错误、强制、胁迫或戏谑者，其承诺无效。"④ 就其所列举之心里保留、戏谑等情形而言，明显可见沿用民法理论之痕迹。林山田教授亦始终坚持全面无效说："被害人的承诺必须出于被害人本人的自由意思，始有可能成立阻却违法的承诺，故如具有重大意思瑕疵而为的承诺，例如经由行为人的强暴、胁迫而强制，或施以诈术或破坏告知义务等的诈欺手段，而导致被害人不得不承诺，或因限于错误而为承诺等，均非有效的承诺，故不能阻却违法。"⑤许泽天教

---

① ［德］约翰内斯·韦塞尔斯：《德国刑法总论》，李昌珂译，法律出版社 2008 年版，第 203 页。

② Vgl.Helmut Fuchs, Österreichisches Strafrecht Allgemeiner Teil Ⅰ, 7. Aufl., 2008, S.140, Rn.30.

③ 赵美玲：《近代中国法律行为的有效要件研究》，博士学位论文，华东政法大学，2016 年，第 159、160 页。

④ 甘添贵：《刑法总论讲义》，台湾瑞兴图书有限公司 1992 年版，第 134 页。

⑤ 林山田：《刑法通论》（增订十版），北京大学出版社 2012 年版，第 240 页。

授也持全面无效说的立场："承诺必须出于承诺人的自由意思，始有可能成立阻却违法的承诺。因此，遭到强暴、胁迫或施以诈术等手段，而具有重大意思瑕疵所为的承诺，并非有效而能阻却违法的承诺。"① 在我国大陆刑法学者中，持全面无效说者亦不乏其人。例如，李希慧教授表示，"被害人承诺必须出于本人真实意志，而不是基于暴力、胁迫和欺诈，基于戏言的承诺而实施的侵害行为也不排除违法性"②；曲新久教授认为，"被害人同意必须是被害人本人出于真心、真诚的承诺，受他人欺骗而作出的同意无效"③；叶良芳教授也认为，"承诺必须是承诺者的真实意思表示，戏言式承诺、错误的承诺、强制的承诺，均属无效承诺"④。当前，在支持全面无效说的我国学者之中，最具代表性者当为王钢副教授，不仅曾在分析欺骗他人自杀这一问题上表示支持全面无效说，更多次撰写专文系统论述全面无效说的理论主张。⑤

　　王钢副教授认为，法益主体的个人意志何以能够排除犯罪成立（也就是承诺的正当性根据问题），乃是承诺论的根本问题，无论是承诺的体系定位还是承诺的效力认定，都需要从这一根本问题出发予以考察和回答。⑥ 刑法的目的既在于保护法益，那么，立足于法益主体的意志对于法益保护的影响考察承诺何以排除犯罪成立，方为妥善。在王钢副教授看来，法益是现代国家和法律支持和促进公民人格的自由发展和自我实现所不可或缺的外部条件；刑法保护法益，

---

① 许泽天：《刑总要论》，台湾元照出版公司 2009 年版，第 142 页。

② 李希慧主编：《刑法总论》，武汉大学出版社 2008 年版，第 289 页。

③ 曲新久：《刑法学》（第四版），中国政法大学出版社 2017 年版，第 132 页。

④ 叶良芳：《刑法总论》，法律出版社 2016 年版，第 168 页。

⑤ 王钢：《自杀行为违法性之否定——与钱叶六博士商榷》，《清华法学》2013 年第 3 期；王钢：《被害人自治视域下的承诺有效性——兼论三角关系中的判断》，《政法论丛》2019 年第 5 期；王钢：《动机错误下的承诺有效性问题研究》，《中外法学》2020 年第 1 期。

⑥ 王钢：《被害人承诺的体系定位》，《比较法研究》2019 年第 4 期；王钢：《被害人自治视域下的承诺有效性——兼论三角关系中的判断》，《政法论丛》2019 年第 5 期。

其重点并不在于保护特定行为对象或客体的客观存续，而是通过禁止他人对权利人和法益客体的不当干预，确保权利人对自己的法益客体进行支配和使用的自由，保障权利人自治的外部条件；因此，法益主体的承诺意味着法益主体根据个人意志对自己的法益予以利用，相对人得承诺而实施的行为只是法益主体支配和利用自身法益的一种具体方式，具有法益利用性而非法益侵害性。[①] 既然承诺是法益主体根据个人意志支配和利用法益客体的行为方式，那么，承诺是否体现了法益主体的自主决定就是承诺有效性的判断标准。当行为人以欺骗手段干扰法益主体进行自主决定的信息基础，使法益主体对法益客体的范围、程度，自己处分法益的方式，乃至对自己处分法益的目的和意义产生了错误认识时，都不能再认为相应的承诺体现或实现了法益主体的自治，都应该认定该承诺无效。[②]

正如前述，在承诺论的学术发展史上，德国民法学的理念、学说和方法曾经投下过巨大的投影，个人自主决定权受到普遍尊重则是承诺论蝶变的拐点。在全面无效说中，德国民法学的印迹清晰可见，而尊重自主决定权的价值立场亦引人瞩目，全面无效说可谓左右逢源而得天独厚矣。只不过，全面无效说在理论源流和价值立场上的先进性无法掩盖其理论主张的形式空洞与合理性缺陷。本书拟从以下几个方面系统检讨全面无效说。

首先，在术语提法和内容叙述上，全面无效说就名实不符，极易将研究者引入误区。从笔者所掌握的德国学者著述来看，"任何因欺骗而引发的承诺都是无效的"，这确定是一种独立的学说主张，但没有独立的学说名称，[③]"全面无效说"应当是中日刑法学者在译介过程中的精准概括。然而，不论是"全面无效"的概括，还是其简

[①]　王钢：《被害人自治视域下的承诺有效性——兼论三角关系中的判断》，《政法论丛》2019 年第 5 期。

[②]　王钢：《动机错误下的承诺有效性问题研究》，《中外法学》2020 年第 1 期。

[③]　［德］乌尔斯·金德霍伊泽尔：《刑法总论教科书》（第六版），蔡桂生译，北京大学出版社 2015 年版，第 122 页，边码 24。

单精炼的主张，都极为容易成为一种缺少实质内容的"一刀切"的形式化判断方法。正如前文已经指出的，在区分"同意"（Einverständnis）与"承诺"（Einwilligung）的语境下，欺诈等意思瑕疵不影响"同意"的效力；即使不作上述区分，意思瑕疵不影响效力的情形也不会改变。例如，如果认为非法侵入住宅行为侵害的是住宅安宁，即使行为人是通过掩盖犯罪意图而取得进入住宅的许可，学说上难以推导出承诺无效的结论，一般还是认为通过欺骗方式进入住宅的也不成立侵入。[①] 要言之，"全面无效"其实根本不能"全面"，而是始终受到理论前提、具体问题等条件的限制。遗憾的是，持"全面无效说"立场的中外学者都对此一限制不加提示，这就极易造成误解。

其次，全面无效说最受诟病的就是过于宽泛地否定了瑕疵承诺的效力，导致处罚范围扩大。[②] 罗克辛教授曾举例指出全面无效说过于严苛：假发生产商谎称要高价收购妇女的长发，诱使妇女允许假发生产商替自己剪掉长发，根据全面无效说就应当否定承诺的效力，在德国就有可能构成故意伤害罪。[③] 支持全面无效说的学者对于处罚范围宽泛的问题也感到不安。王钢副教授提出，全面无效说并不是指法益主体任何微不足道的意思瑕疵都会导致其承诺无效，只有损害了法益主体自主决定的信息基础、侵犯了法益主体自治领域的欺骗行为，才能影响承诺的有效性，并不会不当扩张刑法的处罚范围。[④] 不过，王钢副教授的澄清和辩护，并不能令人信服。全面无效

---

① ［日］西田典之：《日本刑法各论》（第七版），［日］桥爪隆补订，王昭武、刘明祥译，法律出版社 2020 年版，第 119 页；张明楷：《外国刑法纲要》（第三版），法律出版社 2020 年版，第 459 页。

② 付立庆：《有关被害人受骗同意的几个问题》，《刑事法评论》第 42 卷（2018 年第 1 期），第 418 页。

③ Vgl.Claus Roxin，Strafrecht Allgemeiner Teil Band Ⅰ，5.Auf.，2020，S.696，Rn. 97.

④ 王钢：《动机错误下的承诺有效性问题研究》，《中外法学》2020 年第 1 期。

说之所以在处理结论上直截了当，全因其实际上内容空洞；如果为了限制其处罚范围而添补判断标准，已与"全面无效"不符，究竟是澄清本来面目还是失去本来面目，令人困惑。此外，王钢副教授还提出，因为刑法并不笼统保护意志自由，即便行为人违背了法益主体的真实意愿，也需要符合具体犯罪的构成要件时才能被认定为犯罪，所以并不是承诺无效行为人就必然构成犯罪。① 此番辩解所陈述的犯罪认定原理当然是堂堂正正，但用于为全面无效说辩护，未免既有欲盖弥彰的嫌疑，也有非战之罪的推诿。如果全面无效说确实有扩大处罚范围的弊端，最理想的办法是在承诺论领域内克服，而不是指望立法者规定的构成要件来堵截。

再次，全面无效说的立意与立场也有值得商榷的余地。诚如王钢副教授所述，全面无效说确实是利于保障法益主体的个人自治。前文也不厌其烦地说明，承诺论的发展其实离不开个人自主决定权的崛起。不过，物极则反是当然之理，刑法不可能保障个人任何的意思瑕疵，也是毋庸置疑。在问题提出的部分，本书已经指出"受欺骗承诺"问题的一项理论意义：寻找并检验刑法对个人意志的保护边界。在受欺骗承诺的场合，欺骗行为使得法益主体的意思出现"瑕疵"自不待言，全面无效说认为法益主体因此而偏离了真正的自治，也就是偏离了"真正的意志"。可以看出，这个"真正的意志"是现实意志的参照系，也是全面无效说所尊重的意思。可疑之处在于事后的承诺。刑法理论通说认为，"承诺必须要在截至行为的时点作出。事后的承诺不过是在量刑判断中作为有利的情节予以考虑。"② 与受欺骗承诺相似之处在于，事后承诺也可能存在一个与行为当时不同的"真正的意志"。如果以尊重个人自治为立场，既能在受欺骗承诺的场合尽量否定行为当时的意思、保护行为后的意思，

---

① 王钢：《动机错误下的承诺有效性问题研究》，《中外法学》2020 年第 1 期。
② ［日］前田雅英：《刑法总论讲义》（第 6 版），曾文科译，北京大学出版社 2017 年版，第 216 页，边码 243。

又何以能够在事后的场合反其道而行之呢？这一可疑的矛盾，显示出价值立场与具体问题之间不可忽视的罅隙。

德国学者齐普夫曾经指出，承诺的效力判断本质上就是在法益主体与相对人之间合理分配风险的问题。[①] 这是值得重视的意见。在行为人欺骗法益主体作出承诺的场合，毕竟不同于法益主体独自地实施自损行为，双方存在着责任分配上的互动关联，行为人会因为刑法一概否定法益主体的承诺效力而可能承担正犯的责任（间接正犯）。也就是说，全面无效说对法益主体的意思自由给予了全面的、绝对的保护，也让行为人承担了相应的全部责任，这样绝对不平衡的责任分配想来难言妥当。例如，从前文所引述的众多支持全面无效说的学者的具体表述来看，不乏将"戏言的承诺"也全面作为无效处理的主张。但是，法益主体既然享有自我决定权，便需要自负其责，在民法上便是如此平衡个人因司法自治享有的自由和个人应负的责任，即使是发生错误的人，也不可逃脱承受其意思表示的约束，表意人自己要承担部分发生错误的风险，而不是全部推给受领人承担。[②] 也就是说，即便最终法益处分的结果与法益主体的内心真实想法不符，也必须最大程度地尊重其自由意志支配下的客观表达。[③] 不能一味追求最大限度保障法益主体的个人自治，也需要考虑风险承担的平衡。

最后，全面无效说在判断受欺骗承诺的效力时，选择的判断视角是从外在的欺骗行为切入问题，这不是最佳视角。对此，日本学者山中敬一教授指出："行为人实施了欺骗这一事实，对于同意的有效性来说并不重要，不管欺骗者是谁，或者即便是在不存在欺骗者的场合，是否属于被害人基于有瑕疵意思的同意，对同意的效力来

---

① Vgl.Heinz Zipf, Einwilligung und Risikoübernahme im Strafrecht, 1970, S.46.

② ［德］迪特尔·梅迪库斯：《德国民法总论》，邵建东译，法律出版社 2013 年版，第 564 页，边码 737。

③ 付立庆：《被害人因受骗而同意的法律效果》，《法学研究》2016 年第 2 期。

说才是本质的问题。从而，就应该基于错误来讨论同意是有效还是无效。"① 即使重视法益主体在意思决定过程中的自主与自由，也必须承认该自主与自由属于法益主体内部，与外部的行为人的欺骗行为毕竟存在内外之别。"欺骗"是一种含义宽泛的行为，只要是向对方传递与事实不符的信息、使对方形成错误认识的行为就能够归入"欺骗"范畴。这样一来，在行为人向法益主体传递了不实信息的场合，行为人的行为一开始就很容易被界定为"欺骗"，继而又因为存在"欺骗"的外形而导致法益主体的承诺迅速归为无效。如果采取这样的判断视角和判断机制，难免会有宽泛否定承诺效力、扩大处罚范围的弊端，全面无效说或许失之于此。

基于以上理由，本书肯定全面无效说在"受欺骗承诺的刑法效果"这一问题上的开创性贡献及价值立场，但并不赞同其理论主张。当然，也需要看到，全面无效说历百年而未衰，自有其内在原因，后文还会进一步比对、分析全面无效说与其他学说之优劣。

第二节　动机错误说的内容与疑问

在讨论法益主体受欺骗而承诺的场合，动机错误及动机错误说是学说上频繁提及的名词和理论。所谓动机，就是"使个体激发和维持其行动，并使该行动朝向一定目标的心理倾向或内部驱力"（《辞源》），既可以于个体内部自发形成，也可由外部向个体提供。顾名思义，动机错误说所指的正是行为人虚构或隐瞒事实，为法益主体的意思决定提供错误动机的情形。至于动机错误说的具体内容，在我国刑法学者的研究中可以看到来源于德日刑法及英美刑法的不同理解。

我国刑法学者对动机错误及动机错误说的理解最早是借鉴美国

---

① ［日］山中敬一：《刑法总论》（第 3 版），成文堂 2015 年版，第 218 页。

刑法理论的内容。① 在个人受到他人的欺骗而作出承诺的场合，通过区分个人所产生的错误属于"事实错误"还是"动机错误"来判断个人的承诺是否有效，乃是英美法系刑法理论与司法实践的一贯方法，在性侵犯罪的领域运用尤其广泛。按照美国刑法理论及司法实践的观点，如果被告人的认识错误属于事实错误，那么被害人的承诺无效；如果被害人的认识错误属于动机错误，则被害人的承诺有效。从美国刑法的司法判例来看，事实错误包括两种情况：一是被害人对行为性质产生认识错误，二是被害人对被告人的身份产生错误认识；其他的错误都属于动机错误，不影响被害人承诺的效力。②

晚近以来，德日刑法学知识深度渗入我国刑法学理论，我国学者对动机错误说的理解与表述也开始参照德日刑法学说。在德国刑法理论中，动机错误说有两种不同的理论见解。一种见解是对前述全面无效说的限缩，认为法益主体基于受欺骗而产生的错误使得承诺一概无效，但是只有单纯的动机性错误（bloßer Motivirrtum）除外；此处，与动机错误相对的是对承诺之意义和内容的错误。③ 这是较为传统的动机错误说。目前，较为有力的一种动机错误说是指，如果行为人的欺骗引起了法益主体的动机错误，且该动机是决定性的动机（ausschlaggebende Motiv），则足以使承诺无效，该观点可以称为"重大动机错误说"。④ "重大动机错误说"在日本学者中不乏

---

① 黎宏：《刑法总论问题思考》，中国人民大学出版社 2007 年版，第 402 页；王政勋：《正当行为论》，法律出版社 2000 年版，第 462 页；郭理蓉：《被害人承诺与认识错误》，《云南大学学报》（法学版）2003 年第 1 期；田宏杰：《刑法中的正当化行为》，中国检察出版社 2004 年版，第 402 页。

② 储槐植：《美国刑法》（第三版），北京大学出版社 2005 年版，第 93 页。

③ Vgl.Claus Roxin, Luís Greco, Strafrecht Allgemeiner Teil Band Ⅰ, 5.Aufl., 2020, S.696, Rn.97.

④ ［德］乌尔斯·金德霍伊泽尔：《刑法总论教科书》（第六版），北京大学出版社 2015 年版，第 122 页，边码 26。

支持者，如大谷实、铃木茂嗣、井田良等。①

不难看出，尽管英美刑法与德日刑法整体风格迥异，但在法益主体受欺骗而承诺之效力问题的处理上，有异曲同工之处，都将动机错误作为不影响承诺效力的情形。从学说的发展历程来看，动机错误说具有重要的意义，一是动机错误说最先析出了"动机错误"这一类型概念，对学说发展的影响巨大；二是提出了动机错误重要与否的问题，实际上也就是提出了"什么样的错误认识是重要错误"的规范评价问题，将"受欺骗而承诺"这一问题的研究推进到需要补充价值评价的规范判断层面。直至今日，动机错误说所留下的许多事例类型仍然是重要的研究素材，动机错误说也仍然是研究"受欺骗而承诺"问题绕不开的理论。

一　动机错误说的学理渊源及理论作用

事实上，动机错误说与全面无效说一样，也是刑法学者吸收德国民法之意思表示瑕疵理论而形成的成果。不同的是，全面无效说源自于《德国民法典》第 123 条受欺诈、胁迫而撤销意思表示的规定，而动机错误说却是移植《德国民法典》第 119 条"因错误而撤销"的相关规定。第 119 条的"错误"是由表意人自身的过错而产生的错误认识，与第 123 条所规定的表意人因受到他人的欺骗或胁迫而产生的错误认识的情形存在重大区别。

《德国民法典》第 119 条"因错误而撤销"区分了不同的错误类型，并相应地赋予不同的法律效果，其条文内容如下：

（1）表意人所作意思表示的内容有错误，或者表意人根本

---

① ［日］大谷实：《刑法讲义总论》（新版第 4 版），成文堂 2012 年版，第 255 页；［日］大谷实：《刑法讲义各论》（新版第 4 版），成文堂 2013 年版，第 21 页。［日］铃木茂嗣：《刑法总论（犯罪论）》，成文堂 2001 年版，第 61 页；［日］井田良：《讲义刑法学·总论》，有斐阁 2008 年版，第 323 页。

无意作出此种内容的表示，如果可以认为，表意人若知悉情事
并合理地考虑其情况后即不会作出此项意思表示时，表意人可
以撤销该意思表示；

（2）交易中认为很重要的有关人的资格或者物的性质的错
误，视为意思表示内容的错误。

《德国民法典》第119条的设计原理在于，表意人为意思表示之
时，必定会经历一个从形成意思而通往到达相对人的阶段过程，据
此，可以将表意人的错误区分为"意思形成"（Willensbildung）时的
错误与"意思表达"（Willensäusserung）上的错误。具体的制度设计
及安排是：在最开始的意思形成阶段，个体会对某些促使其认为特定
行为可行的理由或反对理由进行复杂的考虑，对关乎该行为可行性的
事实情形进行设想，这些理由、反对理由或设想可能会涉及过去、现
在和未来；那么，在此阶段产生的各种错误设想就是"动机错误"
（Motivirrtum）。① 在将意思发出表示于外部的阶段，则存在"内容错误"
（Inhaltsirrtum）和"表达错误"（Erklärungsirrtum）两种错误；在意思表
示发出至意思表示到达受领人因而生效的阶段，则可能存在"传达错
误"（übermittlungsirrtum）及"受领人错误"（Empfängerirrtum）。根据
《德国民法典》第119条第1款的规定，当表意人在"作出意思表示时就
意思表示的内容发生错误时"（第119条第1款第1种情况），例如，表
意人对其所选择适用的单位符号、缩写符号的意义发生错误认识，即为
内容错误；当表意人在作出意思表示时"根本无意作出包含这一内容的
意思表示时"（第119条第1款第2种情况），例如将卖误写为买，将年
误说为天等说错话或写错字的情形，就存在表示错误；在这两种情形下，
表意人得撤销其意思表示。相应的，《德国民法典》第120条规定，在意

---

① ［德］迪特尔·梅迪库斯：《德国民法总论》，邵建东译，法律出版社2013年版，
第565页，边码739；［德］维尔纳·弗卢梅：《法律行为论》，迟颖译，米健校，法律出
版社2013年版，第504页。

思表示传送过程中，发生传送人或传送机构传递的实际内容异于表意人所指内容的情况时，这种"传达错误"等同于第 119 条第 1 款的错误。① 相比之下，发生在意思形成阶段的"动机错误"被"打入另册"，尽管第 119 条、第 120 条等相关条款没有明确写出"动机错误"等内容，但只要对这些条款所允许撤销的情形进行反推便可以无疑问地得出结论：动机错误原则上不影响法律行为的效力。② 动机错误仅有一个特例，那就是关于"交易上认为重要的人的资格或物的特性的错误"，也视为关于意思表示的内容的错误。所谓"视为"，也就是法律拟制，表明这种情形仍然是表意人自己在意思形成的过程中陷入错误，其内在意思与外部表示之间并未不一致，只是法律特地作同等处理而已。

不难看出，刑法学者所持的"动机错误说"，不仅仅是移用了德国民法理论的"动机错误"这一术语，还整体借鉴了《德国民法典》第 119 条的制度设计：认为法益主体的单纯的动机错误不影响承诺的效力的观点，显然是忠实于第 119 条第 1 款的反面推论之结论；相应的，在行为人的欺骗行为给法益主体提供了错误的决定性动机的场合，法益主体的承诺就不发生效力，这一观点与第 119 条第 2 款存在异曲同工之处。

在本书看来，"动机错误"这一类型概念本身，以及《德国民法典》区分"动机错误"与"内容错误"的二元设计，都具有合理的思想内容和价值意义。

就学理渊源而言，内容错误与动机错误的区分肇端于萨维尼在其《现代罗马法体系》第三卷中提出的意思表示错误学说，被后世

---

① 《德国刑法典》第 120 条：意思表示由传达人或者传达机构传达不实时，可以在第 119 条关于因错误而作的意思表示所规定的同等条件下撤销。

② ［德］迪特尔·梅迪库斯：《德国民法总论》，邵建东译，法律出版社 2013 年版，第 565、567 页。

学者认为是萨氏最为杰出的理论成果之一。① 在萨维尼之前，罗马法法源和普通法理论认为错误问题属于契约双方的合意问题，并未能够抽象出"内容的错误"与"动机的错误"的类型区别。② 萨维尼的理论贡献在于，将错误理论置于意思自治的基座上，并在意思表示说中进行了贯彻始终的体系定位。萨维尼认为，意思本身、意思的表示、意思与外在表示的一致性，此为意思表示之三要素；其中，意思与表示的一致性是十分重要的，当外在的表示与表意人的内在意思不一致时，那么就是该表示根本不包含"意思"本身，也就是"意思的欠缺"（Willensmängel）。③ 显然，对于意思自治而言，一项意思表示之中不包含"意思"才是根本致命的问题，这样就能够理解为何萨氏会主张"动机错误"不重要了。萨维尼认为，动机错误只是表意人自己的意思本身存在错误，而不是外在表示中不包含"意思"；动机错误既没有消灭"意思"本身，也没有影响、消灭表意人的意思自由，即使我们认为错误的设想决定了表意人的"意思"，那也始终是行为人自己赋予了动机错误以决定性力量，是表意人自己在相互对立的设想中做出选择和决定的，其选择和决定的自由丝毫没有受到限制。总之，应该严格区分"意思"本身和表意人在"意思"形成之前的内心设想，"意思"是独立的事实，是"意思"本身对法律关系的形成具有重要意义，而"意思"形成之前的错误设想根本无法消除"意思"及其表示的自由性。④ 萨维尼的上

---

① ［德］维尔纳·弗卢梅：《法律行为论》，迟颖译，米健校，法律出版社 2013 年版，第 525 页。

② 顾祝轩：《民法概念史·总则》，法律出版社 2014 年版，第 170、171 页。不过，也有学者考证认为，罗马时代的遗嘱法中已经区分"动机错误"（原因错误）和"表示错误"，动机错误与表示错误二元论的源头应该是罗马法遗嘱错误理论。详见赵毅《错误二元模式的罗马法教义及现代继受》，《法律科学》2018 年第 1 期。

③ Vgl.Savigny，System des heutigen Römischen Rechts，Bd.3，1840，S.99.

④ Vgl.Savigny，System des heutigen Römischen Rechts，Bd.3，1840，S.112ff.对萨维尼学说更为详细深入的解说请参见［德］维尔纳·弗卢梅《法律行为论》，迟颖译，米健校，法律出版社 2013 年版，第 524 页。

述观点，为《德国民法典》的制度设计奠定了理论基础。在萨维尼之后，德国民法学者在民法错误理论的研究中引入了心理学的分析方法，从心理学角度区分表意人的意思过程阶段、不同意思种类等等，从而证成了萨氏学说的合理性。联系上文所述《德国民法典》的制度安排及其设计原理可见，《德国民法典》的起草者正是以萨维尼的学说主张为蓝本，并根据当时的心理学知识确定了相关条款内容。①

萨氏析出动机错误并贬抑其地位的意义在于，首先将意思自治确定为形成法律关系最具决定性的要素，在此前提下，明确法律秩序应当以意思与表示的一致性为出发点，并将其作为法律行为的本质，这张扬了意思自治的原理与价值，有利于保护个人的真实意思；同时，强调内部意思与外部表示的一致性，将法律的观察方法与关注方向指向个人的外部行为，突出了法律的外向性特质，② 顾及了法律秩序的客观性与稳定性，使得表意人的意思自治和交易安全得以调和；再者，区分意思形成阶段与意思形成之后的阶段，据此分别错误类型，在理论架构上具有清晰明了的优点。③ 应当说，上述理论价值不独为民法理论所偏重，而是整个法学理论体系的共同追求，也许正是如此，刑法学者才主动将"动机错误"这一类型概念及相应的制度设计引入刑法理论。

在受欺骗而承诺的场合，刑法学者引入"动机错误"这一类型概念，效仿民法理论区别处理动机错误和有意义内容的错误，最大的便利就是为法益主体因受欺骗而存在错误，却仍应肯定其承诺效果的某些情形，找到了形式上的解释根据。

例如，［例1］［攀比捐款案］大富豪石崇与王恺二人攀比炫富，

---

① 梅伟：《民法中意思表示错误的构造》，《环球法律评论》2015 年第 3 期。

② ［德］拉德布鲁赫：《法哲学》，王朴译，法律出版社 2013 年版，第 43 页。

③ 冉克平：《民法典总则意思表示瑕疵的体系构造——兼评〈民法总则〉相关规定》，《当代法学》2017 年第 5 期；李俊青：《〈民法总则〉重大误解视野下动机错误的救济路径分析》，《法学论坛》2017 年第 6 期。

无所不用其极。运作某环境保护项目的慈善基金会负责人杜某深知二人心结，于是特意举办私密慈善筹款派对，邀请石、王二人参加。席间，杜某故意向石崇诡称，王恺准备捐款一百万，基金会准备对此进行宣传；石崇本着奉陪到底的心态，现场捐出二百万；杜某以相同手法激将王恺，王恺亦捐出二百万。杜某随后将此笔善款运用于基金会的环境保护项目。

在本例中，杜某虚构事实，石崇陷入了错误认识，并基于该错误认识处分了财产。但是，即便认为本例中石崇存在个别或整体的财产损失，学界的主流观点也反对将此种情形作为诈骗罪处理。① 对于本例的无罪结论，理论上最常见的说理就是认为本案属于典型的动机错误情形。② 杜某虚构王恺捐款及捐款数额的事实，都只为石崇的捐款行为提供了动机和理由；由于石崇对于自己将要捐款的行为本身和捐款将要导致自己财产减损的后果都不存在错误认识，那么，就应该认为石崇对于捐款行为的效果的种种设想，如不让王恺专美、为自己获取更大的社会声誉等等，都是与诈骗罪所保护的财产利益无关的内容，这些错误设想并不包含能够导致财产损失的特性，因而此处的动机错误不是诈骗罪所规制的错误类型，石崇处分财产的承诺仍然有效。

再例如，［例 2］［冒伪骗色案］名妓王美娘误入风尘，想觅得一位簪缨世家的贵公子结成良缘，脱离苦海。经营小本买卖的卖油郎秦重对美娘倾心已久，某日谎称自己是当朝宰相府第秦门之秦小官人，邀得美娘赴宴共饮，席间竭尽积蓄博美人一笑。美娘误以为秦重真是侯门贵胄，遂委身事之共度良宵。

本案例改编自明代拟话本小说集《醒世恒言》之《卖油郎独占花魁》。在现代社会，女性已经从附属于男性的财产地位转变为拥有

① 蔡桂生：《论诈骗罪中财产损失的认定及排除——以捐助、补助诈骗案件为中心》，《政治与法律》2014 年第 9 期。

② 林钰雄：《刑法与刑诉之交错适用》，中国人民大学出版社 2009 年版，第 289、290 页。

独立人格的主体，性自主决定权已经决定性地取代性贞洁、性风俗等观念内容而成为性侵犯罪的保护法益。性自主决定权的通俗理解就是，个体有决定于何时何地与何人以何种方式发生或不发生性行为的意思自由，[①] 因此，当个体同意与他人发生性行为之时不会构成性侵犯罪，而当个体受到欺骗而与他人发生性行为的场合则有成立性侵犯罪的可能。在现实生活中，类似于［例2］中秦重编造虚构的职业、收入、社会地位等信息骗取女性的好感与信任，进而与之发生性行为的事例可谓屡见不鲜，但刑法理论和司法判决却鲜见将其作为性侵犯罪处理者。[②] 在我国，使用欺骗手段与他人发生性行为，可以归入《刑法》第236条规定的"其他手段"，我国司法实践长期以来只将三种使用欺诈手段的情形认定为强奸罪：一是利用迷信手段，二是利用或假冒治病，三是冒充丈夫、情人等性伴侣身份；[③] 至于冒充公职人员身份、编造职业、收入、社会地位等类似［例2］的情形，或者以恋爱、结婚为诱饵诱骗他人发生性行为的，虽然现实生活中常见多发，但法院一般不仅不作为犯罪处理，而且在民事法律上也不予调整，仅当行为人存在明显有悖公序良俗的情形时判处民事侵权责任。[④] 为何对于此类情形刑法不作为性侵犯罪处理，仍然肯定受骗者之承诺的有效性，刑法学者及司法人员一般做如下解释：即受骗者对施诈者的职业、收入、社会地位、真实目的等事实的认识错误，不能一概导致性行为的发生，不具有导致发生性行为的事实基础，受骗者或是出于爱慕虚荣的心理，或是对发生性行为之后的二人关系存在幻想，都只是基于种种错误设想而自愿

[①] 张明楷：《刑法学（下）》（第六版），法律出版社2021年版，第1132页。

[②] ［日］松原芳博：《刑法总论重要问题》，王昭武译，中国政法大学出版社2014年版，第106页。

[③] 罗翔：《刑法中的同意制度——以性侵犯罪为切入》，法律出版社2012年版，第158页。

[④] 张红：《性侵之民事责任》，《武汉大学学报》（哲学社会科学版）2019年第1期。

决定与行为人发生性行为，其错误认识属于无关紧要的动机错误。①

由此可以看出，动机错误说起到的实际作用，就是将一部分刑法理论及司法判例上认为没有处罚必要性的欺骗行为从犯罪评价中排除出去。因此，动机错误说乃是全面无效说的限制性学说。"动机错误"这一类型概念的抽象形成及析出，以及动机错误原则上不影响承诺效力的限缩性效果，都是由民法理论及民法立法所确立的，刑法理论直接借用这一理论成果用于限缩全面无效说。

二　动机错误说的疑问与不足

正如上文所分析的，刑法学者引入"动机错误"旨在限缩对欺骗行为人的处罚范围，从学说及司法实务操作的部分情形来看，动机错误说也起到了一定的限缩作用。问题在于，刑法理论直接借用民法理论成果和民法的规范效力来达成限缩的目的，颇有"走捷径"的理论嫌疑，虽然能收一时一事之说理便利，却使得动机错误说在理论根基及学说细部上产生了更多暧昧不明的模糊问题。

（1）在法益主体受欺骗而承诺的场合，引入"动机错误"这一概念及相关规则来判断承诺的效力，实际上与《德国民法典》对意思表示瑕疵的制度安排南辕北辙。

错误（Irrtum）、欺诈（Täuschung）与胁迫（Zwang）虽然同属于《德国民法典》规定的可得撤销法律行为或意思表示的意思瑕疵情形，但《德国民法典》已经明文规定了三者之间的差异。就表意人单方面存在的错误而言，错误是由谁引起、如何产生都是法律认为无关紧要的问题，法律所关注的是错误的性质，具体表现就是动机错误被排除在可得撤销事由之外。就他人恶意欺诈的情形而言，法律关注的是错误所产生的方式，是错误的产生以及相应的不利后果的归属问题；表意人的错误认识可以归责于相对人所实施或所知

---

① 何洋：《强奸罪：解构与应用》，法律出版社 2014 年版，第 249 页；罗翔：《刑法中的同意制度——以性侵犯罪为切入》，法律出版社 2012 年版，第 163、164 页。

道的欺诈行为，满足这一归责条件的任何性质的错误都能使表意人行使撤销权。① 更进一步，在错误（Irrtum）的场合排除动机错误的撤销可能性，本身就是基于归责问题的考虑：个人因私法自治而享有形成法律关系的自由，作为平衡就同时也应该负有责任，个人因行使自由而产生的不利后果应当归属于个人自己，即使是发生错误的人也必须接受自己的意思表示的约束，承担自己在行使自由时发生错误的风险，不应由与错误无关的意思表示受领人来承担。② 从某种意义上来说，内容错误、表达错误得撤销意思表示才是例外规定，完全是因为萨维尼所奠定的意思表示学说认为存在内容及表示错误时，表示中不包含"意思"，与意思自治、私法自治根本冲突，才允许撤销；动机错误既被定位为个体在意思形成阶段所产生的错误，又被认为是个体对于某一行为可行性的错误设想，完全处于个人意思领域之内，理应自我负责。《德国民法典》的上述制度设计，为错误（Irrtum）与欺诈（Täuschung）两种情形划定了归责范围：个人在意思形成阶段的错误设想，完全由个人自己负责；在错误的形成过程中一旦有他人的诱发因素介入，即归属于他人负责。

很明显，刑法理论在法益主体受欺骗而承诺的场合引入"动机错误"，便破坏了这一清晰的归责框架，也破坏了支撑这一框架的理论脉络。刑法理论为何要采用这种"移花接木"的操作手法，文献上缺少解释说明。执果索因，既然动机错误说所起的作用是限缩全面无效说的处罚范围，那么，当初引入动机错误概念、发展动机错误说的前辈学者，其目的当然就是想要区别一些在刑法看来"无关紧要的错误"，并将其排除在保护范围之外。③ 这一目的无可厚非，

---

① ［德］迪特尔·梅迪库斯：《德国民法总论》，邵建东译，法律出版社 2013 年版，第 593 页，边码 787。

② ［德］迪特尔·梅迪库斯：《德国民法总论》，邵建东译，法律出版社 2013 年版，第 564 页，边码 737。

③ 林钰雄：《刑法与刑诉之交错适用》，中国人民大学出版社 2009 年版，第 289 页，边码 420。

只不过持动机错误说的学者还是必须要说明清楚，为什么行为人的欺诈行为引起的动机错误也不能否认承诺的效力，仍需要法益主体自负其责？或者说，为什么"使个体激发或维持其行为"的"动机"在规范评价上如此不值一哂，即使是受人之愚也要自认倒霉？对此，刑法学者连类似于萨维尼时代的心理学解释都没能给出，显然无法令人信服。

（2）动机错误说最大的疑问在于，"动机错误"这一类型概念本身的涵摄范围并不清楚。《德国民法典》有关动机错误、内容错误的二元区分制度设计本身就存在疑问，动机错误与内容错误的区别实在难以界定清楚。① "取法乎上仅得其中"，刑法理论的复制式引入当然也无法克服这一问题。若是以"是动机错误还是内容错误"之归类作为承诺有效性的判断基准，就不可避免地被批判为"基准不明确"。②

我国民法学者韩世远教授认为，《德国民法典》第 119 条、第 120 条完全是人为地将表意人的意思活动划分出不同的阶段，再以此为基础区别不同的错误类型，并赋予不同的法律效果，结果导致错误的归类成为理论解释和司法实务的首要问题。③ 事实上，德国民法理论及司法判例就几类常见的错误类型究竟应该归属于内容错误还是动机错误仍然存在争议，特别是法律后果错误（Rechtsfolgeirrtum）④、同一性错误（Identitätsirrtum）⑤ 以及性质错误（Eigenschaft-

---

① 李世阳：《刑法中有瑕疵的同意之效力认定——以"法益关系错误说"的批判性考察为中心》，《法律科学》2017 年第 1 期。

② ［日］盐谷毅：《被害者的承诺与自己答责性》，法律文化社 2004 年版，第 30 页。

③ 韩世远：《重大误解解释论纲》，《中外法学》2017 年第 3 期。

④ 法律后果错误是一种特殊的法律错误，与"事实错误"相对，是对自己的法律行为将要产生的法律后果存在错误认识。在刑法理论上，事实错误与法律错误的区分具有重要意义。

⑤ 同一性错误是指一项意思表示涉及的客体或指向的人不同于表意人想涉及的客体或指向的人。

sirrtum)①，其中尤以性质错误最富争议。②

《德国民法典》的制度设计遭遇上述难题并不意外。个体的意思活动极为复杂，而个体的行为又总是受到一定意思活动的驱动。因此，法益主体在形成意思决定之前的任何性质的主观认识，不论是关乎特定行为可行性的理由或反对理由，抑或是对其所选择的表达符号的意义，都有可能成为驱动个体选择行为的动机。例如，表意人对自己的行为所要产生的法律效果的错误认识似乎可以归属于内容错误，因为表意人并不知道法律后果，可以视为对其意思表示的内容意义存在错误；另一方面，却也可以将这种错误评价为一种单纯的动机错误，表意人对法律状态的不正确判断当然是其形成意思决定的动机。毫不客气地说，支撑"动机错误"及动机错误说的心理学基础本来就并不牢固。

根据《德国民法典》第 119 条第 2 款的规定，交易中认为很重要的有关人的资格或者物的性质的错误，视为意思表示内容的错误。因此，表意人特定类型的错误认识究竟是归属于动机错误还是内容错误，对具体案件的处理影响不大。但是，由于刑法上欠缺类似的实体法规定，一旦认为动机错误不影响法益主体的承诺效力，则动机错误的归类判断就具有决定行为人是否构成犯罪的重要意义，此时，"动机错误"在概念内涵和外延上的模糊不明，就是刑法理论无法忍受的硬伤，会给有关事例的处理造成困难。

例如，[例 3]［真壶假壶案］甲有家传汝窑茶壶一只，莫辨真伪。恰有电视台举办全国性的民间宝物鉴定节目，邀请顶级专家担

---

① 在性质错误中，意思表示虽然涉及表意人真实所指的客体，或者指向表意人真实所指的人，然而，该客体或人所具有的性质，与表意人的设想不同。例如，某人将一块土地当作未来的建筑用地出售，但实际上这块土地现在就是建筑用地了，因此其价格应当更高；或者，某人在多个应聘收银员职位的人中选聘了一个人，但是这个人有重大的犯罪前科。

② ［德］迪特尔·梅迪库斯：《德国民法总论》，邵建东译，法律出版社 2013 年版，第 571—584 页。

任鉴定人，乙是古瓷行业顶级收藏专家，获邀担任鉴定人。甲携壶参加该节目，乙一经过目便知该壶与自己即将拍卖的号称"千秋一壶"的汝窑茶壶为一窑所出之精品。乙深恐甲壶冲击"千秋一壶"的地位及拍卖行情，遂断言甲壶为赝品。甲信以为真，失望之下同意乙将"赝品"毁去。

在本例中，对于所损坏的物品的真伪这种属性的错误，在刑法上究竟是否应该归入动机错误？在民法理论中，在涉及特定物之处分的场合，长期奉行所谓的"特定物教条"：即认为双方只要就特定物的处分达成合意，则即使该特定物本身存在瑕疵，也不影响双方的合意，要言之，特定物的性质不进入契约内容。① 民法理论认为，内心的效果意思是意欲为权利义务之变动的意思，该意思必须包含着作为行为对象的特定的目的物；不过，所谓目的物的特定，只要是能够清楚地确定该目的物之所在即可，也就是确定"是这个物品"即可；该目的物的性质虽然是该目的物内在的属性，但却不可能成为意思的内容。这是因为，对于该目的物而言，内在性质已经是既定的事实，这样的事实不具有确定"这个物品是什么"的功能。因此而言，性质错误就不是内容错误而是动机错误。如果完全遵从民法规则而认定受欺骗承诺的刑法效力，以民法的意思表示构成理论和"特定物教条"为前提，则本案中乙就甲壶的真伪性质而为欺骗，只是为甲作出毁掉茶壶的决定提供了动机而已，应当属于动机错误，甲的承诺仍然有效，乙不构成故意毁坏财物罪。②

但是，这样的认定明显不利于保护法益，甚至有些违背常理。的确，以"特定物教条"为前提，我们可以认为甲同意了乙毁掉"我带来的这个壶"，至于这个壶是真是假只是甲的动机而已；但是舍去"特定物教条"而转念一想，应该可以说甲真实的承诺应该是

① ［日］山本敬三：《民法讲义·契约》，有斐阁 2015 年版，第 264、265 页。

② ［日］盐谷毅：《被害者的承诺与自己答责性》，法律文化社 2004 年版，第 30、31 页。

仅仅承诺毁掉"没有价值的假壶",并没有同意毁掉稀世罕有的真品汝窑壶。① 从法益保护的观点来看,财物的实际价值应该是财产犯罪的保护重心,是财产法益的内容;在此一事例中,如果将特定财物的性质、价值都作为法益主体意思活动的动机,作为个人意思而排除在财产法益之外,显然于理不合。事实上,即便是民法学者对此例相关情形也各执一词。拉伦茨就认为,如果某人本想购买一只真正的巴洛克式烛台,却错误地选购了店堂内陈设的仿古式新烛台,此处烛台的年代具有重要性,那么他就可以撤销该法律行为,但是弗卢梅则激烈反对拉伦茨的上述意见。② 这再一次表明,动机错误和内容错误能否明确地加以区分,将二者加以区别对待究竟有何意义,确实是值得思考和商榷的。动机错误说对本例的处理应当说并不恰当,甚至可以认为"动机错误"这一类型概念反倒增加了本案处理和解说的难度。

再例如,[例4][医学实验案]甲在乙的电脑课上与乙相识,乙告诉甲,自己在一所著名的治疗癌症的医院工作,是治疗乳腺癌领域的专家,目前正在做一个有关乳腺癌的研究。甲同意以志愿者的身份参与这项研究。甲填好问卷调查和自愿加入的表格后脱去上衣,乙向甲示范如何检查自己的胸部。乙在提问了甲几个问题之后,再次要求甲脱去上衣,甲表示拒绝并要求离开。事实上,乙只是曾经接受过乳腺癌检查和防治等相关领域的训练,并无从医资格。乙的真实目的是制作一个乳腺癌防治的数据库,也已经制作了一本可以指导女性自己检查是否患有乳腺癌的说明书。甲在得知乙根本没有相关资格之后表示,如果事前知道被告人没有进行检查的资格,她绝对不会同意被告人对自己实施上述行为。

---

① 李世阳:《刑法中有瑕疵的同意之效力认定》,《法律科学》2017年第1期。

② [德]迪特尔·梅迪库斯:《德国民法总论》,邵建东译,法律出版社2013年版,第582页,边码768。

本例来自于美国真实案件 Tabassum 案。[①] 在本例中，甲对于乙所具备的职业资格的错误，在刑法上究竟是否应该归入动机错误？前文已述，美国刑法及司法判例的习惯是通过区分个人所产生的错误属于"事实错误"还是"动机错误"，来判断个人的承诺是否有效，在性侵犯罪的领域适用尤其广泛。英美刑法在性侵犯罪领域认可的"事实错误"极为有限，在作出承诺的主体根本不知道什么是性行为，例如，音乐老师欺骗未满 16 周岁的女学生，性行为是一种改善嗓音的手术，女学生受骗而同意性行为的；或者了解性行为的人不知道性行为正在发生，例如医生欺骗患者，在治疗过程中将手术器具替换为生殖器官插入患者体内的；或者对性伴侣的身份存在误认，以上三种情形属于事实错误，其他的错误类型都属于动机错误。[②] 在本例中，乙虽然触碰了甲的胸部，但该触碰行为并没有超出乙所声称的检查行为范畴，甲既没有对正在发生的触碰行为的性质产生错误认识，也没有对正在发生的触碰行为产生存在与否的错误认识，应该说本案甲的错误认识可以归属于动机错误，乙不应该成立性侵犯罪。如果将本案置换到大陆法系的理论语境中，甲对乙的职业资格的认识，也可能被认为属于动机错误。

然而，法院最终判决乙成立性侵犯罪。法庭认为，基于同样的目的实施同样的行为，有法定资格的人和缺乏法定资格的人的行为性质截然不同；在本案中，被害人虽然对被告人的行为性质有认识，但是对行为品质没有认识，因此可以说被害人没有给予真正的同意。[③]本案的特殊之处正如法庭所考虑过的棘手问题，法定资格是否具有决定同一目的支配下的同一行为之性质的功能？本案的被告人乙曾以同样的理由和方式对三名女性实施了相同的行为，三名当事

---

① 转引自何洋《强奸罪：解构与应用》，法律出版社 2014 年版，第 252 页，脚注[32]。

② 何洋：《强奸罪：解构与应用》，法律出版社 2014 年版，第 249、250 页；郭理蓉：《被害人承诺与认识错误》，《云南大学学报》（法学版）2003 年第 1 期。

③ 何洋：《强奸罪：解构与应用》，法律出版社 2014 年版，第 252 页。

人事后都表示，如果乙不具有相应资格她们就不会接受该行为。这表明，对于本案的被害人而言，被告人乙之职业资格只是她们的重要动机。但是法院最终却认为法定资格决定了"行为品质"，三名被害人的错误由此而成为了不同于动机错误的"事实错误"。由此可见，在司法实践中界定"动机错误"有相当的技术难度，也会滋生理解上的歧义，实在是费而不惠。

（3）由于动机错误说的"动机错误"自始便欠缺明确性，出于修正目的而肯定在"决定性的动机错误""重大的动机错误"时承诺无效的"重大动机错误说"，自然也无法克服概念含混、判断随意的弊端。

正如前文所述，重大动机错误说类似于《德国民法典》第119条第2款，因此，重大动机错误说在某种意义上就是传统动机错误说的例外情形。传统的动机错误说为了限缩全面无效说过于宽泛的处罚范围，将全部动机错误都排除在处罚范围之外，但这样"一刀切"的限缩方式过于绝对。上文所举 [真壶假壶案] 及 [医学实验案] 就提出了一个问题：假如性质错误等错误类型只能归属于动机错误，但是确实对当事人的意思决定有重大影响（例如，[例4] [医学实验案] 中三名当事女性都表示如乙不具备相应资格她们便不会同意该检查），还能否维持"动机错误不影响承诺效力"的教条？这实际上就是"重大动机错误说"的问题意识。可惜的是，动机错误说的根本问题是"动机错误"的概念含混、类型不确定，"一刀切"的限缩方式只是其技术问题而已。重大动机错误说对传统动机错误说的修正仍然是在适度扩大处罚范围上落笔，其无济于事可知矣！更为困难的是，重大动机错误说还要在本就含混的"动机错误"内部补充价值判断，区分"重大的""决定性的"和"不重大的""不具决定性的"动机错误，使得判断基准更加模糊，实在是有越描越黑之嫌。具体而言，"重大动机错误说"的不足之处体现在以下两个方面：

第一，判断基准含混不明，在同类案件中难以保证判断结论的一致性。

例如，［例5］［医院实习生案］两名医科学生以实习生身份在州立医院工作，在此期间，他们独立处理各种伤病，还给病人实施了一些小手术，病人们都以为他们是医生。

本例是德国联邦最高法院1961年的真实判例，本例中两名实习生面临故意伤害的指控。最终德国联邦最高法院判决认为，原则上承诺中的意思瑕疵通常会使承诺失去正当化效力，本例中病人错以为被告人具有医生身份，进而作出的承诺还不能产生正当化的效力。但刑事法庭认为这一原则也并不是没有意外，并不是作出承诺时伴随的任何错误认识都可以排除正当化效力。在本例中，病人认为治疗他的人乃是持有证照的医生，这一错误认识也有可能对病人的承诺并无决定性的意义；因为任何一个理智的病人都知道或能够估计到，无危险的、轻微的和常规的手术通常或者甚至大多情况下都是由有经验的医疗助手操刀的，只要医生信任该助手，病人通常也就会同意非在职医生做这类手术。①

此处可以将［例4］［医学实验案］与［例5］［医院实习生案］进行比较，法益主体同样是对不具备执业医师资格的行为人产生了错误认识，但是前者认为该错误影响承诺的效力，后者则认为该错误并非决定性的动机错误。那么，行为人的"资格"为什么能够成为决定行为性质的要素，而行为人的目的、行为的方式等因素就不能决定行为性质呢？这一点并非不言自明。再者，即便认为行为人的"资格"可以决定其行为之性质，那么，行为人不具备相关资质而检查当事人之隐私部位属于侵犯性隐私的性侵犯行为，② 行为人不具备医师资格而实施手术的同样应当是伤害行为。从判决理由来看，其间之区别可能在于，在［例4］［医学实验案］中，行为人的检查

---

① ［德］克劳斯·罗克辛：《德国最高法院判例·刑法总论》，何庆仁、蔡桂生译，中国人民大学出版社2012年版，第74页，边码310。

② 何洋：《强奸罪：解构与应用》，法律出版社2014年版，第254页。

行为触碰当事人隐私部位，当事人保护自身性隐私的意愿更为强烈，该案的三名当事妇女都态度坚定地表示，如果行为人不具备相应资格自己便不会接受检查行为；而在［例5］［医院实习生案］中，是由司法者自行设想，"任何一个理智的病人"通常都会同意不具有医师资格的非在职医生进行手术。但是，这样的解释仍然是不能成立的。如果根据受骗者的主观意愿的强烈程度来判断某一内容的错误认识是不是"重要的""决定性的"动机错误，其判断的随意性可想而知。而且，［例5］［医院实习生案］的司法判决还暴露出，司法者在判断某一动机错误是否重要时，自行代入、设想该错误对受骗者的承诺有无决定性影响。通过对上述两则案例判决的比较可知，"重大动机错误说"不仅判断基准更加模糊，而且还有导致司法擅断、判断随意的风险。

第二，在部分案例中，运用重大动机错误说虽然也能得出妥当的结论，却无法形成令人信服的说理。

例如，［例6］［诈取眼角膜案］甲欺骗乙母说，其子乙遭遇不测，为了保存视力，需要进行眼角膜移植手术。乙母信以为真，就为乙献出了一只眼角膜。实际上，甲把乙母的眼角膜移植给他人，或者甚至仅仅是为了伤害乙母而将眼角膜抛弃。

在本例中，乙母清楚地知道自己献出眼角膜的事实，不存在涉及内容的错误，只是不知道接受自己眼角膜的对象。德国学者罗克辛教授认为，当法益主体的错误涉及的是一种"无私的目的"（altruistischen Zweck）时，这种无私的目的在作出同意的当时，就已经为法益主体提供了起决定作用的动机；在乙母为儿子捐献的眼角膜被挪作他用时，我们不能认为乙母的行动自由得到了体现，而应该认为这位母亲受到了伤害；因此，在类似本例的情形中，不能认为动机错误不影响承诺的效力，行为人应当构成故意伤害犯罪。①

---

① Vgl.Claus Roxin, Luís Greco, Strafrecht Allgemeiner Teil Band Ⅰ, 5. Aufl., 2020, S.699, Rn.104.

再例如，[例7][伪善诈捐案] 大富豪石崇与王恺二人攀比炫富，无所不用其极。运作某环境保护公益基金会负责人杜某深知二人心结，恰新娶娇妻，囊中羞涩，无以追欢美人。于是假意举办公益基金筹款晚会，声称要启动某项保护野生动物的公益项目，邀请石、王二人参加。席间，杜某向石崇诡称王恺准备为该公益项目捐款一百万，基金会准备对此进行宣传；石崇本着奉陪到底的心态，现场捐出二百万；杜某以相同手法激将王恺，王恺亦捐出二百万。事后，杜某将四百万捐款用于自己与妻子的蜜月旅行，并未用于公益项目。

[例7][伪善诈捐案] 属于典型的捐赠诈骗案例。捐赠问题的特殊性之一在于捐赠人明知其处分财产行为将会造成其财产损失，而且没有其他足以平衡损失的财产利益，属于有自觉的财产自损行为。学说上将诸如 [例7][伪善诈捐案] 这种重大偏离原本捐赠用意的情形，称为"目的失误"（Zweckverfehlung，或译为目的失败、目的偏离、目的不达等）。也就是说，相对人虽然明知捐赠行为会造成其财产的减损，但自以为可以达成履行某种道德义务的目的，实则由于受骗而根本不能达成该目的。① 在重大动机错误说看来，必须是类似于当事人之资格或物之性质等在规范评价上具有重要性的动机错误，才是具有刑法意义的错误。在 [例1][攀比捐款案] 中，石崇、王恺二人均只有争虚荣的动机部分有错误可言，至于对捐赠行为具有重要意义的对象资格，并无任何错误，而且其激将行为也不会违反捐赠行为的社会意义。反之，在 [例7][伪善诈捐案] 中，捐款是否用于公益项目，乃是捐赠行为的重要事项，纵使将其划归动机错误，也是具有刑法意义的错误，石崇、王恺在此产生的错误认识乃是诈骗罪所规制的错误认识情形。

① 林钰雄：《刑法与刑诉之交错适用》，中国人民大学出版社 2009 年版，第 289、290 页；蔡桂生：《论诈骗罪中财产损失的认定及排除——以捐助、补助诈骗案件为中心》，《政治与法律》2014 年第 9 期。

在本书看来，在［例6］［诈取眼角膜案］及［例7］［伪善诈捐案］中，将实施欺骗行为的行为人分别作故意伤害罪、诈骗罪处理是能够成立的结论。但有疑问的是，从受骗者的动机错误是否重大的角度来说明理由有欠妥当。对比［例1］［攀比捐款案］与［例6］［诈取眼角膜案］、［例7］［伪善诈捐案］可以看出，亲情、慈善等无私、博爱的目的在规范评价上被视为"重大的动机"，而虚荣、沽名钓誉等目则被规范评价为"不重大的动机"，决定这一评价结果的似乎更多的是道德观点。如果我们接受了重大动机错误说的上述解释，那么还会产生更多的问题：母亲为子女捐献眼角膜，是母亲对子女的慈爱，保护环境和野生动物，则是人道主义的责任感与博爱，二者之间孰重孰轻？如果认为是人道主义的责任感与博爱更为重要，那么，在［例6］［诈取眼角膜案］中，甲诈取眼角膜之后移植于他人的，应当如何评价呢？因此，本书认为，重大动机错误说即使能够在部分事例中得出妥当的结论，也难以导出令人信服的理由。

持重大动机错误说的学者，往往强调欺骗行为对动机错误具有重大影响或者强调动机错误对意思决定具有重大影响，并以此为出发点，强调有必要保护受欺骗的法益主体。日本学者井田良教授认为，法益主体的承诺意味着法益主体放弃了法益，即法益失去了要保护性，这是承诺的正当化效力根据所在。因此，在法益主体受到欺瞒，该欺瞒对法益主体的动机具有重大影响，从而使法益主体作出放弃法益的意思决定时，该意思决定并非法益主体的真意；此时，在法益主体与加害者（欺骗行为者）的关系中，仍然不能说法益主体的法益失去了要保护性。[1] 在行为人以一同殉情赴死诱使情人服毒自杀的场合，以及行为人谎称公司倒闭诱使公司负责人自杀的场合，井田良教授认为，行为人的蓄意而为对于引起和维持错误动机具有重大影响力，结果导致法益主体作出违背本

---

[1]　［日］井田良：《刑法总论的理论构造》，成文堂2005年版，第199页。

意的意思决定，这些场合的承诺，并不能减少被害人生命法益的要保护性。如果在这种动机错误强烈影响意思决定的场合，都肯定承诺的有效性，那么无异于在鼓励人们以巧妙方法实施法益侵害：同样是对生命法益的侵害，行为人的行为如果直截了当只做不说，那么被害人的生命可以受到杀人罪的特别保护，如果行为人通过巧妙的伪装方式实施，那么被害人的生命只能得到更少的保护，这样的区别显然于理无据。①

然而，上述见解在根基上就是似是而非，难以承受检验的。疑点之一在于：法益主体的法益的要保护性，究竟是在意思瑕疵的基础上重新受到肯定，还是在法益主体与欺骗行为人的"被害—加害"关系中重新受到肯定？从井田良教授的见解来看，毋宁说是因为后者。如果在法益主体与欺骗行为人之间因为"加害—被害"的关系而总是肯定法益主体的法益要保护性。那么，采取全面无效说是更为坦率的选择。疑点之二在于：法益主体的法益的要保护性，究竟是因为放弃法益的意思决定受到动机错误的影响"重大"，还是因为所放弃的法益本身"重大"？在事关生命法益、身体法益的场合，重大动机错误说论者动辄以"重大影响"为由否定承诺的有效性，这一点难免令人生疑：唯在行为人冒充富豪吸引具有拜金情结的女性与自己发生性行为的场合，重大动机错误说还会得出相同结论吗？转换思考立场，即使是应予绝对保护的生命法益，法益主体也应该有个人的生命自觉，"追随殉情赴死"这种将自己生死寄托于他人之感情与行为的念头，为何会成为决意自杀的"重大动机"，缺少解释。

在此，可以引用德国学者金德霍伊泽尔教授对重大动机错误说的批评作一结语："人们应当通过法益来保护个体的自由发展，因此，当人们在处理自己的利益时，刑法应整体而不是片面地保护其个人的决定自由。因此，区分决定性的动机错误和其他的动机错误

---

① ［日］井田良：《讲义刑法学·各论》，有斐阁 2016 年版，第 37、38 页。

在本质上并不是合理的。"①

三 小结

正如前文所述，动机错误说在刑法理论上最先析出了"动机错误"这一类型概念，为限缩全面无效说提供了一个理论工具，推动了刑法理论在"受欺骗而承诺的法律效力"这一课题上的研究深度，此为动机错误说无法抹杀的理论功绩。在本书看来，动机错误说可谓"成也萧何，败也萧何"。动机错误说为判断受欺骗而承诺的法律效力提供了一条以概念涵摄为方法的形式判断标准：凡是能为"动机错误"所涵摄的错误认识，都不影响承诺的效力。结果，"动机错误"概念自身缺乏明确性，概念的内涵和外延模糊，成为动机错误说最根本的问题。动机错误说最为本书所不取之处，便是过分借重民法学的成熟理论与规范效力。详言之，动机错误说虽然提出了"什么样的错误认识是重要错误"的规范评价问题，却忽略了另一个根本问题：为什么法益主体受到他人欺骗而产生的错误认识，仍然需要区分重要与否？这一问题在民法理论上是由萨维尼回答的，但动机错误说没有在刑法领域予以正面回答。因此，本书肯定动机错误说及"动机错误"的概念本身有其理论价值与意义，但动机错误说尚不足以称为成功的检验标准。

第三节 条件错误说的特点及问题

条件错误说认为，在基于欺骗而获得承诺的场合，如果法益主体没有陷入错误就不会作出承诺的话，该承诺便是无效的，亦即，如果存在"假设被害人知道真实情况就不会作出这种承诺"的条件

---

① ［德］乌尔斯·金德霍伊泽尔：《刑法总论教科书》（第六版），蔡桂生译，北京大学出版社 2015 年版，第 123 页。

关系，该承诺便是无效的承诺。此说着眼于行为人之欺骗行为与承诺的因果关系，因此被称为条件错误说（或"有关条件关系的错误说"）。至于"如果没有欺骗行为还会不会作出承诺"的判断，表明该说是以法益主体在信息真实全面、判断理性正常的条件下本来会有的真实意思作为关注的焦点，只考虑法益主体本人如果没有该错误的话是否就不会作出承诺，并未思考将法益主体换成一般人时将会如何，亦即并不作法益主体本人主观之外的客观性判断。正因为该说专门重视法益主体本人的主观意愿，而不脱离法益主体的主观进行客观的重要性判断，该说又被称为"主观真意说"。① 此外，在肯定了如果没有行为人的欺骗法益主体就不会作出承诺的场合，等于说行为人的欺骗行为对法益主体的意思决定具有重要的、乃至决定性的影响，该说也被称为"重大错误说（重要错误说）""本质错误说"。②

与全面无效说、动机错误说不同，条件错误说是刑法理论上独立发展起来的学说，而且，主要是由日本司法判例和刑法理论提出并完成，在日本居于通说地位。③ 最早，日本最高法院是在一起"假意相约自杀"案件中作出了包含"条件错误说"意涵的判决。

[例8][假意相约自杀案] 甲与乙的恋情遇到阻力，乙向甲提出一起殉情自杀。甲对乙的感情已经倦怠，想借此机会摆脱乙，便假意答应了乙的请求。信以为真的乙服下毒药而死亡。

本案发生于1958年，日本最高法院当时判决认为："被害人受被告人欺骗，预料被告人会追随自己赴死，于是决意去死，这个决

① 余振华：《得被害人承诺之行为评价》，收录于《刑与思：林山田教授纪念文集》，台湾元照出版公司2008年版，第160页。

② 陈家林：《外国刑法理论的思潮与流变》，中国人民公安大学出版社、群众出版社2017年版，第337页；张明楷：《刑法学（上）》（第六版），法律出版社2021年版，第298页。

③ ［日］大塚仁：《刑法概说（总论）》，冯军译，中国人民大学出版社2003年版，第358页；［日］大谷实：《刑法讲义总论》，黎宏译，中国人民大学出版社2007年版，第237页。

意明显不带有真实意思、有重大瑕疵。并且，被告人虽然没有追随去死的意思，却欺骗被害人，让被害人误认为被告人会追随自己去死，使其自杀，应该说被告人的行为该当一般的杀人罪"。① 在此，日本最高法院的判旨将本案判断的要害指向了被害人的意思决定是"与真实意思不符的有重大瑕疵的意思"，日本刑法理论通说随后将判例所指的"重大瑕疵意思"理解为"在如果没有错误就不会同意"，补足了判断法益主体之主观真意的方法。② 对于假意相约自杀的情形，如果根据传统的动机错误说进行处理，"他人（被告人）会追随自己而死"这一事情只是属于承诺的动机，被害人的自杀承诺仍然会有效。但是井田良教授认为，行为人能否追随而死是被害人在决意自杀之际的本质事项，③ 被害人如果不是受到被告人的欺罔就不会表示同意，该欺罔对被害人的意思决定起到了决定性的影响，因此支持了判例的观点。④

一　条件错误说的合理内容

条件错误说在日本刑法理论界长期占据通说地位，自然有其独到的合理之处。首先，相较于全面无效说、动机错误说等学说而言，条件错误说更为重视法益主体因受欺骗而同意的实质因果内容。该判断思路的长处有二：一是避免了抽取、界定概念的形式化难题，动机错误说以"动机错误"这一类型概念作为判断标准，于是陷入界定概念、分别类型的泥淖而无法自拔，条件错误说以因果关系之判断为重点，自然不存在相关的烦恼；二是因果关系的判断必然是具体的个案判断，也就不存在"一刀切"

① 详见［日］佐伯仁志：《刑法总论的思之道·乐之道》，于佳佳译，中国政法大学出版社 2017 年版，第 181 页，边码 217。

② ［日］松原芳博：《刑法总论重要问题》，王昭武译，中国政法大学出版社 2014 年版，第 106 页。

③ ［日］井田良：《讲义刑法学·各论》，有斐阁 2016 年版，第 35 页。

④ ［日］井田良：《刑法总论的理论构造》，成文堂 2005 年版，第 198 页。

的僵化弊端，全面无效说和动机错误说分别以"欺骗""动机错误"作为判断的指针，在判断和处理上都是根据标签进行"一刀切"的处理，条件错误说则以具体而微的因果关系判断避开了固定僵化的陷阱。

其次，条件错误说所提取的判断公式"如无错误则不会同意"，既便于司法操作，也符合常情常理，不论是运用于司法或是阐释于学说，都具有入情入理的说服力。事实上，日本最高法院并不是发现或创造了条件错误说及其判断公式，而是高明地转化运用了普适性的归因原理。早在 17 世纪，自然法学家格劳秀斯就提出了相似的承诺条件假设理论，他曾在其名著《战争与和平法》中提出："如果允诺是基于对事实的推定存在作出的，而最终证明该事实是不存在的，那么有关允诺就会丧失义务的效力。因为允诺者总是在特定的条件下作出允诺的，但结果证明该条件完全不可能实现。西塞罗在他的《论演说家的天赋与个性》一书的第一卷中，举了一个父亲的例子。这个父亲基于推测或某种消息，认为他儿子已经死了，他就允诺把他的财产遗赠给他的侄子。但结果证明其推测是错误的，消息是虚假的，该父亲就被免除了向其亲人所承担的义务。"① 无独有偶，《德国民法典》第 119 条第 1 款也规定，因错误（Irrtum）而撤销意思表示的条件，必须是发生错误的表意人"如果知道实际情况并且合理地考虑相关情况后就不会发出意思表示"。②

不难看出，格劳秀斯、《德国民法典》第 119 条第 1 款及日本最高法院都使用了同一种判断方法，即先确定差异性的变动事项，再根据该差异性变量在现实发生的事件之外，创立一个平行于现实事

---

① ［荷］格劳秀斯：《战争与和平法》，［美］A.C.坎贝尔英译，何勤华等转译，上海人民出版社 2005 年版，第 186 页。

② ［德］迪特尔·梅迪库斯：《德国民法总论》，邵建东译，法律出版社 2013 年版，第 584 页，边码 773。

件的假设事件，将二者进行比较，确定导致结果发生的原因。① 具体地说，就是选择法益主体是否知情作为差异性变量，然后将法益主体不知真相处分法益的现实事件，与法益主体知道真相并不处分法益的平行假设进行对比，就可以得出是法益主体受到欺骗才会进行法益处分了。这种思维方式在认知心理学上被称为"反事实思维"（counterfactual thingking），就是以假设的方式撤销已经发生的事实，构建出与现实事件相反的可能性假设，将现实的事件与可能性假设进行比较的思维活动；认知心理学的研究表明，人们在对外部世界发生的事件进行因果推理或归因时，最常用的就是这种"反事实思维"。② 反事实思维在思维过程中，一般以反事实条件句的形式出现，也就是"如果……那么……"形式的虚拟蕴涵命题，包括虚假的前提和虚假的结论两个部分，例如"如果当时好好学习，那么成绩就不会下滑"。③ "反事实思维"是人类在搜寻原因的认知过程中自然而然形成的归因思维，人类在归因过程中激发反事实思维几乎是一个自动过程。④ 条件错误说的说服力正是根植于这一强大的归因思维习惯。也许正是因为条件错误说符合一般人最自然的归因思维习惯，很多使用其他学说内容的学者也吸收条件错误说的内核，如采用"重大动机错误说"的井田良教授。在我国刑法学界，条件错误说也不乏支持者。⑤

最后，在法益处分存在意思瑕疵的场合，条件错误说能够连带说明法益侵害结果的归责问题。当法益主体基于受欺骗的承诺而处

① ［英］H.L.A.哈特、托尼·奥若尔：《法律中的因果关系》，张绍谦、孙战国译，中国政法大学出版社 2005 年版，第二版前言第 22 页。

② 卿素兰、罗杰、方富熹：《反事实思维与因果推理的关系》，《湖南大学学报》（社会科学版）2004 年第 1 期。

③ 陈俊、贺晓玲、张积家：《反事实思维两大理论：范例说和目标—指向说》，《心理科学进展》2007 年第 3 期。

④ 陈俊、贺晓玲、张积家：《反事实思维两大理论：范例说和目标—指向说》，《心理科学进展》2007 年第 3 期。

⑤ 林亚刚：《刑法学教义（总论）》，北京大学出版社 2017 年版，第 303 页。

分法益时，承诺的有效与否决定该法益处分是否成为"法益侵害"，以及法益侵害的结果应该归属于欺骗行为人还是由法益主体自己承担，这是此际的首要问题；除此之外，当法益主体的承诺无效之时，是否能够肯定欺骗行为人成立正犯（间接正犯）也是此际需要解决的问题。① 比较而言，全面无效说、动机错误说只是在承诺论领域解决了承诺有效与否的问题，并不注重法益主体的意思与欺骗行为人的犯罪成立、正犯性有无等效果之间的关联，一般是留待正犯论再予解决。条件错误说却具有将承诺有效问题与欺骗行为人的正犯性问题串联起来的功能，这是因为，一旦认定了"如无欺骗行为即无错误认识，如无错误认识即无法益处分意思"，很自然地便可以联结起后续的因果链条，"如无法益处分意思即无法益处分，如无法益处分即无法益侵害结果"，这样就形成了一个完整的责任归属链条。即以［例8］［假意相约自杀案］的判决为例，日本最高法院认为，被告人的欺骗行为导致了被害人的错误认识，最终导致了被害人的死亡结果，应该成立一般的杀人罪，而不是加工自杀；也就是说，日本最高法院在这里是肯定了欺骗行为→错误→自杀意思→自杀行为→死亡结果这一正犯的因果关系。②

二　条件错误说的疑问及不足

尽管条件错误说长期占据日本刑法理论和司法判例的通说地位，但也受到了众多学者的有力批评和质疑。山口厚教授在批评日本最高法院对于［例8］［假意相约自杀案］的判决时认为，判例的立场是将"基于一定的理由而处分生命法益的自由"全面地作为保护对象，也就是判例认为，在法益主体基于某种理由而意图处分生命法

① 李世阳：《刑法中有瑕疵的同意之效力认定——以"法益关系错误说"的批判性考察为中心》，《法律科学》2017 年第 1 期。

② ［日］山口厚：《从新判例看刑法》（第 3 版），付立庆、刘隽、陈少青译，中国人民大学出版社 2019 年版，第 27 页。

益的场合，只要该理由能够左右法益主体的处分意思之有无，而法益主体就这一理由受到欺骗时，就应该将法益处分视为无效。因此，如果总结判例的立场，判例实际上是在保护法益主体根据自己的意图来处分法益的自由。但是，判例的立场是有疑问的，至少是在生命法益的保护上无法贯彻。就生命法益而言，如果保护法益主体根据自己的意图处分生命的自由，那么，通过物理力量阻止了试图自杀者的自杀行为的人，反倒可能会因妨害他人自由而构成日本刑法第 223 条第 1 项的强要罪。①

松原芳博教授认为，如果只要法益主体受欺骗而产生的错误与同意之间存在条件关系，就足以让同意归为无效，这就会不当扩大处罚范围。② 盐谷毅教授对条件错误说也提出了自己的担心：如果以法益主体的主观真意为基准判断承诺的效力，在法益主体对放弃法益之后能够获得的利益期待过大而最终未能达成其要求的场合，或者法益主体在意思决定时有某些琐碎条件的出入的场合，理论上就能够否定承诺的效力，这对行为人而言会造成"过酷"的结果。③ 从日常生活经验来说，一般人在反悔时最常见的说辞便是"早知如此，当初就不会这样决定"，这样看来，条件错误说确实存在这种危险倾向：只要存在能够造成法益主体事后反悔的事由就很容易成立相应的条件关系，导致动辄否定承诺效力的结果。这不仅会导致处罚范围的恣意扩大，还蕴含着破坏法律安定性的巨大风险。根据条件错误说，不仅类似于上文 ［例 2］ ［冒伪骗色案］ 这种虚构职业、收入、身份而与女性交往的例子可能得出有罪结论，日本学者森永真纲还举出了一个更为极端的例子，假如一个人气偶像欺骗自己的狂热追求者说，"你如果现在马上死掉的话我就会亲吻你的尸体"，结

---

① ［日］山口厚：《从新判例看刑法》（第 3 版），付立庆、刘隽、陈少青译，中国人民大学出版社 2019 年版，第 25 页。

② ［日］松原芳博：《刑法总论重要问题》，王昭武译，中国政法大学出版社 2014 年版，第 106 页。

③ ［日］盐谷毅：《被害者的承诺与自己答责性》，法律文化社 2004 年版，第 28 页。

果追求者果然承诺了死亡的场合，单就该追求者的主观意思而言显然是被人气偶像的虚假许诺所左右了，根据条件错误说会得出自杀承诺无效的结论，欺骗行为人成立杀人罪。这显然是扩大了处罚范围。在这样的情形中认为承诺无效，与其说是在保护法益主体的意思决定自由，毋宁说是在保护法益主体的心情。在个人的价值观多样化的现代社会，这样的见解将会导致刑法在保护法益时无所适从。①

不仅日本学者对条件错误说多有批评，我国也有刑法学者批评条件错误说的扩张性。付立庆教授认为，条件错误说与主观真意的关系过分紧密，以被害人的主观真实意思如何来判断客观上的同意是否有效，实际上是将主观与客观两个范畴混为一谈，表面上看试图从主观上限定犯罪成立范围，但实际上会导致几乎所有基于受欺骗而作出的承诺都归于无效，完全失去了限定功能，甚至称之为"无限定说"也不为过。②

总结起来，上述批评意见主要集中在其理论效果的扩大化上，既有保护内容扩大至意思决定的一般自由的问题，也有过滤机制粗疏导致的处罚范围扩大化问题。但在本书看来，仅从条件错误说的理论效果之妥当与否着眼，并不能触碰到条件错误说的根基性问题。例如，山口厚教授只能指摘条件错误说将处分法益的一般意思自由作为保护对象，"至少"在涉及生命法益的场合是不妥当的，却也没有再指出其他不妥的场合；相反，在涉及财产犯罪的场合，山口厚教授认为不保护法益处分的自由是不妥当的，最终形成的结论是完全不保护法益处分的自由，或者像判例一样将法益处分的自由全面地作为保护对象，两种做法都有疑问。③ 至于批评条件错误说会扩大

① ［日］森永真纲：《被害人承诺中的欺骗与错误（一）》，《关西大学法学论集》第 52 卷第 3 号（2002），第 205、206 页。

② 付立庆：《被害人因受欺骗而同意的法律效果》，《法学研究》2016 年第 2 期。

③ ［日］山口厚：《从新判例看刑法》（第 3 版），付立庆、刘隽、陈少青译，中国人民大学出版社 2019 年版，第 27 页。

处罚范围，当然言之有理，只是司法判例中并未如学者所指摘的那样滥用条件错误说。也许正因如此，条件错误说至今仍是日本司法判例和刑法理论的通说。

本书认为，条件错误说的要害问题，并不在于其理论效果的扩大与否。条件错误说的实体是"如无错误则不会同意"的条件关系判断公式，正如前文所述，该条件关系判断公式乃是"反事实思维"在承诺论中的具体运用，与因果关系论中的必要条件说系出同源。"反事实思维"虽然在归因问题上具有"习惯成自然"的说服力，但并不是说完全不存在任何问题，正如必要条件说在因果关系论中便存在诸多无效、难解的归因漏洞。[①] 条件关系判断公式运用于承诺论，存在以下问题：

第一，判断的起点存在不安定性，必然无法保证检验结果的安定性。刑法上的因果关系理论判断的是发生于外部的客观事实之间有无前后相继的引起与被引起关系，"结果"是条件关系判断的起点。刑法学者为了保证因果关系判断的准确性，以"具体的结果观"作为判断的前提。[②] 所谓具体的结果观，是指条件关系的判断中的结果，必须是在结果样态、发生时间等属性上具体的、特定的、个别的结果，在某些场合为了确定具体结果，甚至需要将特定的行为人、特定的行为方式，乃至时间、地点在内的细节要素、特征属性等都包括在结果的描述之内。这些细节要素、特征属性都具有客观的可视性、可验证性。但是在法益主体受欺骗而承诺的场合，要判断错误与承诺与否之间的条件关系，起点必然只能是法益主体之主观内在意愿而已。也就是条件错误说论者所说的"是否还会决定承诺"的"主观真意"。由此，承诺论领域的条件

---

① 详见车浩：《假定因果关系、结果避免可能性与客观归责》，《法学研究》2009年第5期；庄劲：《客观归责理论的危机与突围》，《清华法学》2015年第3期；徐然：《结果避免可能性与过失犯的客观归责》，《北大法律评论》2015年第2辑。

② 张明楷：《刑法学（上）》（第六版），法律出版社2021年版，第234页；黎宏：《刑法学总论》，法律出版社2016年版，第94页。

错误说与因果关系论领域的条件关系说之间的客观性当然不可同日而语。正是由于条件错误说的判断起点只能求之于法益主体，付立庆教授质疑条件错误说将主观与客观混为一谈也就是意料之中了。

　　第二，条件错误说的条件关系公式能否用于判断法益主体的内心真意，或者说条件关系公式是不是探明内心真意的合适方法，存在疑问。尽管"反事实思维"是人类普遍使用的归因方法，刑法理论也将"非 P 则非 Q"的条件公式确定为判断因果关系的第一个公式，但理论上有观点质疑，这种"假想不存在"的思维方法根本没有提供"行为与结果之间的关系如何"的实质内容，其本身也并不能提供关于因果关系的更多信息，实际上并不能够用于查明因果关系。① 对此，我国台湾地区学者黄荣坚教授为条件关系公式进行了辩护，一方面坦率地承认，当我们对于 P 与 Q 之间的自然律关系没有认知的情况下，所谓"非 P 则非 Q"的公式根本无助于刑法上因果关系的判断，另一方面则提出，"非 P 则非 Q"公式的目的本来就不是取代自然科学对于自然律的认知，而是在已经具备自然律认知的前提下进行刑法上的价值判断。② 也就是说，"如无此行为则无此结果"的条件关系公式，实际上只有配合已经被人类知识所肯定的自然律才能发挥作用。问题在于，不同于判断客观世界的因果关系，在探求法益主体主观的内心真意时，"非 P 则非 Q"公式并不能得到客观、可靠的自然律支撑，大概率需要依靠法益主体事后的一口咬定，或者裁判者事后的推己及人。因此，在本书看来，运用条件关系公式判断法益主体的主观真意类似于缘木求鱼。

　　第三，前文已述，条件错误说具有将承诺有效问题与欺骗行为人的正犯性问题串联起来的功能，自然联结起"如无法益处分意思

---

① 庄劲：《客观归责理论的危机与突围——风险变形、合义务替代行为与假设的因果关系》，《清华法学》2015 年第 3 期。

② 黄荣坚：《基础刑法学（上）》，台湾元照出版公司 2012 年版，第 268、269 页。

即无法益处分，如无法益处分即无法益侵害结果"的责任归属链条。但问题在于，正如众所周知的，因果关系论领域的条件关系的各项条件都是等价值的条件，无法分辨真实的因果贡献大小，也不具有合理分配结果归属责任的功能。应当说，这是条件关系公式的通病。在法益主体受欺骗而承诺的场合，"如无错误则不会承诺"的条件关系同样抹平了不同条件之间的差别。行为人欺骗法益主体处分法益，实际上也是为法益主体放弃法益提供了心理性的原因力；由于教唆方法没有限制，欺骗的方法也当然包括在内，那么，教唆他人放弃法益和损害法益的正犯行为同样要求各自的行为与自杀行为之间存在条件关系。因此，条件错误说实际上不利于区分基于欺骗的教唆、帮助等共犯行为与间接正犯的正犯行为。①

第四，条件错误说在形式上结构精密，但这一优点可能反而助长具体罪名的机械运用，失去筛选、澄清的功能。此处以诈骗罪的"赌博诈骗情形"为例进行说明。众所周知，我国刑法理论通说认为诈骗行为包括虚构事实、隐瞒真相两种形式，而大陆法系刑法理论通说认为诈骗罪的基本构造包括以下行为历程，即行为人实施欺骗行为→对方陷入或者维持认识错误→对方基于认识错误作出处分行为→行为人取得或者使第三者取得财产→被害人遭受财产损失。② 不难看出，诈骗罪的基本构造是与条件错误说的判断公式最为接近的具体罪名。张明楷教授认为，"赌博诈骗，是指形似赌博的行为，输赢原本没有偶然性，但行为人伪装具有偶然性，诱使对方参与赌博，从而不法取得对方财物的行为"；在赌博诈骗的场合，行为人客观上设置了不法原因，"如果没有行为人的诈骗行为，被害人不会陷入认识错误，也不可能处分自己的财产"，因此完全符合诈骗罪的构成要

---

① ［日］山口厚：《从新判例看刑法》（第 3 版），付立庆、刘隽、陈少青译，中国人民大学出版社 2019 年版，第 23 页。

② 刘明祥：《财产罪专论》，中国人民大学出版社 2019 年版，第 185 页。

件。① 那么，笔者在此举出两则笔记小说中的前人轶事作为设例，以供参详。《世说新语·任诞篇》记载，东晋权臣桓温年轻时家贫好赌，一次输到山穷水尽，只好求助于赌术高超的好友陈郡袁耽。袁耽在居丧期间乔装打扮去替桓温赌博，对方在开局前挑衅桓温，"你怎么不找陈郡袁耽来救场"，言外之意只有袁耽能翻转赌局，而袁耽直到替桓温赢回赌局才吐露自己的真实身份。② 再如，清代棋圣范西屏棋艺无敌于天下，海内只有施襄夏一人可为抗手；清代《桃花泉弈谱》记载，一日范西屏与人赌棋，事先并不表明身份，以五十金为注，对弈者云集，果然无人能敌，范西屏顷刻间便赢得二百余金。按照上述条件错误说的公式以及赌博诈骗的定义，袁耽、范西屏二人隐瞒了自己的真实身份和实力，使得相对方对该赌博活动的输赢偶然性产生了错误认识，事实上，对方事前确实也明确表明了"如果你是袁耽或范西屏，就不会参与赌博"的"主观真意"，完全符合"如果没有行为人的诈骗行为，被害人不会陷入认识错误，也不可能处分自己的财产"之条件。但是，上述例子中的袁耽、范西屏二人难道要在没有使用违规作弊手段的条件下成立"赌博诈骗"形式的诈骗罪吗？显然不能认可如此荒腔走板的结论。由此可见，条件错误说的精密结构并不能保证在具体各罪的解释和运用中发挥作用，甚至还有可能会不当扩大处罚范围。

　　总而言之，本书认为，条件错误说虽然贵为日本司法判例和刑法理论的通说，不仅在理论效果上存在扩张处罚范围的危险，而且其判断方法和机制也值得怀疑，并不可取；条件错误说在一定程度上忽视了因果关系论和承诺论的不同性质，此为其失。

---

① 张明楷：《诈骗罪与金融诈骗罪研究》，清华大学出版社 2006 年版，第 226 页。

② 《世说新语·任诞第二十三》之三十四："桓宣武少家贫，戏大输，债主敦求甚切。思自振之方，莫知所出。陈郡袁耽俊迈多能，宣武欲求救于耽。耽时居艰，恐致疑，试以告焉，应声便许，略无嫌吝。遂变服，怀布帽，随温去与债主戏。耽素有艺名，债主就局，曰：'汝故当不办作袁彦道耶？'遂共戏。十万一掷，直上百万数，投马绝叫，傍若无人，探布帽掷对人曰：'汝竟识袁彦道不？'"

第四节　法益关系错误说的主张与根据

正如前文所述，由日本最高法院判例发展出来的条件错误说在日本刑法理论中占据通说地位。与此相对，德国的司法判例没有针对受欺骗的承诺之效力问题发展出明确的、统一的标准，这在总体上加重了司法人员的判断负担，"事实法官必须不依赖于在民法中有重要意义的观点，在各个具体案件中，根据对特定情节的相应评价来决定，这种缺乏意志是否，以及在什么范围内，在客观上是值得注意的"。① 在学说上，与民法理论具有明显渊源关系的全面无效说与动机错误说长期具有强大影响，由于全面无效说一概否认受欺骗而承诺的法律效力，导致法益主体的承诺在刑法上的意义大打折扣，而动机错误说在概念上就始终是不清楚的，难以支持统一化、规模化的司法运用。相应的，自 20 世纪 60 年代以后，随着德国医学技术的进一步发展，医事领域的法律问题使得承诺论的研究日趋重要，尤其是存在受欺骗、错误、强迫等意思瑕疵的承诺问题。② 由此，刑法理论摆脱民法理论的支配与影响，独立地研究存在受欺骗、错误、强迫等意思瑕疵的承诺问题，遂成为一项迫切的理论需求。

一　法益关系错误说的基本主张

1970 年，德国学者贡特尔·阿茨特（Gunter Arzt）创造性地提出"与法益有关的错误"的理念，并发展出一种对基于欺骗而承诺的效力予以限定性肯定的理论。根据阿茨特的看法，一种欺骗，只

---

① ［德］克劳斯·罗克辛：《德国刑法学总论》（第 1 卷），王世洲译，法律出版社 2005 年版，第 376 页，边码 68。

② Vgl. Katrin Braun－Hülsmann, Die Einwilligung als Zurechnungsfrage unter Paralleli-sierung zur Betrugsdogmatik, 2012, S.34.

有当其产生"与法益有关的错误"（rechtgutsbezogene Irrtum）时，也就是说，当法益主体对自己所放弃之法益的种类（Art）、范围（Ausmass）或者危险性（Gefährlichkeit）发生错误，而不是仅仅对与期待的回报有关的事项发生错误时，才能使其承诺无效。① 阿茨特的学说被称为"法益关系错误说"。② 在德国，法益关系错误说得到了耶赛克、魏根特、萨姆松、伯克尔曼、埃泽尔、鲁道菲等学者的广泛赞同。③ 日本学者山中敬一于 1983 年将法益关系错误说引入日本，随后佐伯仁志于 1985 年进行了更为详细的介绍和展开;④ 目前，法益关系错误说在日本已经成为条件错误说的强劲论敌，平野龙一、

---

① Vgl.Gunter Arzt，Willensmängel bei der Einwilligung，1970，S.22.

② 此处对"法益关系错误说"的用语略作说明。对于"rechtsgutbezogene Irrtum"一词，我国学者译法多有不同。大部分学者使用"法益关系的错误"或"法益关系错误"的表述，参见张明楷《组织出卖人体器官罪的基本问题》，《吉林大学社会科学学报》2011 年第 5 期；李世阳《刑法中有瑕疵的同意之效力认定——以"法益关系错误说"的批判性考察为中心》，《法律科学》2017 年第 1 期。这可能是直接根据日语"法益関係的错误"借用而来的译法。我国学者迻译日本刑法学著作时，也多直接适用"法益关系错误"这一表述，例如，［日］西田典之:《日本刑法总论》（第 2 版），王昭武、刘明祥译，法律出版社 2013 年版，第 163 页；［日］山口厚:《刑法总论》（第 3 版），付立庆译，中国人民大学出版社 2018 年版，第 169 页。车浩教授则将"rechtsgutbezogene Irrtum"翻译为"法益错误"，参见车浩《德国关于被害人同意之错误理论的新进展》，《环球法律评论》2008 年第 6 期。此处还要指出，"法益关系"应该不是一个独立的概念，要注意避免对"法益关系"一词的误解。实际上，德语词汇"rechtsgutbezogene Irrtum"还原成关系从句的形式就是"der Irrtum，der auf das Rechtsgut bezogen ist"，而日语"法益関係的错误"即"法益に関係する错误"，两者的意思都是"与法益有关的错误"。黎宏教授即使用"与法益有关的错误"这一严谨表述，参见黎宏《刑法总论问题思考》（第 2 版），中国人民大学出版社 2016 年版，第 390 页。本书在行文过程中，考虑到"法益关系错误说"是我国大多数学者已经约定俗成的使用方法，且确实更为简洁清晰，仍使用这一译法作为该学说的名称，但在正文部分和此处都对其含义作出了解释和说明。

③ Vgl.Claus Roxin，Luís Greco，Strafrecht Allgemeiner Teil Band Ⅰ，5.Aufl.，2020，S.696，Fn.261.

④ ［日］山中敬一:《被害人同意中的意思欠缺》，《关西大学法学论集》第 33 卷第 3、4、5 合并号（1983），第 271 页以下；［日］佐伯仁志:《关于被害者的错误》，《神户法学年报》第 1 号（1985），第 51 页以下。

内藤谦、中山研一、川端博、堀内捷三、浅田和茂、山口厚、西田典之、高桥则夫等总体上都采此说。① 在我国刑法学界，黎宏教授首唱法益关系错误说，张明楷教授、付立庆教授等学者总体上都支持该说。② 周光权教授以前倾向于重大动机错误说，目前也已改为支持法益关系错误说。③

本书认为，阿茨特提出法益关系错误说的初衷是，在法益主体受到欺骗而作出承诺的场合，将刑法的保护法益限定于各刑法法规所预先设想的"静态的"法益内容（statisch gedachte Rechtsgut），反对借助承诺理论将刑法的保护范围扩及到"交换自由"（Tauschfreiheit）等内容。在阿茨特看来，刑法保护的是静态的法益，如果法益主体对自己处分的法益有正确认识，而仅仅错误认识了回报（包括可期待的经济利益、相对人的支付能力、支付意愿）等交换条件，如要认为此时承诺无效，那么，此时保护的就不是构成要件所要保护的法益本身，而是在保护法益的交换价值（常见的是经济利益）和法益主体的意思活动自由。阿茨特认为，刑法只保护财产的交易自由，即仅仅保护具有财产价值的各项权益不受欺诈进行交换的自由，非财产性质的法益交换自由并不受刑法的保护。④ 阿茨特在提出法益关系错误说时，列举了一个著名的教学案例。

［例9］［给钱打人案］甲对乙素有积怨，某日向乙提出，如果乙同意让甲猛扇一个耳光，甲就付给乙1000马克。乙贪于重利同意了甲的提议。甲在如愿发泄之后没有支付乙约定的对价。

① ［日］山中敬一：《刑法总论》（第3版），成文堂2015年版，第218页；［日］佐伯仁志：《刑法总论的思之道·乐之道》，于佳佳译，中国政法大学出版社2017年版，第183页；［日］高桥则夫：《刑法总论》，李世阳译，中国政法大学出版社2020年版，第293页。

② 黎宏：《被害人承诺问题研究》，《法学研究》2007年第1期；张明楷：《刑法学（上）》（第六版），法律出版社2021年版，第298页；付立庆：《刑法总论》，法律出版社2020年版，第185页。

③ 周光权：《刑法总论》（第四版），中国人民大学出版社2021年版，第233页。

④ Vgl. Gunter Arzt, Willensmängel bei der Einwilligung, 1970, S.17, 18.

阿茨特认为，该案例中的甲并不构成伤害人身健康的犯罪。阿茨特首先指出，无论甲是就其支付能力或是支付意愿进行了欺骗，从原理上讲，乙基于该欺骗而作出的承诺应该是无效的，甲也要因为伤害人身健康（Körperverletzung）而受到处罚。但是，阿茨特认为，如果以伤害人身健康的犯罪处罚甲，受到保护的不是乙的身体的完整性（Körperlichen Integrität），而是乙对甲所约定的反对给付的求偿权。因为乙对于甲扇自己耳光的法益侵害事实具有认识，并且接受了甲的行为，那么此时乙就已经对甲放弃了人身健康法益，该法益自然就不再是保护对象（或者说失去了"要保护性"）；在这种条件下还对甲处以刑罚，所保护的自然就是甲的欺骗行为实际指向的、乙欲求而未得的反对给付了。阿茨特严肃指出，乙所应得的反对给付这种利益，不应该存在于伤害人身健康犯罪的构成要件之中。明明是因为乙连一芬尼（德国货币单位，100 芬尼等于 1 马克）都没有从甲那里获得，就假伤害人身健康的犯罪之名对甲处以两周的自由刑，这显然是不合理的。① 相反，如果对［例 9］［给钱打人案］稍加改动，甲以 1000 马克为价，换取乙同意接受耳光，但甲却戴上戒指猛扇乙一个耳光致使乙受伤，即使甲事后如约支付1000 马克，甲也应该成立伤害人身健康的犯罪。此时，乙对自己所承诺受损的人身健康法益的射程、效果及影响存在错误认识，而这一错误认识是由于甲的欺骗行为所引起，动用伤害人身健康犯罪的构成要件进行保护就是理所应当。②

由此可见，阿茨特将刑法保护的法益在性质上划分为"状态（存立）的保护"与"交换的自由"，③ 或者说，阿茨特严格划分了

---

① Vgl.Gunter Arzt, *Willensmängel bei der Einwilligung*, 1970, S.18.

② Vgl.Gunter Arzt, *Willensmängel bei der Einwilligung*, 1970, S.20.

③ ［日］盐谷毅：《被害者的承诺与自己答责性》，法律文化社 2004 年版，第33 页；［日］森永真纲：《被害者承诺中的欺罔与错误（一）》，《关西大学法学论集》第52 卷第 3 号（2002），第 204 页。

"法益"本身和"法益处分自由"之间的界限；① 并且严格约束相应的刑法具体各罪条文只能处罚侵害其保护法益本身的行为，而不得超出构成要件保护范围处罚针对"交换自由""法益处分自由"的侵害行为。要言之，不能将实际上未受到损害的各具体构成要件的保护法益，转变成一般的、不受欺瞒的意思自由而予以保护。② 即便是法益关系错误说的论敌亦对法益关系错误说的上述宗旨具有清楚的认识。正如日本学者井田良所评价的，法益关系错误理论的目的与理论诉求，就是"通过将欺骗与错误的对象限定于相应刑罚法规的保护法益，而试图避免处罚根据该刑罚法规的法益保护目的而无法说明的情形。"③

二　法益关系错误说的主要根据

在法益关系错误说的提出者阿茨特看来，当欺骗行为人针对法益进行欺骗时，法益主体的错误认识属于"欠缺对含义的认识"（Bedeutungsunkenntnis）。④ 言外之意，就是法益主体对自己所承诺的事项并没有认识，而非对与相对人有关的事项存在错误认识。阿茨特正是以"欠缺对含义的认识"为出发点而论述法益关系错误说的立论根据。

首先，阿茨特认为，一个真实、有效的承诺常常包含着对一项法益的放弃在内。⑤ 这表明，阿茨特将被害人承诺的正当化根据求诸于法益主体放弃了自己的利益，该利益在规范上失去了要保护性

---

① ［日］小林宪太郎：《所谓的"法益关系的错误"的意义与界限》，《立教法学》第 68 号（2005），第 31 页。

② ［日］佐伯仁志：《关于被害者的错误》，《神户法学年报》第 1 号（1985），第 59 页；［日］高桥则夫：《刑法总论》，李世阳译，中国政法大学出版社 2020 年版，第 293 页。

③ ［日］井田良：《刑法总论的理论构造》，成文堂 2005 年版，第 199 页。

④ Vgl.Gunter Arzt, Willensmängel bei der Einwilligung, 1970, S.19.

⑤ Vgl.Gunter Arzt, Willensmängel bei der Einwilligung, 1970, S.18.

（利益放弃说）。在坚持被害人承诺的正当化根据是"利益放弃说"的基础上，为肯定承诺的效力，就必须要求法益主体对所放弃的法益存在认识与预见，并且，至少对这种法益侵害要予以容忍。在法益主体对所放弃的法益并不具有完全的认识、预见的场合，就是能够肯定"法益关系错误"的场合。存在法益关系错误的场合，法益主体原本就没有认识到其所承诺的、交由行为人损害的利益，自然也就不存在法益主体准备或已经放弃的利益，客观上也就自始无承诺可言。这是法益关系错误说的立论基础。① 概而言之，法益关系错误说的根据是，在法益主体正确地认识了相应构成要件所保护的法益，并自由地放弃的场合，该项法益在相应事态中失去了要保护性，因此没有处罚相对人的正当性与必要性；如果以法益主体主观上存

---

① 此处需要说明的是，法益关系错误说并不是只能以"利益放弃说"为基础，即便是认为被害人承诺的正当化根据在于法益主体的承诺使得行为人的行为失去了"法益侵害性"，也能顺畅地说明法益关系错误说的立论根据。例如，支持法益关系错误说的山口厚教授认为，"即便属于一般引起法益侵害的事态，仅在此事态与法益主体的（没有瑕疵的）意思相符合的限度内，不能肯定此类事态的法益侵害性。即，反而言之，在被引起的事态与法益主体的意思不相符合的场合（比如，以为仅仅是被木质球砸到这一轻微的物理力的时候，实际上受欺骗而被铁球砸到这样的重大的物理力作用的场合），此类事态不会丧失其法益侵害性，也意味着能够肯定引起了法益侵害。"详见［日］山口厚《从新判例看刑法》（第 2 版），付立庆、刘隽译，中国人民大学出版社 2009 年版，第 24 页。山口厚教授认为，基于"法益侵害失去了侵害性"的说明更有说服力。这是因为，现实生活中可能存在着法益主体并不是对于法益侵害的全体予以承诺，而只是限定在对一定强度的法益侵害予以承诺的情形。比如前括弧内容中的"铁球砸脚事例"，要是认为法益主体放弃了对脚的保护的话，就会肯定法益主体对铁球砸脚也予以了承诺。这显然不合理。在"铁球砸脚事例"中，法益主体承诺的对象是"木球"而非"铁球"所行使的物理力造成的伤害。在判断是否存在承诺时，关键在于能否肯定引起了所设想的法益侵害，也就是说，判断是否存在承诺的基准并非单纯的"法益"，而是具体的"法益侵害"。在此意义上，所谓"法益关系错误"，更为正确的说法应该是"法益侵害关系的错误"。详见［日］山口厚《"法益关系的错误"说的解释论的意义》，《司法研修所论集》总第 111 号（2003-Ⅱ），第 100 页。应当肯定，山口厚教授在"法益侵害性丧失说"的基础上也对法益关系错误说进行了透彻的说明。但是，"铁球砸脚事例"与"戴戒指扇耳光事例"实际并无区别，"利益放弃说"也能给出说明。

在其他错误为理由而认定承诺无效，并对相对人加以处罚的话，实质来看，要么是将相应构成要件所保护的法益偷换为其他法益，要么就是保护"不受欺骗的意思自由"，这些都是不妥当的。

其次，阿茨特认为，前引［例9］［给钱打人案］看似只是普通的、单纯的教学案例，但其所指示的问题意识却对将来的社会生活具有重要性。在该事例中，对欺骗行为人甲处以刑罚的主张实际上包含了这样一种可能性，即借助于承诺论这一理论内容，刑法既可以将对人格权的保护变换成物的保护，也可以将物的保护变换成人格的保护，刑法的保护重心在二者之间来回流转，唯视需要而定。显然，阿茨特在此已经敏锐捕捉到了一个现代社会问题，那就是社会发展过程中出现了日趋增长的人格利益商业化问题。对此，刑法应该如何应对？阿茨特在此展示了个人的卫道精神，他指出，刑法不能助长高度的人格利益（die höchstpersönlichen Güten）成为交换的对象。这是因为，在民法上，就高度的人格利益进行交易而产生的请求权，会因为该交易违反公序良俗而不予保护；一旦刑法强力干涉介入，那么这一项在民法上都不受保护的请求权便借助于刑法理论的承诺论而受到法律保护，为法秩序所承认了。这是明显不合理的。① 像生命、身体这样的一身专属的法益，不能作为交换价值而保护，而必须是作为自我目的的这些利益本身而加以保护。对于民法所认可的人格利益与物质利益的部分交易，当法益主体在放弃人格利益却没有获得金钱补偿或存在经济损失时，阿茨特认为刑法在诈骗罪的构成要件范围内对法益主体加以保护也是可能的，但仍然不能通过伤害人身健康等保护人格利益的犯罪保护法益主体。例如，一般而言，有偿献血是法律所允许的，假设某献血者的目的就是为了领取医院提供的营养餐来果腹，或者领取高额的献血报酬，结果献血后却未能如愿，医院的欺骗行为就可以通过诈骗罪加以处罚，

---

① Vgl.Gunter Arzt，Willensmängel bei der Einwilligung，1970，S.20.

但仍不能动用伤害罪处罚医院。①

再次，立法永远是刑法解释论的指导性前提，实定法也总是刑法教义学不能超越的基础和框架。阿茨特认为，是否区分"法益关系错误"与其他错误的立场背后，涉及一个教义性的重大问题：如果能够认为，欺骗行为人所提供的对价、许诺的条件、内在的态度都可以与法益主体放弃、处分法益的自由意愿结合在一起，作为交换的利益（Tausschinteresse）在刑法上加以概括的保护，那么，立法者以精细的立法技术在刑法分则中艰难地区别各个具体法益、设计不同罪刑规范的做法就变得毫无意义了。这里受到模糊的不仅仅是人格权利与财产权利之间的界限，各项人格权之间的界限也被模糊甚至被取消了。试想，假如欺骗行为人可以用金钱等物质利益换取法益主体的人身健康完整性、名誉、行动自由、隐私等人格利益，那么，刑法分则还需要细致地规定不同种类的人格利益吗？人们可以借助承诺论，以一个概括性的构成要件涵括对这些人格利益的整体保护即可，或者是，将这些未能获得足额报酬的情形干脆都以诈骗罪进行保护。② 在此，阿茨特的问题意识实际上已经指向了承诺论逾越罪刑法定界限之危险迹象。佐伯仁志教授在向日本刑法学界介绍法益关系错误说的理念时，对阿茨特此处的问题意识及立场予以认可和赞赏，认为该说最强大的理由就是罪刑法定主义。根据罪刑法定主义，既然刑法对各个构成要件的保护法益予以区别规定，那么在法益主体受欺骗而承诺的场合，考虑、认定法益侵害的内容就必须对刑法的区别规定予以尊重。③

最后，刑法对于法益之外的其他利益的保护必须克制、谦抑，而达致这种谦抑性、克制性的理论就是法益关系错误理论。④ 即便我

---

① Vgl.Gunter Arzt, Willensmängel bei der Einwilligung, 1970, S.21.

② Vgl.Gunter Arzt, Willensmängel bei der Einwilligung, 1970, S.20, 21.

③ ［日］佐伯仁志：《关于被害者的错误》，《神户法学年报》第 1 号（1985），第 59 页。

④ Vgl.Gunter Arzt, Willensmängel bei der Einwilligung, 1970, S.22.

们认为欺骗行为人通过狡诈的欺骗手段获得的承诺是不道德的，刑法也不应该尝试强力介入私法领域的交易自由问题，这一点阿茨特在反对高度人格利益商业化之时，已经有所论及。阿茨特提出的法益关系错误说在学说上常常被简单地评价为一种针对全面无效说的"限制性学说"（eine einschränkende Lehre），[①] 其实限缩处罚范围只是表面的理论效果而已，阿茨特本人的态度是严守法秩序的统一性原理，并恪守比例原则，坚持刑法的任务只是辅助性的法益保护，是法益保护应当最后考虑的手段。

三 法益关系错误说的理论意义

将法益关系错误说与前文所述的全面无效说、动机错误说、条件错误说进行比较，仅在直观上便能发现四者的显著不同。后三者或源远流长，或辞有明典，或作成于司法判例，其学说发明者皆湮灭而不可考，而阿茨特以一己之力首先提出法益关系错误说，学术影响力远播于他国，与各国通说迅速分庭抗礼，历五十年而不衰。"言而无文，行之不远"，法益关系错误说如果没有坚实的合理性基础，或者偏离正确的思考进路，也就不可能具有这样的发展成果。至今，德国学者普遍认为，对于瑕疵承诺问题的刑法教义学研究而言，阿茨特的法益关系错误说具有关键性的启发意义，也可以说是刑法教义学集中讨论瑕疵承诺问题的关键节点；[②] 甚至认为刑法教义学的承诺论的学术史可以分为两个部分，其时间节点就是阿茨特发表《承诺中的意思欠缺》的 1970 年；在此之前，刑法教义学的承诺论不过是沿袭着罗马法时代就存在的基础观念，阿茨特所提出的

---

① Vgl.Claus Roxin，Luís Greco，Strafrecht Allgemeiner Teil Band Ⅰ，5.Aufl.，2020，S.696，Rn.98.；付立庆：《有关被害人受骗同意的几个问题》，《刑事法评论》第 42 卷（2018 年第 1 期），第 422 页；张明楷：《外国刑法纲要》（第三版），法律出版社 2020 年版，第 149 页。

② Vgl.Thomas Rönnau，Willensmängel bei der Einwilligung im Strafrecht，2001，S.278.

"法益关系错误说"堪称学说发展的分水岭。[①]

上述赞誉往往加之于在某一领域首开新局或者独树一帜的学说，法益关系错误说膺此殊荣，得非虚誉乎？在法益关系错误说提出之前，戈尔茨提出排除构成要件该当性的同意不受意思瑕疵的影响，而阻却违法性的承诺却不能存在意思瑕疵，其实是以刑法对具体构成要件的规定作为处理法益主体的意思瑕疵的标准。[②] 戈尔茨的"区分说"仍是承诺论中绕不开的理论，却在瑕疵承诺问题上日趋式微。动机错误说早于法益关系错误说问世，而且动机错误说也是根据法益主体错误认识的内容来判断受欺骗承诺的效力，但动机错误说没有获得与法益关系错误说相当的赞誉和影响力。为什么阿茨特的一家之言会具有如此重要的学术影响力？

对此，不妨以动机错误说为参照系，说明法益关系错误说的理论意义。阿茨特在提出法益关系错误说之时，始终将法益主体对反对给付的错误期待等内容排除在具有重要性的错误范围之外。动机错误说则认为，法益主体对反对给付的期待，也可以归类为目的、缘由等"动机"，都是法益主体形成意思决定的条件。日本学者盐谷毅在批判动机错误说时，直接质疑动机错误说的独立地位；他指出，如果所谓的动机错误说就是主张"但凡动机错误则承诺有效"的话（也就是传统的动机错误说），其反面推论自然就是"仅在有意义内容的错误的场合承诺方才无效"，那动机错误说不过就是法益关系错误说的另一个侧面，甚至可以认为是与法益关系错误说是同样的学说。[③] 事实上，不少日本学者在理解法益关系错误说时，都有将动机

---

① Vgl. Katrin Braun – Hülsmann, Die Einwilligung als Zurechnungsfrage unter Parallelisierung zur Betrugsdogmatik, 2012, S. 32 ff.

② Vgl. Thomas Rönnau, Willensmängel bei der Einwilligung im Strafrecht, 2001, S. 180ff.

③ ［日］盐谷毅：《被害者的承诺与自己答责性》，法律文化社 2004 年版，第 31 页。

错误与法益关系错误理解为表里关系的倾向。① 显然，盐谷毅教授提出了一个值得思考的重要问题：如果法益关系错误说果真是动机错误说的另一侧面，那么，后出的法益关系错误说就应该是在先的动机错误说的重申或补充而已，应当是法益关系错误说的独立意义存疑，为何反而是动机错误说的独立地位存疑？更进一步的问题就是，动机错误说与法益关系错误说是表里关系，那么动机错误说所面临的种种批判是否在二者之间"通用"？如果不"通用"，则法益关系错误说较之动机错误说有何先进之处？这些问题都有助于阐明法益关系错误说的理论意义，必须认真回应。

首先可以肯定的是，法益关系错误说与动机错误说并非同一种学说。的确，法益关系错误说与动机错误说会得出重合的结论，认为"动机错误·法益关系错误"属于互为表里的并立结构也未尝不可。但是，如果仅因为双方的表里关系就认为二者是相同的学说，就取消其中任何一者的独立性，则是过于偏激的错误做法。在刑法理论中，互为表里关系的学说不乏其例，例如，故意论与错误论就是互为表里关系，错误论是阐明故意的最低限度的认识内容、要件的理论，错误论的实际问题就是在行为人所认识之事实与现实上所发生的构成要件结果不一致时判断是否成立故意犯罪。② 但是，理论上虽然存在将故意论与错误论一体把握、融合贯通的研究进路，却没有人否认故意论与错误论的独立地位。由此可见，互为表里关系的理论学说虽然在问题意识的指向及最终的理论效果上高度一致，

---

① ［日］齐藤诚二：《基于欺罔的承诺》，收录于《刑事法学的历史与课题：吉川经夫先生古稀祝贺论文集》，法律文化社 1994 年版，第 169 页；［日］小林宪太郎：《所谓的"法益关系的错误"的意义与界限》，《立教法学》第 68 号（2005），第 31 页；［日］吉田敏雄：《被害者的同意中的意思瑕疵》，收录于《山中敬一古稀祝贺论文集（上卷）》，成文堂 2017 年版，第 246、247 页。

② ［日］川端博：《刑法总论·集中讲义》，余振华译，甘添贵监译，台湾元照出版公司 2008 年版，第 54 页；［日］山口厚：《刑法总论》（第 3 版），付立庆译，中国人民大学出版社 2018 年版，第 215 页。

也并不能就此否定各个学说相互之间的独立性。毋宁说，互为表里关系的学说之所以仍能保有各自的独立性，"即使是相同的问题意识与研究结论，但却是以不同的考察进路和理论根据加以说明"，就是最为核心的原因，这一点必须清楚地说明。

既然互为表里关系的学说能分出彼此，那便能分出长短高下。法益关系错误说与动机错误说就难以等量齐观，法益关系错误说是优越于动机错误说的学说。

从功利的视角来看，动机错误说与法益关系错误说都可以说是一种"限制性学说"，都是要将一部分受欺骗承诺的情形排除出处罚范围。在表面上看来，法益关系错误说只是从正面积极地明确，当法益主体对法益放弃的种类、范围或危险性发生错误时，应当否定承诺的效力，而动机错误说是从反面消极地排除，当法益主体只是动机上存在错误时，不能否定承诺的效力。这样进行比较容易造成一种错觉，似乎法益关系错误说与动机错误说的高下，是由于正向与反向、积极与消极这种说明进路的方向存在优劣之分。

但本书想要指出的是，任何一种理论的优劣并不能用研究进路的正向反向、积极消极来评判，因为正向反向、积极消极之间本来就没有优劣之分。此处以因果关系论领域的必要条件说与合法则的条件说进行比较。众所周知，必要条件说是以"非 P 则非 Q"这种消极的、反向的排除公式来确认行为与结果之间的因果关系，而恩吉斯提出的"合法则条件公式"则是按照自然法则或科学法则正向判断一个行为与紧随其后发生的外部世界变化之间的因果联系。① 很多学者认为，合法则的条件说优越于必要条件说的条件关系公式，而且，有学者更是直接认为，合法则的条件说是因为正向的、积极的认

---

① ［德］汉斯·海因里希·耶赛克、托马斯·魏根特：《德国刑法教科书》，徐久生译，中国法制出版社 2009 年二刷，第 339—346 页。

定方式而优越于必要条件说反向的、消极的排除方法。① 不过，这种见解是不能成立的。从归因认知过程的起点上来看，条件关系公式和合法则的条件说在归因认知上的起点是相同的，都必须首先找到与结果发生在时间上、空间上接近的、协同变化的因素，二者只是方法不同而已，不能说合法则的条件说具有发现、说明因果关系的功能，而条件关系公式不具有；合法则条件说的自然科学法则、社会科学法则对因果关系的解释力其实并不充分，必要条件说的条件关系公式虽然是反向的排除法，在认定上反较正向解释的合法则条件说要清晰；时至今日，合法则条件说仍然不能取代必要条件说，条件关系公式仍然是使用最广泛的因果关系判断方式。② 由此可见，研究进路、考察方法的正向反向、积极消极并不具有决定学说高下、优劣的魔力。法益关系错误说之所以优越于动机错误说，另有更为深刻的原因。

前文曾经指出，动机错误说有两大硬伤：一是"动机错误"概念缺乏明确性，内涵与外延都不清楚；二是借重民法学的成熟理论与规范效力，却无法解释为何要以移花接木的手段掩人耳目。动机错误说没有回答也无法回答，在刑法上，为什么法益主体受欺骗而放弃法益时，如果法益主体的错误认识属于动机错误就不需要处罚欺骗行为人。

阿茨特提出的法益关系错误说与动机错误说相比，不仅仅是"放弃法益的种类、范围或危害性"这一标准较之"动机错误"概念更加清晰。诚如山口厚教授所指出的，提出"法益关系错误"这一标准的进步意义在于，"在将基于错误之同意的效果作为问题之

---

① ［德］埃里克·希尔根多夫：《德国刑法学：从传统到现代》，江溯、黄笑岩等译，北京大学出版社 2015 年版，第 274 页；庄劲：《客观归责理论的危机与突围》，《清华法学》2015 年第 3 期。

② 杜治晗：《假定的因果关系反思：具体问题与归因思维》，《刑事法评论》第 40 卷，第 42 页；邹兵建：《合法则性条件说的厘清与质疑》，《环球法律评论》2017 年第 3 期。

际，法益关系错误说将否定承诺效果意义上的'重要'错误，通过'法益关系性'这一客观的基准予以限定"。① 详言之，从错误的内容、类型等客观角度出发确定基于欺骗之承诺是否有效的判断基准，可以避免因为法益主体的主观意思的随意所带来的不确定性，这本是动机错误说、法益关系错误说优越于全面无效说、条件错误说之处。不过，法益关系错误说将这种客观的判断标准进一步落实在"法益"上，而法益主体的承诺就是法益主体对个人法益的处分，法益关系错误说是真正聚焦于问题的核心，将判断标准牢牢固定在承诺论的根基上。而且，法益关系错误说并不是在"法益"的大旗下狐假虎威，而是重视法益对刑法分则各个具体罪名的定型机能，认为各个具体构成要件的基本任务就是保护各个具体法益之存续，使理论主张立足于坚实的刑法学理论根据之上。相比之下，动机错误说所做的工作就是尝试在附随事实中挑肥拣瘦，脱离了承诺论的根基和问题核心。这才是法益关系错误说的核心意义和核心优势。

此外，动机错误说几乎是完全借助自罗马法以来的民法理论和观念才将"动机错误"排除在处罚范围之外，于排除的根据完全不能设一辞。戈尔茨的"区分说"将刑法对具体构成要件的规定作为处理瑕疵承诺的形式标准，虽然已经步入刑法之门，却停留在形式标准上，未能从刑法学理上提出实质标准，登堂而未入室。阿茨特以利益放弃说、法益的构成要件定型机能、刑法的谦抑性等刑法教义学内容，堂堂正正地回答了，为什么在法益主体受到欺骗时，刑法不处罚全部的欺骗行为人。阿茨特完全没有借助刑法教义学之外的理论资源论证法益关系错误说的合理性根据，应当承认是阿茨特及法益关系错误说赋予了"受欺骗承诺的法律效力"这一理论问题以刑法问题的品格，使之在刑法教义学的体系内"本土化"；正因如此，有德国学者以革命史的书写方式评价阿茨特的法益关系错误说，

① ［日］山口厚：《法益关系错误说的解释论的意义》，《司法研究所论集》第 111 号（2003-Ⅱ），第 98、99 页。

是将承诺论从罗马法的统治中解脱出来的划时代的里程碑理论。① 法益关系错误说确实当之无愧。

第五节　本章小结

以上的整理与说明还不是与"受欺骗承诺"问题有关的学说全貌。以上各说如果从判断方法和观察角度进行分类，大致可以归纳为主观说和客观说两种方向。主观说以"法益主体本人对与法益处分有关的事实重视与否"作为判断基准，全面无效说、条件错误说（主观真意说）可以归入其中；客观说是以"与欺骗或错误有关的事实哪些在规范评价上具有重要性"作为判断基准，动机错误说、法益关系错误说都属于此一范围。② 需要说明的是，对于全面无效说、动机错误说及条件错误说，本书以较大篇幅提出了诸多批判性意见，对于法益关系错误说则颇有溢美之词，这并不代表本书全盘否定前三者之理论价值，而无条件肯定法益关系错误说的理论主张。前文已述，无论是全面无效说、动机错误说还是条件错误说，都没有石化为学说史上的理论陈迹；而法益关系错误说虽然光华夺目，却始终难以成为理论和司法实务的通说，非但遭到了全面无效说、条件错误说、动机错误说的顽强抵抗，也受到后来学说的挑战。应当说，全面无效说、动机错误说、条件错误说及法益关系错误说共同奠定了"受欺骗而承诺的刑法效果"这一课题的基础框架；法益关系错误说并没有提出一个终极性的解决方案，相反是引发了新的观点碰撞。因此，后文就首先以法益关系错误说所受的种种批判及其修正为核心内容进一步展开。

---

① Vgl. Katrin Braun-Hülsmann, Die Einwilligung als Zurechnungsfrage unter Parallelisierung zur Betrugsdogmatik, 2012, S.210, 209.

② ［日］盐谷毅：《被害者的承诺与自己答责性》，法律文化社 2004 年版，第 23、24 页。

第 二 章

法益关系错误说的困境及其修正

正如前文所述，法益关系错误说一经提出便得到了不少学者的认同，一时洛阳纸贵。但是，德国刑法学界对法益关系错误说的质疑与批判始终没有停止过。法益关系错误说在进入日本刑法理论之后也迅速成为有力说，但日本刑法通说和司法判例仍然坚持条件错误说。事实上，日本学者在引进法益关系错误说时，便认识到不可全盘继受阿茨特之原旨，"尽管从规范的见地出发客观地对欺骗和错误的重要性予以判断是妥当的，但却不能原封不动地接受阿茨特所主张的法益关系错误说"①。法益关系错误说在其原产地及继受国均不能堂堂正正地成为通说，自然是因为其理论自身仍有不足之处。山中敬一教授是将法益关系错误说引入日本刑法理论的"冰人"，他的态度很有代表性："基本上说来，法益关系错误说是妥当的，但仅仅根据是否法益关系错误又是不充分的。"② 松原芳博教授也认为："对法益本身不存在错误的，是否总能认定存在有效的同意，对此仍有进一步探讨的余地。"③ 日本学者继受法益关系错误说的审慎态度

---

① ［日］森永真纲：《被害人承诺中的欺罔与错误（一）》，《关西大学法学论集》第 52 卷第 3 号（2002），第 206 页。

② ［日］山中敬一：《刑法总论》（第 3 版），成文堂 2015 年版，第 218 页。

③ ［日］松原芳博：《刑法总论重要问题》，王昭武译，中国政法大学出版社 2014 年版，第 107 页。

在理论上值得注意。法益关系错误说确实能够避免全面无效说、条件错误说和动机错误说所存在的会导致处罚范围过大等问题，但仍有必要认真检视来自其他观点的质疑和批判。比如说，法益关系错误说是否走向了另一个极端，会导致处罚范围过窄？法益关系错误说是否针对所有的事例类型都能得出妥当结论？其他学说所存在的标准不明确问题，法益关系错误说真的解决了吗？对此予以检视，有助于获得对法益关系错误说的全面认识。

第一节　法益关系错误说所受批判之概观

理论上普遍承认，阿茨特将能够否定法益主体之承诺效力的欺骗内容限制在"法益的种类、范围及危险性"这一范围之内，是果断而大胆的理论尝试；另一方面，理论上也普遍认为，如果原原本本地根据阿茨特的"法益关系的错误"之原旨处理问题，只要是无法纳入法益关系错误范围的场合便只能承认承诺有效，进而否定犯罪的成立，这在某些具体的事例中，往往会得出让人无法接受的处理结果。罗克辛教授在积极肯定阿茨特说的同时也指出，阿茨特的观点过于激进，不能把承诺的无效性仅仅局限于涉及法益的错误之上。[1] 概括而言，理论普遍质疑阿茨特的法益关系错误说在有关反对给付、利他目的及紧急事态等三个场合，过分限制了处罚范围。[2]

一　未能合理处理有关反对给付的欺骗

正如前文所述，阿茨特以"利益放弃说"作为承诺的正当化根

---

[1]　Vgl. Claus Roxin, Strafrecht Allgemeiner Teil Band Ⅰ, 5. Aufl., 2020, S. 699, Rn.104.

[2]　Vgl. Katrin Braun-Hülsmann, Die Einwilligung als Zurechnungsfrage unter Parallelisierung zur Betrugsdogmatik, 2012, S.212.另参见［日］盐谷毅《被害者的承诺与自己答责性》，法律文化社2004年版，第32页。

据，同时坚持法益的构成要件定型性机能，以此为基础提出了"法益关系错误说"的核心主张：在法益主体受到欺骗的场合，只有当法益主体对自己在什么范围内放弃了某种特定法益没有认识，才能动用以保护该特定法益为目的的构成要件处罚欺骗行为人。阿茨特划分"法益关系错误"的范围，首要的着力点便是将法益主体对法益处分的"反对给付"（Gegenleistung）之错误认识与期待排除出保护范围，也就是区分有关法益关系的欺骗（rechtsgutsbezogene Täuschung）与有关反对给付的欺骗（gegenleistungsbezogene Täuschung）。① 根据阿茨特的意见和方案，法益主体对欺骗行为人所许诺的反对给付的误认误信，并不排除法益主体的意思自治。根据刑法立法者的安排，法益主体对反对给付的误信误认是另外受到德国刑法第 263 条诈骗罪的构成要件之保护。阿茨特在涉及个人人身法益、人格法益的场合，对于"法益"与"反对给付"之间的区分尤其严格，在法益主体为了某种反对给付而捐弃自己的人身法益、人格法益的场合，其对反对给付的误认误信甚至不能获得诈骗罪的保护。阿茨特认为，如果因为法益主体没有获得所期待的反对给付就否定其放弃某种法益的承诺之效力，那么就是超出与德国刑法第 263 条诈骗罪有关的界限，间接地在不同的具体构成要件中保护该反对给付；在涉及人身法益、人格法益的场合，就会以刑法助长人身权、人格权的"商业化"，这是立法者所不愿意看到的，同时也是在刑事政策上不值得追求的。

阿茨特固然将"有关法益关系的欺骗"和"有关反对给付的欺骗"完全切割清楚了，但从文献上看，阿茨特对待反对给付的严苛态度是反对论者集中攻讦的对象和目标。

首先，有学者质疑阿茨特对"法益关系错误"与"反对给付错误"之区分的整体设想。德国学者 Katrin Braun-Hülsmann 认为，在该区分框架下的案例处理结论是相当奇怪的。即以阿茨特所承认的

---

① 王世洲教授将"Gegenleistung"直译为"回报"，我国大陆及台湾民法学者译为"对待给付"，日本学者将"Gegenleistung"多译为"反对给付"，本书从后者。

能够肯定诈骗罪成立的欺诈献血事例来说，从欺骗行为人的角度来看，其目的在于获取献血者的血液，其欺骗行为是针对献血者的身体完整性而为的，对献血者而言，其身体完整性的损害也是始终存在的。因此，在这一事例中应该是存在着一个针对身体完整性的犯罪，最后却以一个以交易为保护内容的诈骗行为进行处理。在Hülsmann 看来，阿茨特所提出的"法益关系错误·反对给付错误"（或"存在的保护·交换的保护"）的对立框架对"有关反对给付的欺骗"的事例处理，是将欺骗行为人的可罚性与法益主体的保护都交给与之关系最远的犯罪构成要件进行处理。Hülsmann 继而认为，从表面上看，阿茨特的法益关系错误说及其区分标准张扬了相应法益所对应的各本条的构成要件定型性价值，并且以诈骗罪为辅助，可以处罚有关反对给付的欺骗行为。但是，这无疑将诈骗罪的构成要件当成了一个收容的"箩筐"（Auffangbecken）。诈骗罪并不是处理有关反对给付的欺骗行为的堵截性罪名，而且诈骗罪也无法承担堵截任务——有关回报的欺骗行为也不可能全部符合诈骗罪的构成要件。法益关系错误说在此会形成处罚漏洞。[①] 根据阿茨特的设想，法益主体对欺骗行为人所许诺的反对给付的错误统一由德国刑法第 263 条诈骗罪进行保护，但 Hülsmann 对此设想提出了尖锐的质疑，认为阿茨特的设想既无历史沿革的解释根据，也没有立法说明书的主观的目的解释线索，只能视为一家之言。诈骗罪在德国刑法各论中的确是与欺骗直接相关的立法罪名，但这只是说明诈骗罪是保护在财产领域遭受交易失败的法益主体，在其他的犯罪类型中也完全可以进行这样的安排，保护在该领域遭受交易失败的法益主体。[②]

---

① 　Vgl. Katrin Braun‐Hülsmann, Die Einwilligung als Zurechnungsfrage unter Paralleli‐sierung zur Betrugsdogmatik, 2012, S.213, 214.

② 　Vgl. Katrin Braun‐Hülsmann, Die Einwilligung als Zurechnungsfrage unter Paralleli‐sierung zur Betrugsdogmatik, 2012, S.215.

其次，理论上对阿茨特最集中的质疑是，法益关系错误说仅仅能够保护受到有关"法益关系"的欺骗的法益主体，简直"网漏吞舟之鱼"。德国学者阿梅隆（Knut Amelung）认为，法益关系错误说对"有关反对给付的欺骗"之处理，可能会造成法理上不可忍受的处罚漏洞和空隙。对于［例9］［给钱打人案］，根据法益关系错误说，不能按照伤害罪处理，至多能够论以诈骗罪。但是，如果不能认定行为人具有"非法获利目的"，则诈骗罪也同样无法成立。① 一个通过恶意欺骗而伤害他人的行为，既无法处以伤害罪也无法构成诈骗罪，结果竟然是不处罚。阿梅隆认为，法益主体在"反对给付"方面受到欺骗而处分法益时，其处分行为表明的意义是，所牺牲的法益对法益主体而言仅具有"相对性的价值"；但是，如果容忍上述处罚漏洞的存在，那么在规范评价上法益主体所牺牲的法益就会变成"从一开始就是没有价值的"。② 这样的规范评价和认定结果，无疑是有违法益主体个人的价值评价和价值体系的。阿梅隆还认为，在有关回报的欺骗的场合，阿茨特及其法益关系错误说将一切与法益无关的错误承诺一概视为有效，等于从一开始就关闭了引起损害

---

① 德国刑法第 263 条诈骗罪规定，构成诈骗罪的行为人主观上必须有"意图为自己或第三人不法获取财产利益"的目的。本来，使自己或第三人免除债务的也属于"获得财产利益"；因此，撇开此处以耳光交换金钱的债权债务关系是否属于受保护的财产利益不谈，行为人打完耳光后不支付金钱的行为也能够成立"不法获取财产利益"。问题在于，德国刑法理论和司法判例要求诈骗罪的行为人必须是以一级直接故意的心态蓄意追求获取财产利益；行为人并非为了追求财产性利益进行欺骗，但却又作为欺骗行为的必然附随结果因此获得了财产利益的，是否能够认定具有获利目的，目前仍然存在争议。在［例9］［给钱打人案］中，行为人并非为了逃避支付 1000 马克而进行欺骗，其蓄意追求的目的是殴打承诺人，逃避支付 1000 马克也并非实现其目的的必要中间步骤，只是其欺骗行为的必然附随结果。行为人毋宁只是认识到了自己必然不会支付 1000 马克，因而只是对逃避支付具有二级直接故意的心态。应当是基于上述考虑，阿梅隆教授认为行为人可能不具有"非法获利目的"。以上分析内容参见王钢《德国判例刑法（分则）》，北京大学出版社 2016 年版，第 228 页。

② Vgl. Knut Amelung, Willensmängeln bei der Einwilligung als Tatzurechungproblem, ZStW 109（1997），S.499.

的欺骗者的答责可能，而这是不合理的，类似的欺骗者几乎都不值得保护，需要以伤害罪进行处罚。①

按照阿茨特的设想，对于民法所认可的人格利益与物质利益的部分交换，例如受到认可的有偿献血，当法益主体在放弃人格利益却没有获得金钱补偿或存在经济损失时，可以动用诈骗罪的构成要件对法益主体加以保护，这样便可以避免法益主体受到民法保护的利益在刑法上无法得到保护，或者是由错误的构成要件进行保护。但是，针对阿茨特所举出的典型事例，反对说论者设计了一个"针尖对麦芒"的特殊事例。

［例10］［献血诈骗案］献血者 A 是某音乐大师的忠实发烧友。某献血组织声称，凡是在该组织献血的献血者都可以获邀参加一个私人晚会，某音乐大师将应约出席。该晚会纯属私人、公益性质，并不对外售票，A 无法从其他渠道获得邀请，也无法参考其他性质的活动评估该邀请的经济价值。献血者 A 献血之后才得知所谓私人晚会云云只是一场骗局。

此处，献血者 A 所期待的回报并非金钱等物质利益，也无法认定其经济价值，因此难以认为具有诈骗罪所保护的财产利益性质。对献血组织的欺诈行为究竟是以诈骗罪还是伤害罪论处就成为难题。②

最后，还有批评意见认为，阿茨特的法益关系错误说会导致相似的事例无法得到同等的处理。日本学者井田良举了与杀人罪有关的例子：从被害人的角度进行比较，如果被害人什么都没说、什么承诺都没有作出就遭受杀害的，会受到周全的保护；而如果被害人在行为人巧妙伪装下表示了承诺的意思，却只能按照参与自杀罪处

---

① Vgl. Knut Amelung, Willensmängeln bei der Einwilligung als Tatzurechungproblem, ZStW 109（1997），S.493.

② Vgl. Katrin Braun－Hülsmann, Die Einwilligung als Zurechnungsfrage unter Paralleli-sierung zur Betrugsdogmatik, 2012, S.214.

理。这样的区别对待是没有理由的。井田良教授直接针对支持法益关系错误说的西田典之教授所举出的事例进行了商榷。西田典之教授认为，医生欺骗患者说"你得了癌症，只能再活一年，而且生命的最后三个月还会伴有剧烈的疼痛"，致使患者自杀。在本事例中，患者对自己生命的长度等本质内容有错误认识，而且对生命的体验、尊严等品质有错误想象，应该认为患者对生命法益的有无、程度、性质等存在错误认识，其自杀的承诺无效，医生应该构成杀人罪。相反的，负心汉对痴情女子表示要自杀，使痴情女子追随自己而殉情自杀的，或者政治家因受贿事发，为了让其秘书出面顶罪，而承诺在秘书自杀之后付给家属 1 亿日元的报酬，结果在秘书顺从其意自杀之后只交给家属 1 万日元的吊唁金的，西田典之教授认为，相关的被害人都对自己所要处分的法益没有错误，因而欺骗行为人的行为只构成教唆自杀等自杀参与罪，即使认为这样的结论有违社会正义或法感情，也不能仅仅因为负心汉或政治家的手法卑劣而加重处罚。① 井田良教授对此持批评意见，认为上述三个事例之间无法看出有什么本质性差别，这样的区别对待很难说有什么恰当的理由。即使后两种场合被害人的错误认识不能视为法益关系错误，但是却对被害人的意思决定产生了重大影响，被害人最后的自杀决意无疑是不符合被害人初衷的意思决定，此时不能否认他们的生命法益仍然是应当得到杀人罪而非自杀参与罪的周全保护。②

此外，也有德国学者认为，阿茨特的法益关系错误说对待同种法益的保护无法做到前后一致。反对论者根据阿茨特所举的〔例 9〕〔给钱打人案〕，设计了如下事例：

〔例 11〕〔卖肾救子案〕一位母亲在黑市上以 50 万欧元的价格

---

① 〔日〕西田典之：《日本刑法总论》（第 2 版），王昭武、刘明祥译，法律出版社 2013 年版，第 163 页；〔日〕西田典之：《日本刑法各论》（第七版），〔日〕桥爪隆补订，王昭武、刘明祥译，法律出版社 2020 年版，第 19—22 页。

② 〔日〕井田良：《讲义刑法学·总论》，有斐阁 2008 年版，第 325 页。

出售自己的肾脏，这笔钱是她拯救重病垂危的儿子所必需的手术费用，而这位可怜的母亲无法通过其他任何渠道在短时间内赚取这笔钱。不幸的是，这位母亲被人骗取了肾脏，未能获得这笔救命钱。

根据阿茨特的观点，法益主体在 1000 马克的对价诱惑下允许他人扇自己一耳光，是有效的承诺，阻却了伤害罪，又不能以诈骗罪处罚，因为不能承认这种以自己的身体、人格为代价换取金钱的人格利益商业化行为。既然如此，在［例 11］［卖肾救子案］中，母亲对他人割取自己的肾脏也是知情且同意的，也就是不存在法益关系的错误，那么自然就不能以存在欺骗为理由否认承诺的效力；同时，母亲即使是救子心切，在黑市买卖人体器官也是恶劣的人格利益商业化行为，是根本有悖于人道尊严的行为，不能以刑法保护该母亲对 50 万欧元的请求和追偿，以免变相助长这种不良的商业化器官买卖。这样一来，法益关系错误说似乎陷入了进退维谷的困境。如果贯彻［例 9］［给钱打人案］的理由和逻辑，［例 11］［卖肾救子案］也就不能以伤害罪和诈骗罪处罚行为人，但是这样的结论在刑事政策上难言妥当，反对论者因此认为这是明显的"处罚漏洞"。如何根据法益关系错误说来处罚［例 11］［卖肾救子案］的欺骗行为人固然还是一个有待探讨的难题，而一旦得出有罪结论就正好如反对论者所批评的"前后不一致"了。①

总而言之，批评意见认为，法益关系错误说在受欺骗而承诺的场合划定的无效范围过于狭窄，处理结论多有不当。一些批评意见进而担忧，法益关系错误说的运用，似乎是在鼓励那些机智的犯罪人采取巧妙的方式进行犯罪活动，因为刑法为这些善于巧妙伪装的犯罪人提供了出罪的便捷小道。② 日本学者井田良就认为，采用法益关系错误说，就会对那些通过使人产生错误动机而获取承诺的欺骗

---

① Vgl. Manfred Heinrich，Rechtsgutszugriff und Entscheidungsträgerschaft，2002，S.50.

② Vgl. Katrin Braun‐Hülsmann，Die Einwilligung als Zurechnungsfrage unter Paralleli‐sierung zur Betrugsdogmatik，2012，S.217.

行为作有利于行为人的处理，这样很有可能会激励其他人采用相同的方法进行法益侵害。①

二　可能导致法益主体的利他目的完全落空

从前文的介绍和分析可知，阿茨特提出法益关系错误说的主要理论诉求之一，便是将法益主体有关反对给付的错误认识排除出保护范围，尤其是在涉及人身利益、人格利益的场合，不保护对反对给付存在错误认识的法益主体。尽管这一主张受到"存在处罚漏洞""网漏吞舟之鱼"等强烈质疑，但阿茨特也自有相应的回应理由，那就是不能助长将个人人身法益、人格法益商业化的行为，不能鼓励个人以其人身法益、人格法益为对价交换物质利益。不过，法益主体在处分法益时，除了会用个人法益为自己换取其他利益之外，还有可能会是出于利他目的处分法益。例如，自愿捐献器官的志愿者就是在明知自己所处分的法益内容及相关危险性的条件下做出利他性质的善举。阿茨特没有明确回应，如果行为人针对法益主体的利他目的进行欺骗，法益关系错误说应该如何处理。

上文在分析动机错误说之不足时，曾经涉及行为人针对法益主体的利他目的进行欺骗的情形，并举出了最早由德国学者罗克辛教授设计的［例6］［诈取眼角膜案］。在该案例中，行为人欺骗一位救子心切的母亲，让母亲为儿子捐献眼角膜，实际上行为人却将眼角膜移植给毫无关系的旁人，或者干脆出于报复的目的丢弃了眼角膜。上文业已指出，如果按照"重大动机错误说"，救治儿子的视力毫无疑问是母亲捐献眼角膜的决定性动机，行为人欺骗母亲的行为应当成立伤害罪；如果按照条件错误说，母亲如果得知自己的眼角膜并不是为了救治儿子，甚至是被直接抛弃，应该也不会捐献眼角膜，也能得出行为人构成伤害罪的结论。不过，如果按照阿茨特的法益关系错误说，这位无私的母亲对于自己捐献眼角膜的事实有清

---

①　［日］井田良：《刑法总论的理论构造》，成文堂2005年版，第201页。

楚的认识，对所放弃的法益之种类、范围和危险性都有具体的认识，那么只能认为［例6］［诈取眼角膜案］中不存在有关法益关系的错误，进而得出无罪的结论。

理论上多数意见认为，在［例6］［诈取眼角膜案］中，无罪结论是无法接受的，将欺骗行为人以伤害罪加以处罚才是妥当的结论。例如，德国学者 Harbort 认为，在行为人欺骗法益主体去营救他人，结果使得法益主体受到损害的场合，法益主体对无法实现其所追求的理想目的这一事实缺乏认识，这种目的错误损害了法益主体的自主决定自由，可以排除法益主体的自我答责，由欺骗行为人负责。① 罗克辛教授以不容置疑的态度表示："在错误涉及的不是法益，而是一种无私的目的时，人们就必须拒绝给予错误排除行为构成的力量。"② 由此可以看出，罗克辛教授并不讳言在该案例中处罚行为人，是在法感情、道德感情等刑事政策因素交织下促成的价值判断。对于阿茨特的法益关系错误说而言，尴尬的不是再次得出在刑事政策上难以容忍的结论，而是在该案例中不再有对抗刑事政策的理由。此处，不妨与前文所举出的［例11］［卖肾救子案］进行比较分析。［例6］［诈取眼角膜案］与［例11］［卖肾救子案］相似之处在于，对欺骗行为人加以处罚都有相应的道德感情、法感情等刑事政策原因。不同之处在于，在［例11］［卖肾救子案］中，阿茨特肯定母亲割肾的承诺效力，还可以推脱说母亲只是没有获得期待的金钱给付，应当交由诈骗罪的构成要件进行处理，然后再在判断诈骗罪的构成要件该当性时推脱说，以人身法益、人格法益为交易条件的商业化行为不能予以保护。但是，在［例6］［诈取眼角膜案］中，这些理由都不复存在。日本学者齐藤诚二教授认为，

---

① Vgl.Harbort, Die Bedeutung der objektiven Zurechnung beim Betrug, 2010，S.112. 转引自陈毅坚《被害人目的落空与诈骗罪——基于客观归责理论的教义学展开》，《中外法学》2018 年第 2 期。

② ［德］克劳斯·罗克辛：《德国刑法学总论》（第 1 卷），王世洲译，法律出版社 2005 年版，第 378 页，边码 74。

在行为人针对支付对价等反对给付进行欺骗的场合，因为通常来说还可以借助刑法诈骗罪或者民法规定来实现救济，受欺骗的法益主体尚有可能实现他自己的目的；相反，在针对博爱、利他目的进行欺骗的场合，受欺骗的法益主体所希望达成的状态（比如帮助儿子治疗眼睛）是无法实现的，这是两者的不同之处。① 日本学者森永真纲也认为，根据阿茨特的法益关系错误说，在行为人针对法益主体的博爱目的进行欺骗的场合，法益主体目的达成的道路被完全遮断了。②

对于法益关系错误说在类似于［例6］［诈取眼角膜案］等事例中的解释困境，日本刑法学者井田良以论敌的身份"好意"地指出了一条"可能的解释方案"。井田良认为，在法益主体基于人道主义、亲情博爱等利他目的而承诺捐献器官的场合，法益主体肯定是完全正确地认识到会失去相应程度的身体健康法益，且在此基础上作出了承诺的意思表示，则法益主体的错误就不是与放弃法益相关的错误。但是，在这样的场合，否定法益主体的法益要保护性，终究是难以忍受的。那么，理论上的选择只有两种。第一种选择就是放弃法益关系错误说。即，承认基于欺骗的承诺的无效情形并不局限在法益关系错误的范围内；最主要的就是承认在法益主体因为欺骗而产生了决定性的动机错误之时，其表面上承诺放弃的法益仍然具有要保护性。第二种选择就是，在坚持法益关系错误说的同时又否定承诺的效力。如欲达至这一理论目的，就有必要对相应法益的范围予以扩张，最为理想的方案便是将法益主体的自我决定权纳入进来。③ 本来，就眼角膜、肾脏等器官移植的伦理原则而言，由于事关高度的人格权益，必须对器官移植双方的意思予以最大的尊重。

---

① ［日］齐藤诚二：《基于欺骗的承诺》，收录于《刑事法学的历史与课题：吉川经夫先生古稀祝贺论文集》，法律文化社1994年版，第180页。

② ［日］森永真纲：《被害者的承诺中的欺罔与错误（一）》，《关西大学法学论集》第52卷第3号（2002），第212、213页。

③ ［日］井田良：《刑法总论的理论构造》，成文堂2005年版，第200页。

接受器官移植的受体（相对人）通常是最为重要的前提条件之一，除非器官移植的供体明确表示无差别捐献，否则应当尊重其对受体的选择与指定，尤其是亲属之间的器官移植。① 况且，法益主体的自我决定权也是可以与身体法益置换的性质相近的重要法益。器官移植的供体必须行使充分的自我决定权才可以将器官移植手术这一行为除害化，既然供体在有关受体的选择上受到了欺骗，那么就没有充分行使自我决定权，器官移植手术就不能除害化，从外观到实质仍然是一种伤害行为。这样一来，［例6］［诈取眼角膜案］中的母亲就是对"伤害行为"认识模糊，根据阿茨特的法益关系错误说，也能肯定行为人成立伤害罪了。曾经也有支持法益关系错误说的德国学者提出，一方面必须坚持仅仅与"法益有关"的认识错误才能否定承诺的效力，另一方面，应该尝试对"法益关系"的内容和范围进行扩张。② 井田良教授的上述分析与德国学者的意见颇为接近。

当然，井田良教授的真实意思仍然是放弃法益关系错误说，采纳动机错误说。根据井田氏的夫子自述，他在此处的问题意识和出发点是，"被害人是否失去了自由意思并不重要，只有是否失去了被害人法益的要保护性才是本质的问题"。③ 也就是根据是否要保护法益主体的判断结论倒推保护理由。他实际上是为法益关系错误说设置了一种两难的选择：一是坚持正统的法益关系错误说，不利后果就是可能会导致本应按照犯罪处理的行为无法得到处理；二是对这一学说进行修正、扩大"法益关系"的范围，不利的后果是可能会导致"法益"概念本身的崩坏，这一点后文将会进一步分析。

---

① 霍原：《器官捐献人自己决定权研究》，博士学位论文，黑龙江大学，2015年，第65、66、103页。

② Vgl.Brandts/Schlehofer，Die täuschungsbedingte Selbsttötung im Lichte der Einwilligungslehre，JZ 1987，S.442ff.转引自 Claus Roxin，Luís Greco，Strafrecht Allgemeiner Teil Band Ⅰ，5.Aufl.，2020，S.699，Fn.270。

③ ［日］井田良：《讲义刑法学·总论》，有斐阁2008年版，第325页，脚注26。

三　不能圆满解释虚构紧急事态进行欺骗的事例

法益主体在正确认识法益之种类、范围及危害性等条件下，仍然因为受到欺骗而处分法益的情形，并不限于上述与回报和利他目的有关的两种场合。可能存在这样一种情形，行为人向法益主体谎称当时正在发生一项紧急状况，或者谎称有人（可以是行为人、法益主体或其他人）陷入了紧急的困难处境，而法益主体所享有的某项法益正好是阻止损害的必需条件，可能需要牺牲该项法益才能缓解、摆脱紧急状况，于是法益主体承诺牺牲该法益。对于这一类情形，阿茨特本人主张，法益主体的意思活动自由交由德国刑法第 240 条强制罪（Nötigung）进行保护；但是，德国刑法第 240 条只明文规定了违法以强暴（Gewalt）或胁迫（Drohung）施以重大恶害这两种方式强制他人的情形，而并未列明使用欺骗的方式。① 这就意味着，在行为人虚构紧急事态欺骗法益主体使其承诺放弃法益、忍受法益损害的场合，使用德国刑法第 240 条对法益主体进行保护，还存在与罪刑法定相关的解释难题。② 日本学者森永真纲甚至推测，阿茨特本人可能认为以欺骗方式创设出强制状况的场合，并不需要否定承诺的效力而给予法益主体以保护。③ 理论上有许多批评意见质疑，阿茨特的法益关系错误说在这些情形中也无法得出适当的结论。

此处，经常被用于分析法益关系错误说之不足的仍然是罗克辛

---

① 《德国刑法典》第 240 条强制罪：1. 违法以强暴或胁迫施以重大恶害之方式使人作为、忍受、不作为者，处三年以下有期徒刑或罚金。2. 称违法者，谓强暴或胁迫所欲达成之目的具有可非难性。3. 未遂犯罚之。4. 情节重大者，处六月以上五年以下有期徒刑。行为人有下列情形之一者，为情节重大：（1）强制他人为性行为；（2）强制孕妇堕胎；（3）滥用公权力或公职身份。

② Vgl. Gunter Arzt, Willensmängel bei der Einwilligung, 1970, S. 18.

③ ［日］森永真纲：《被害人承诺中的欺骗与错误（一）》，《关西大学法学论集》第 52 卷第 3 号（2002），第 213 页。

教授所设计的案例组：①

［例 12-1］［头虱事例］某甲以谎言欺骗某乙，称某乙有头虱，导致某乙将所有头发都剃光。

［例 12-2］［猛兽事例］某甲打电话给某乙，谎称某乙锁在笼中的那头猛兽已经破笼而出并威胁到公众的安全，骗得某乙同意某甲将该猛兽射杀。

［例 12-3］［山火毁林事例］某甲向某乙谎称某乙所有的森林发生了山火，必须通过伐木才能开辟出一条安全通道，某乙允许某甲砍伐乙的森林。

对于上述案例组，阿茨特的法益关系错误说恐怕将会再次肯定法益主体承诺的有效性，并且免除欺骗行为人的刑事可罚性。因为在上述事例中，这些可怜的法益主体在行为人狡猾的欺骗下，每次都对自己处分法益的种类、范围、危险性等内容一清二楚，更确切地说，他们总是只对阿茨特眼中的无关紧要的"附随性事项"产生错误认识。②

不过，罗克辛教授再次批评了阿茨特说将承诺的无效性局限于法益关系的错误上，并且态度鲜明地认为，当行为人对法益主体谎称存在一种类似紧急状态的状况，从而使得法益主体将牺牲自己的某项法益当作是避免损害所必需的条件，那么人们就必须将法益主体的承诺归为无效，并且处罚狡诈的行为人。③ 深入分析上述案例组可见，实际上行为人在欺骗法益主体时，都暗示了相当程度的不利后果，比如，头虱会带来瘙痒并有可能致病，猛兽伤人后豢养人应当承担赔偿的法律责任，即使不伐去森林也会被山火烧光，

---

① ［德］克劳斯·罗克辛：《德国刑法学总论》（第 1 卷），王世洲译，法律出版社 2005 年版，第 378 页，边码 75。

② Vgl. Katrin Braun-Hülsmann, Die Einwilligung als Zurechnungsfrage unter Parallelisierung zur Betrugsdogmatik, 2012, S. 222.

③ Vgl. Claus Roxin, Luís Greco, Strafrecht Allgemeiner Teil Band Ⅰ, 5. Aufl., 2020, S. 699, Rn. 105.

等等。这些不利后果对于法益主体的意思自治肯定是存在相当程度的影响的。

此处可以将行为人针对法益主体的利他目的进行欺骗的事例与行为人虚构紧急事态的事例进行比较。在前引罗克辛教授所设计的［例6］［诈取眼角膜案］中，医生向爱子心切的母亲谎称其子急需眼角膜移植，否则将会失明，实际上也可说是虚构了一种紧急事态。类似［例6］［诈取眼角膜案］的教学案例还有很多，例如，行为人的房屋失火，途经此处的行人热心帮忙救火，行为人欺骗该热心人说自己的妻子还在房子里，该热心人遂不顾爆炸与着火的危险闯入火场救人，实际上被困在房子里的是行为人的爱犬而已；再例如，地震救灾期间，某机构组织献血，机构的工作人员欺骗前来献血的明星此次活动所采血液将会百分之百用于救灾，事实上却将该明星的血液高价卖给明星的追求者；等等。行为人既虚构或利用了某种紧急事态，也使得法益主体的利他目的完全无法实现。因此，也有学者在讨论中并不区分针对利他目的的欺骗和虚构紧急事态的欺骗。①

不过，上述两种情形虽然都可以是虚构正在发生某种紧急事态，但是仍然有细致区分的必要。行为人欺骗法益主体说，法益主体的妻子和孩子还困在火中，使得法益主体为了营救妻儿而进入着火的屋子，结果屋子里只有一条狗；与上文所述的行人路见不平拔刀相助的情形比较，后者是行为人欺骗法益主体，行为人的妻子困在着火的房子里，这种事实上的区别对于法益主体的意思决定的影响程度应当说还是存在差别。法益主体在路见失火攘臂相助的情形，是纯粹的"热心肠"、属于典型的利他动机，而勇救妻儿的场合，除了利他动机还存在着攸关自身利益的紧急状态，所以对于行为人的意

---

① Vgl. Katrin Braun-Hülsmann, Die Einwilligung als Zurechnungsfrage unter Parallelisierung zur Betrugsdogmatik, 2012, S. 223, Fn. 779. 另参见［日］小林宪太郎《所谓的"法益关系的错误"的意义与界限》，《立教法学》第68号（2005），第45页。

思自治的限制和影响更为明显。

因此，本书的看法是，在纯粹针对利他动机进行欺骗的场合，既然法益主体对于自己将要处分的法益本身并无错误认识，而博爱、利他的动机本身都还难以对法益主体的意思自由和自我决定产生实质性影响，理论上对法益主体进行救济的要求，很大程度上是出于法感情等刑事政策的需要；而在针对紧急状况进行欺骗的场合，由于自身利益面临着紧迫的危险，必须作出决断，所以法益主体的意思自由和自我决定受到了实质性的影响和限制。即使是在某些日常生活中看似属于典型的无私、利他的行动，实际上也可能是利用他人的特殊情况虚构紧急事态而影响其意思自由，例如，行为人的房子失火，向前来救援的消防员、附近的人民警察，或路过的解放军战士谎称自己的亲人还在火场里，使得消防员、人民警察和解放军战士奋不顾身冲进火场救出行为人的爱犬，由于消防员、人民警察、解放军战士的职责或纪律要求他们面对此类求助不能退却，所以行为人虚构的紧急事态几乎等于给他们下达命令。要言之，在行为人虚构紧急事态进行欺骗的场合，理论上对法益主体的救济仍然是基于其本身存在的意思瑕疵。

如果再仔细分析［例12-2］［猛兽事例］和［例12-3］［山火毁林事例］可以发现，行为人向法益主体虚构的紧急事态，属于已经能够适用紧急避险的情形：对于［例12-2］［猛兽事例］，处于紧急事态的现场受到猛兽威胁的任何人都可以格杀猛兽，相应的射杀行为不属于毁坏财物而是成立针对危险来源的防御性紧急避险；对于［例12-3］［山火毁林事例］，处于危险现场的人可以当机立断砍伐森林用于脱险或制造火灾隔离带，相应的砍伐行为也不属于毁坏财物而是成立针对无辜者法益的攻击性紧急避险。① 众所周知，根据优势利益和最低限度的团结义务等两项原则，在权衡所有对具体利

---

① ［日］山口厚：《刑法总论》（第3版），付立庆译，中国人民大学出版社2018年版，第156页。

益冲突有意义的情况后，当损害更低价值的利益成为保护更高价值的利益的唯一手段之时，法益主体在刑法上有忍受这一损害的必要。① 这样看来，在［例12-2］［猛兽事例］和［例12-3］［山火毁林事例］中，如果行为人向法益主体告知的紧急事态属实，那么法益主体在当时其实已经可以视为不具有全部的处分权限了，因为他人根本不需要经过他的同意当机立断地处理该紧急事态。此时，与其说行为人是通过欺骗法益主体而取得了法益主体处分法益的承诺，毋宁说是行为人在直接告知法益主体出现了某种行为人可以代替法益主体处分相应法益的事态。因此，在上述案例组中再坚持"只要没有错误认识法益关系的内容，法益主体就仍然实现了自我决定权"之信条，就会招致"总是导出欠缺适正性的结论，以不合理的判断标准将人引入歧途"的批评。②

四　小结

除上述批评意见外，法益关系错误说的批评者还试图深究更深层次的问题。

理论上有观点认为，法益关系错误说对于"法益"之价值构造的理解存在偏颇之处，而且过分执着地将保护重心倾斜于法益本身的存在状态。日本学者吉田敏雄认为，法益关系错误说将法益关系单纯地作为一种"静的存立状态"进行考察，并且对该"静的存立状态"进行了过度保护，而过度无视了法益主体的动机中存在的错误。在吉田看来，所谓的法益必须在交换关系中进行把握，因为法益是从交换价值中实现其大部分价值的。个人对自己法益的利用，或者说，在某一事项上"投入"法益，实际上就是为了交换自己所

---

① ［德］乌尔斯·金德霍伊泽尔：《刑法总论教科书》（第六版），蔡桂生译，北京大学出版社2015年版，第180页，边码10。

② Vgl. Katrin Braun-Hülsmann, Die Einwilligung als Zurechnungsfrage unter Parallelisierung zur Betrugsdogmatik, 2012, S. 221.

渴望的其他的法益（可能是自己的法益也可能是他人的法益），或者满足某种没有以法益形式固定下来的其他状态的利益。例如，血液提供者受到报酬方面的欺骗而承诺采血的场合，血液提供者并不是无条件地决定放弃法益的，他在追求报酬的同时对法益的存立的维护仍然是有所关心的；在行为人一开始就没有打算支付报酬的场合，如果仍然认为血液提供者的承诺有效的话，就过分忽略了生活现实。①

　　还有观点认为，法益关系错误说之所以会不当限制处罚范围，与该说在判断方向的错误和判断时点上的迟延有很大关联。德国学者 Katrin Braun-Hülsmann 认为，在刑法上的意思瑕疵问题中讨论与法益有关的认识错误，是一个错误的思考方向。阿茨特以法益主体的承诺中是否存在法益关系错误作为承诺效力的判断标准，在行为人是否应受刑罚处罚的判断时点上太过推迟了一些。如果人们借助一个时间轴来考虑犯罪的发生过程，被放置在第一位的应该是行为人的欺骗行为，紧随其后的第二个步骤才是考察由欺骗行为引起的错误认识的瑕疵内容。因此，对于承诺的效力这一问题而言，首要的并不是意思瑕疵及其中存在的法益关系错误的重要性，而是应当首先关心行为人的欺骗行为的刑事可罚性，以及预防潜在的行为人实施欺骗行为的可能性。欺骗行为的行迹在犯罪发生过程中最先出现，也正因如此，将欺骗行为作为上述设想中的时间轴的起点似乎更为合理。更确切地说，刑法应该追问的是，行为人的欺骗行为是否为承诺主体的法益创设了一个法所不容许的风险，该不受容许的风险随后是否在承诺主体所受到的法益损害结果中实现。②

　　我国学者李世阳博士的观点与 Hülsmann 十分接近。李世阳博士

---

① ［日］吉田敏雄：《被害者的同意中的意思瑕疵》，收录于《山中敬一古稀祝贺论文集（上卷）》，成文堂 2017 年版，第 247 页。

② Vgl. Katrin Braun-Hülsmann, Die Einwilligung als Zurechnungsfrage unter Parallelisierung zur Betrugsdogmatik, 2012, S. 218, 220, 223.

认为，刑法上法益主体的承诺是承诺者基于真实、自愿的意志处分其个人法益的行为，而不仅仅是存在于其内心的一种心理状态。这样分析的话，在法益主体承诺的有效性认定上，就不能仅仅从事后判断法益主体是否认识到了其个人法益的存在状况，同时还必须事前判断行为人的欺瞒行为是否违背了刑法上的容许规范。① 以法益主体的承诺究竟是内心状态抑或是外部行为，以及承诺效力的判断时点究竟应该事前判断还是事后判断为思考契机，李世阳博士进一步认为，支撑法益关系错误说的违法论立场是结果无价值论。李世阳博士从法益关系错误说强调承诺者的自我决定权之射程范围必须与法益关联的范围保持一致这一理论特质出发，倒推法益关系错误说的理论脉络与违法论立场。由于结果无价值论认为违法的本质是法益侵害或危险等结果属性，因此对违法的存在与否要进行事后判断；具体到承诺的存在与否问题，结果无价值论一般立足于司法者视角进行事后判断，就会认为承诺的意思只要存在于承诺者的内心即可，也就是采取"意思方向说"；上述推理步骤的理论归结就是，承诺乃是法益主体的内心状态，只要法益主体实现了其自我决定权即可，而只有法益主体正确理解个人法益时所为之承诺才是自我决定权的实现。因此，法益关系错误说的理论脉络就是结果无价值论在承诺论领域的贯彻展开。总之，李世阳博士将法益关系错误说的妥当与否放置到结果无价值论与行为无价值论这一对立分析框架之内进行考察，并且将法益关系错误说的不当之处归咎于且上升到结果无价值论本身的缺陷。②

从法益关系错误说所受到的批判可见，在法益主体受到欺骗的情况下，究竟应否将刑法对法益主体的保护范围局限在仅仅与各犯

① 李世阳：《刑法中有瑕疵的同意之效力认定——以"法益关系错误说"的批判性考察为中心》，《法律科学》2017 年第 1 期。

② 李世阳：《刑法中有瑕疵的同意之效力认定——以"法益关系错误说"的批判性考察为中心》，《法律科学》2017 年第 1 期。

罪类型之保护法益有关的事项内容上，是公开的争论焦点。在本书看来，法益关系错误说可以将与法益主体所处分的具体法益无关的其他法益或者自由意思的形成动机尽量排除于判断之外，对于法益主体就法益处分作成承诺的具体范围具有高度的厘清效果，能够实质说明法益主体处分自身法益的效果；从刑罚权的具体界限的观点来看，法益关系错误说有助于明确并限定处罚范围，还能够确认刑法与其他法领域在法益保护领域的分工范围。当然，法益关系错误说也必须正视其"过犹不及"的弊端，承认其在法益保护上存在不周延的问题。然而，如果法益关系错误说完全按照批评意见所期待的方向进行修正，也可能会造成原本应该保护特定具体法益（例如生命、身体健康及完整性、住居权、性自主决定权）的犯罪类型转而保护其他法益，或者干脆保护法益主体一般性的意思活动或意思形成自由，完全背离法益关系错误说的初衷。总而言之，阿茨特在回答"什么样的欺骗是刑法上重要的欺骗"时设置了一个合理的航标，而法益关系错误说的继受者及支持者已然不能刻舟求剑，需要克服航道之内的层层岩礁。

第二节　对法益关系错误说所受批判的甄别与辨析

目前，对阿茨特的法益关系错误说的批评意见主要集中在有关反对给付、利他目的及紧急事态等三个场合。从文献上来看，阿茨特有关反对给付的排斥态度吸引了绝大多数批评者的火力，但是，多数法益关系错误说的支持者仍然认为阿茨特将有关反对给付的欺骗排除出处罚范围是合理的处理方案。例如，日本学者山中敬一教授在梳理"对于刑法而言重要的欺骗或错误类型"时，依然坚定地将有关反对给付的错误排除在外。[①] 因此，有必要先行甄别针对法益

---

① ［日］山中敬一：《刑法总论》（第 3 版），成文堂 2015 年版，第 220 页。

关系错误说的批评意见，确定法益关系错误说在有关反对给付、利他目的和紧急事态等三个场合真正的问题所在。

一　对于与反对给付事例有关的批评意见之辩驳

本书认为，在行为人以反对给付为诱饵，欺骗法益主体处分了高度的人格利益等场合，针对法益关系错误说的种种批评都是不能成立的。

首先，在行为人以反对给付为诱饵欺骗法益主体处分其人格法益的场合，或者是法益主体主动以其人身法益、人格法益交换相对人提供的对价给付结果期待落空的场合，刑法理论和司法实务很多情况下都不作犯罪处理；如果这样就形成了所谓的"处罚漏洞"，则法益关系错误说既非始作俑者，也不是刻意标新立异。

此处，本书以欺骗他人提供性服务的情形为例进行介绍和讨论。例如，甲男以发生性关系并支付费用的意思与性从业者乙女发生性行为，但实际上根本没有支付意愿，在性行为结束之后便使用花言巧语使乙女免除费用。此例亦属刑法理论上常见的教学案例，值得注意的是，既有的理论探讨多集中在诈骗罪的财产概念内容上，争执在本案中究竟应采取法律·经济财产说、法律的财产说还是经济的财产说，性服务者乙女所提供的性服务是否是刑法诈骗罪所承认的财产，甲男的行为是否构成诈骗罪；至于甲男的欺骗行为是否使得乙女的同意发生性行为的意思无效，进而构成性侵害犯罪，理论上则明显罕有论及。①

德国曾有如下判例：两名被告人与一名性从业者发生性关系之后，以携带的假币支付了服务费用。州法院肯定两名被告人的行为

---

① 王皇玉：《强制手段与被害人受欺瞒的同意：以强制性交猥亵罪为中心》，《台湾大学法学论丛》总第 42 卷第 2 期；林大为：《论诈术性交罪——兼论"宗教骗色"案件之认事用法问题》，《军法专刊》第 59 卷第 5 期。

成立诈骗罪，但德国联邦法院的判决认为，本案性从业者的财产没有受到侵害；因为在法律上性交并不存在可以估算为金钱的任何价值；而性从业者同意与他人发生的性行为本身也不是财产处分行为，对于买春者而言也不是财产上的利益。基于这样的理由，性从业者对买春者所具有的费用"请求权"，与通过违反公序良俗的法律行为所取得的价值也不是同一的。因此，欺骗性从业者使之免除嫖宿费用的，并不是实施了诈骗罪的诈骗行为。① 需要指出的是，州法院和联邦法院都没有判定两名被告人成立性侵害犯罪。在德国，出于维护法秩序统一性的考虑，为了避免刑法规范与民事法律规范相冲突，司法判例会在一些场合基于法律规定限缩财产的范围。根据司法判例，违反公序良俗、非法的，尤其是应当受到刑事处罚的劳动或服务，即便是有偿提供的，也不能认定为财产而受到保护。在 2002 年德国《卖淫法》实施之前，德国司法判例根据当时的法律认为卖淫及买春违反公序良俗，因此对于嫖客谎称事后会支付服务酬劳欺骗对方提供性服务的案件，广泛认为不成立诈骗罪；在 2002 年之后，法律承认了买春客与性从业者之间有关服务费用的自愿约定有效，排除了性服务违反公序良俗的性质，上述情形才得以构成诈骗罪。②

显然，以支付对价为诱饵欺骗他人提供性服务，与阿茨特所设计的，以支付对价诱骗他人忍受耳光，受欺骗的法益主体都是以性自主决定权、人格尊严、身体等高度的人格权益为代价去交换他人提供的反对给付。最终，德国联邦法院对"白嫖案"也是得出了既不认定为性侵犯罪也不认定为诈骗罪的处理结果，这是否也是法益关系错误说的批评者们所认为的"处罚漏洞"呢？对此，有台湾地区学者认为德国判例否定两名行为人构成强奸等性侵犯罪的结论是不妥当的，是将性从业者的性自主权矮化为财产，没有平等保护性

---

① 张明楷：《诈骗犯罪论》，法律出版社 2021 年版，第 322、323 页。
② 王钢：《德国判例刑法（分则）》，北京大学出版社 2016 年版，第 214、215 页。

从业者的性自主决定权，而是给予了相对其他群体而言的减等保护。① 但是这个批评意见是相当牵强而不能成立的。德国联邦法院完全没有歧视性从业者的性自主决定权，或者表示性从业者就无性自主决定权可言，只是认为该性从业者实际同意了该性行为所以才不存在性侵犯；相反，甚至还可以认为德国联邦法院的判例更加重视性从业者的保护——在性侵害犯罪之外还更加深入地考虑了诈骗罪的成立与否。

　　这里需要说明，上开德国判例否定被告人成立强奸罪，是基于这样一种认识，即只要该女性明确同意了与他人发生性关系，相对人的行为在构成要件该当性的判断上就欠缺了强奸罪中"强制"（nötigung）的构成要件要素。② 如果以 Geerds 的区分制框架下的全面无效说来看，"同意"（Einverständnis）在强奸罪中的功能是排除构成要件该当性，而且不受错误、欺骗等意思瑕疵的影响。也就是说，全面无效说和法益关系错误说都能对该案得出不构成强奸罪的结论；相比之下，只有条件错误说（主观真意说）能够根据"如知实情就不会同意"的公式得出有罪结论。不过，对于阿茨特设计的［例 9］［给钱打人案］，全面无效说仍然会得出构成暴行罪或伤害罪的结论，原因在于，"承诺"（Einwilligung）对于伤害行为而言属于正当化事由，错误、欺骗应当使承诺无效。③ 但是，这样的结论是不太妥当的。通过对比就可以发现，同样是高度的人格权益，也同样是涉及欺骗的情形，只不过是因为立法者在设计具体罪名的构成要件时加入的要素不同，就在承诺的效力上产生如斯差别，如果能够接受这样的理论架构，那么何以应对立法者的随意性呢？无论如何，既然德国联邦法院认为行为人隐瞒自身支付愿望、支付能力骗得他

---

　　① 林大为：《论诈术性交罪——兼论"宗教骗色"案件之认事用法问题》，《军法专刊》第 59 卷第 5 期。

　　② Vgl. Claus Roxin, Luís Greco, Strafrecht Allgemeiner Teil Band Ⅰ, 5. Aufl., 2020, S. 651, Rn. 2.

　　③ 林钰雄：《新刑法总则》（第 7 版），台湾元照出版公司 2019 年版，第 284 页。

人性服务的行为，可以既不构成强奸罪也不构成诈骗罪，已经是态度鲜明地表示这样的认定结论实属正常，所谓的"处罚漏洞"云云其实不足为虑。

其次，在行为人以反对给付为诱饵欺骗法益主体处分其人格法益的人身场合，或者是法益主体主动以其人身法益、人格法益交换相对人提供的对价给付结果期待落空的场合，即使按照法益关系错误说得出了无罪结论，该结果也不是"不可忍受"的。

正如前文所述，阿梅隆认为法益主体在反对给付上受到行为人欺骗而处分法益时，其处分行为表明的意义是，所牺牲的法益对法益主体而言仅具有"相对性的价值"，而法益关系错误说在规范评价上将法益主体所牺牲的法益变成了"从一开始就是没有价值的"；而且，阿茨特及其法益关系错误说从一开始就关闭了欺骗者的答责可能，但是这些欺骗者并不值得保护，需要以伤害罪进行处罚。但是，阿梅隆此处所谓的"处罚漏洞"导致法益主体所牺牲的法益从"具有相对性价值"变为"自始没有价值"，未免断章取义。日本学者盐谷毅认为，如果最后不处罚欺骗行为人就是将法益主体的法益降格成了"自始没有价值"，那么，当司法者根据真实、有效的承诺之外的正当化事由、责任免除事由，比如正当防卫等，免除行为人的刑事处罚时，法益主体的法益又该如何自处呢？因此来说，阿梅隆的上述批判也不具有决定性的意义。盐谷毅还进一步指出，在以反对给付为诱饵骗取法益主体承诺伤害的案例中，既然法益主体在民法上的请求权也因为违反公序良俗而受到否定，那么，即便是既不成立伤害罪也不成立诈骗罪，也绝不能说这就是不能允许的处罚上的空隙。①

那么，是否如阿梅隆所言，这些欺骗者并不值得保护，而需要以伤害罪进行处罚呢？对此，日本学者须之内克彦认为，阿梅隆认

---

① ［日］盐谷毅：《被害者的承诺与自己答责性》，法律文化社 2004 年版，第 35 页。

为需要以伤害罪处罚这些欺骗行为人，表明在阿氏看来，几乎所有的同意都是为了获得利益而作出的，身体的交换价值与身体的不可侵犯性几乎不可分割。如果这样理解的话，伤害罪就不得不将身体的"交换价值"也作为其保护法益，甚至成为与身体的不可侵害性同等重要的择一法益。然而，伤害罪终究是用于保护身体的不可侵害性和安全性，恐怕阿氏的理解不能谓之妥当。而且，就算可以认为欺骗者几乎都是不值得保护的人，这也不必然地就直接导致以伤害罪处罚，在何种范围内、应该受到怎样的处罚肯定是独立的问题。① 这是罪刑法定主义和构成要件理论的应有之义。

又或者，是否如德国学者 Hülsmann 所言，在行为人以反对给付为诱饵欺骗法益主体处分其人格法益的人身场合，应该是存在着一个针对身体完整性的犯罪，法益关系错误说将问题推给诈骗罪处理乃是令人难以接受的"奇怪结论"呢？在本书看来，问题的关键终究在于是否存在着身体伤害的法益侵害结果。在行为人针对反对给付进行欺骗的场合，由于法益主体对于自己将要挨打、身体的完整性将要受到侵害这一点并没有错误认识，那么他对自己的身体法益将受到侵害的种类、范围、结果等就有明确的认识，这里就不存在一个所谓的"法益侵害结果"，Hülsmann 的看法实在是太过执着于外部客观世界的物象，或者说是在法益侵害结果的规范识别上有意混淆视线。

再次，在行为人以反对给付为诱饵欺骗法益主体处分其人格法益的人身场合，或者是法益主体主动以其人身法益、人格法益交换相对人提供的对价给付结果期待落空的场合，批评法益关系错误说对相似的情形做出区别处理，是难以成立的批判意见。

事实上，当阿梅隆在批评法益关系错误说造成了"不可容忍的处罚漏洞"时，运用的是修辞学上著名的"归谬论证法"，该方法常常被用来证明某一种解释或解决方案最终违背所有的"内在逻

---

① ［日］须之内克彦：《刑法中的被害者的同意》，成文堂 2004 年版，第 119 页。

辑"，是"立法者不希望得到的荒谬结论"等等。① 既然运用归谬论证法指出特定解释方案违背"内在逻辑"，必然会运用到类比等比较方法。这种类比归谬之逻辑方法的具体过程，先要选取某一重要的内容作为比较的标准（比较点），评价差异事实是否在这一内容上具有类似性，以此来决定能否对二者进行相同处理。类比过程最重要的环节是选择比较点和确定待比较的特征，这决定我们在什么内容上认识差异事物之间的类似性，以及在何种程度上认可二者之间的类似性。② 而且，类比归谬论证的有效性相当程度上取决于比较点的选择，取决于确定被比较者的特征之选取与描述。③

现在先回顾井田良教授对法益关系错误说造成"相似情形区别对待"的批评意见。在井田教授看来，医生欺骗患者来日无多、负心汉以殉情欺骗痴情女子、政治家以身后事欺骗秘书，都是行为人对法益主体实施了欺骗，该欺骗都对被害人的意思决定产生了重大影响，因此这三种情形在性质上是相似的，那么对其做不同处理（场合 1 是故意杀人罪，场合 2 和场合 3 是轻得多的参与自杀罪）就是不合理的。但是，前一种场合与后两种场合之间是否真的实质上相当，并不存在本质性的差别，未必就如井田教授所看到的那么确定。很明显，井田良教授是坚定地认为，对于法益主体的承诺效力而言，最为根本、本质的决定要素就是法益主体自己的意思决定，因此才会认为，只要是对法益主体的意思决定产生了重大影响的欺骗行为，在本质上就都是相似的，应当都做无效处理。也就是说，井田良教授在上述三种情形中所选择的比较点是法益主体的意思决定和真实意思有无受到影响。对此，正如日本学者森永真纲所指出

① ［奥］恩斯特·A. 克莱默：《法律方法论》，周万里译，法律出版社 2019 年版，第 139、140 页，边码 145。

② ［德］亚图·考夫曼：《类推与事物本质》，吴从周译，颜厥安审校，台湾新学林出版公司 2016 年版，第 59 页以下。

③ ［德］阿图尔·考夫曼：《法律哲学》（第二版），刘幸义等译，法律出版社 2011年版，第 93 页。

的：如果就连告知法益主体其所属公司倒闭或者最爱的人已死而使之自杀的情形，也都广泛地认定承诺无效，是有疑问的。在这样的事例中，虽然能够设身处地体会到法益主体的心情，体会到行为人的欺骗确实给法益主体的意思决定产生了重大影响，但从规范的角度来看，仍然有必要将欺骗和错误在客观上区分为重要的与不重要的。① 也就是说，决定承诺有效与否还是应该从客观的、规范的标准出发，而不能完全取决于法益主体的真实意思等主观内容，否则，在价值多元化的现代社会中就会造成个人意思冲击法的安定性。这也就是说，井田良教授在进行类比归谬之时，所选取的比较点有欠妥当。如果从客观的规范评价角度来看，法益主体获知自己命不久矣，与获知爱人会相随殉情、自己身后无忧，应该说对生命法益的意义存在重大区别，做出区别处理也是合理的。

那么，如何看待和比较阿茨特的［例 9］［给钱打人案］与反对论者所设计的［例 11］［卖肾救子案］呢？的确，法益主体在 1000 马克的对价诱惑下允许他人扇自己一耳光，这是以自己的身体、人格为代价换取金钱的人格利益商业化行为；母亲在黑市卖肾救子也是人格利益商业化行为，甚至根本有悖人道尊严。但是，在［例 11］［卖肾救子案］中，向地下组织买卖自己的器官，与允诺他人打自己的耳光不同，也与正规医疗程序中的器官移植手术不同，是涉及《德国刑法典》第 226 条所规定的"重要肢体机能丧失"的重伤害行为，同时，根据该法第 228 条有关得承诺的伤害之规定，母亲的承诺是违反善良风俗的，直接被判定为违法。日本刑法中没有得承诺之伤害的明文规定，日本学者或主张即便获得承诺，如果该承诺及伤害行为不具有社会相当性的话，该伤害行为也是违法行为；或认为，具有生命危险的重大伤害即使获得了承诺，也是根据自己

---

① ［日］森永真纲：《被害人承诺中的欺罔与错误》（一），《关西大学法学论集》第 52 卷第 3 号（2002），第 206 页。

决定的自由而实施的具有重大法益侵害危险的违法行为。① 我国刑法中也没有类似德国刑法第 228 条的规定，但我国刑法学者多数也认为，虽然得到法益主体的承诺，但造成了有生命危险的重伤害的行为，也宜认定为故意伤害的违法行为。② 要言之，如欲在［例 11］［卖肾救子案］中以伤害罪处罚行为人，实际上可以借助软法律家长主义对法益主体的自主决定权的限制来实现，③ 而不必假手于法益关系错误说等有关意思瑕疵的理论观点。当然，法益关系错误说并不是在此撇清关系就万事大吉了，后文还将涉及法益关系错误说与［例 11］［卖肾救子案］的相关问题的讨论。

最后，至于有关法益关系错误说可能会激励犯罪人使用更为巧妙、隐蔽的犯罪方法的担忧，本书认为实属刑法学者杞人忧天、自砸痛脚。

的确，适用法益关系错误说的结果在某种程度上是有利于行为人的，也不可避免会被潜在或现行的行为人恶意利用。法益关系错误说的提出者及继受者也从来不曾讳言，该说会将一些按照重大错误说或者动机错误说得出有罪结论的情形按照无罪处理，甚至标榜该说的优点就是限制处罚范围。这里需要认识到，判断某种学说是否合理，既要看该学说是否具有实质性的根据，又要看该学说是否能够在被告人的人权保障和被害人的权利保护之间求得平衡。法益关系错误说既是立足于尊重法益主体的自由意志这一实质理由，又不像条件错误说或者动机错误说那样可能会在保护法益主体利益的名义之下压抑被告人的权利，还实现了构成要件的定型性机能与罪刑法定原则。即便是行为人恶意利用了他人的重大错误或者动机错误，只要仍能肯定法益主体对于相应法益的含义、内容、范围、程

---

① ［日］曾根威彦：《刑法学基础》，黎宏译，法律出版社 2005 年版，第 61 页。

② 张明楷：《刑法学（下）》（第六版），法律出版社 2021 年版，第 1118 页；周光权：《刑法总论》（第四版），中国人民大学出版社 2021 年版，第 231 页。

③ Vgl. Katrin Braun-Hülsmann, Die Einwilligung als Zurechnungsfrage unter Paralleli-sierung zur Betrugsdogmatik, 2012, S. 216, Fn. 762.

度等存在明确的认识，并在此基础上自由地做出了放弃该法益的承诺，就应该认为相应法益失去了要保护性。

再者，归根到底，犯罪人恶意利用法律制度的漏洞改进犯罪方式，采用更为巧妙、隐蔽的犯罪手法，是自然而然的规律，不会因为法益关系错误说而有所改易。诚如林钰雄教授在分析诈骗罪时所指出的，诈欺本质上是"斗智"的游戏；诈欺罪所欲保护者，一言以蔽之，就是在斗智角力中财产受损的失败者。① 既然行为人选择以欺骗的方式实施犯罪，那必然是要挖空心思研究出高人一筹、巧妙隐蔽的方式和手法，又何劳刑法学家们在书斋里担心某一学说是不是鼓励了潜在的犯罪人！如论限缩处罚范围、为犯罪分子大开方便之门，全部成文与不成文的刑法规范、刑事司法制度，无一不是在帮助犯罪分子逃避处罚；如论有利于行为人、鼓励犯罪，莫以作为"犯罪人大宪章"的刑法典及罪刑法定原则为甚。试问，现代社会的人民，是要"犯罪人的大宪章"，还是要"法之无赦，触法必死"的法术之治呢？② 《道德经》有言："大道废，有仁义；智慧出，有大伪；六亲不和，有孝慈；国家昏乱，有忠臣。"（《道德经·第十八章》）又曰："天下多忌讳，而民弥叛；民多利器，国家滋昏；人多知而奇物滋起；法令滋彰，盗贼多有。"（《道德经·第五十七章》）人生而有智慧，在道德规范、法律制度充塞的社会里，自私自利的人当然会作伪、会为盗；亦不知是伪善、狡猾的犯罪人制造出了道德和法律，还是道德与法律制造出了伪善、狡猾的犯罪人？

---

① 林钰雄：《刑法与刑诉之交错适用》，中国人民大学出版社 2009 年版，第 284 页。

② 《韩非子·内储说上·七说》之"说二"：董阏于为赵上地守，行石邑山中，涧深，峭如墙，深百仞，因问其旁乡左右曰："人尝有入此者乎？"对曰："无有。"曰："婴儿、盲聋、狂悖之人尝有入此者乎？"对曰："无有。""牛马犬彘尝有入此者乎？"对曰："无有。"董阏于喟然太息曰："吾能治矣。使吾治之无赦，犹入涧之必死也，则人莫之敢犯也，何为不治？"

二　对于与利他目的事例有关的批评意见之辨析

本书认为，在行为人针对法益主体的利他目的进行欺骗的场合，阿茨特的法益关系错误说确实面临着进退两难的问题。

正如前文所述，从阿茨特的论述来看，无论法益主体是出于无私的利他目的还是贪利的目的，当其在放弃法益时对其种类、范围、危险性有着正确认识时，在该法益之上就存在着一个真实的承诺。据此，如果行为人针对法益主体的利他目的而实施欺骗行为，由于法益主体对自己所处分法益的种类、范围、危险性等内容具有完全的认识，则法益主体所处分的法益无法得到相应罪名的保护，其利他目的也无法借助刑法诈骗罪或民法规定来实现救济，会陷入完全落空的境地。前文也曾介绍，理论上多数意见认为，在针对博爱、利他目的进行欺骗的场合，如果受欺骗的法益主体所希望达成的状态无法实现，应当对法益主体予以救济；罗克辛教授虽然赞赏阿茨特及其观点，但也坚定地认为应当对出于"无私的目的"而处分法益的法益主体予以保护，否认承诺的效力。坦率地讲，理论上的多数意见之所以要求保护法益主体，毋宁说很大程度上是因为在法感情上不忍法益主体的利他目的落空。① 不过，一旦对利他目的予以额外的救济，似乎又会陷入反对论者已经张罗齐备的批评：为实现或救护他人的利益而承诺牺牲自己的利益，无非是属于伦理上具有较高价值的行为，仅因此便认为承诺者的法益应该受到保护，就偏离了"法益主体的承诺"的宗旨，即法益主体的承诺不应根据承诺所实施的行为的伦理价值高低而受尊重，而应根据法益主体的自我决定权而受尊重。将目标是否在伦理上具有较高价值作为问题，以此

---

① Vgl. Katrin Braun – Hülsmann, Die Einwilligung als Zurechnungsfrage unter Parallelisierung zur Betrugsdogmatik, 2012, S. 219.

规定违法性，是极不明确的做法。①

那么，撇开学说立场之间的分歧不论，在法益主体的利他目的落空的场合，首先需要确认的问题就是应该坚持不予保护还是设法加以保护？这个问题或者可以用另一种方式加以表述，能否以及如何将法感情上易于接受的结论在刑法理论体系内予以正当化？

平心而论，在行为人针对法益主体的利他目的进行欺骗的场合，根据所处分的法益相关具体个罪对行为人进行处罚、保护法益主体，倒也并非是完全在向法感情和直觉判断投降。试想，在法益主体为了获取金钱等反对给付而处分自己的人身法益、人格法益的场合，尚且具有通过诈骗罪或民事法律实现救济的理论可能；法益主体出于利他目的而处分自己的人身法益、人格法益之时，若该利他目的落空则反而求告无门，二者之间显然存在着巨大的落差。这样看来，特意保护法益主体的利他目的，并不是基于道德评价的结果而在利他目的与其他目的之间厚此薄彼，相反是使得利他目的能够获得与其他目的相平衡的救济可能。再者，如果不能根据法益主体所处分的相应法益的具体罪名对法益主体予以保护，似乎是在放任行为人利用法益主体的博爱、利他等善良品质肆行剥削。此时，即使阿茨特的法益关系错误说能够从承诺的正当化根据和具体各罪的保护范围中明确、稳定地推导出不予保护的结论，但这个具有充分的明确性和稳定性的结论确实在刑事政策上存在缺陷。诚如德国学者罗克辛教授所指出的，如果由精致的概念和学说构建而成的刑法教义学只在自身体系内精工细作，必然会导致深奥的学理研究与事实和实际收益产生脱节；同样，如果针对具体问题和案件问题的处理仅仅是出于法感情或选择性的目标设定，而不是在法条的评价关系和理论学说上寻找可论证的支撑的话，这种处理就是模糊的，其理由也是任意的，缺乏学术上的说明力；只有允许刑事政策的价值选择进

① ［日］上岛一高：《被害者的同意（下）》，《法学教室》第 272 号（2003），第 79 页。

入刑法体系和学说说理中去，使得该价值选择的法律基础、明确性和可预见性与刑法体系辩证、和谐地统一起来，才是正确的解决之道。① 实际上，自 20 世纪 70 年代以来努力发展的目的理性（或功能性）的刑法犯罪论体系，其基本理念就是从刑法的目的设定（Zwecksetzungen）中导出犯罪论体系，将现代刑罚目的理论（也就是一般预防论）的刑事政策基础融合进体系构建。②

当然，在行为人针对法益主体的利他目的进行欺骗的场合，其他学说还是容易得出承诺无效的结论。例如，在［例 6］［诈取眼角膜案］中，如果按照"重大动机错误说"，救治儿子的视力毫无疑问是母亲捐献眼角膜的决定性动机，行为人欺骗母亲的行为应当成立伤害罪；如果按照条件错误说，母亲如果得知自己的眼角膜不是为了救治儿子，应该也不会捐献眼角膜，也能得出行为人构成伤害罪的结论。我国台湾地区学者王皇玉认为，如果行为人的欺瞒内容与法益侵害的种类、方式、范围或危险性无关，而是与"目的"有关，则此时法益主体所受欺诈所为之承诺也应该无效。承诺者的承诺是个人的自我决定权的实践。对每个进行承诺的人而言，了解自己牺牲了什么固然重要，但为了什么牺牲这个利益，也同等重要。一个人捐出肾脏是为了救助自己的子女还是为了他人，对捐肾决定应该是重要无比而不得不考虑的因素。因此医师以救助子女为名欺骗他人捐肾，捐肾者的意思表示应属无效。③ 日本学者上岛一高也认为，即便是与法益有关的错误，只要不能说对法益主体的意思决定施加了相当大程度的影响，也不能认定承诺无效。④ 概而言之，只要

---

① ［德］克劳斯·罗克辛：《刑事政策与刑法体系》（第二版），蔡桂生译，中国人民大学出版社 2011 年版，第 6—15 页。

② Vgl. Claus Roxin, Luís Greco, Strafrecht Allgemeiner Teil Band Ⅰ, 5. Aufl., 2020, S. 296ff, Rn. 26ff.

③ 王皇玉：《欺瞒病人而抽血成立伤害罪吗？》，《月旦法学教室》第 80 期。

④ ［日］上岛一高：《被害者的同意（下）》，《法学教室》第 272 号（2003），第 81 页。

在承诺效力的判断上，将法益主体的意思决定是否受到相当大程度的影响作为判断标准，就很容易否定法益主体的承诺效力。如果采取这样的判断方法和论证方法，直接放弃法益关系错误说是比较经济的方案。

但是，正如日本学者小林宪太郎教授所指出的，不能从对法益主体的意思影响的程度大小来判断法益主体的承诺之有效与否，这种看似很有道理的论证都只是一些似是而非的说理，具有很大的迷惑性。① 小林教授以上岛一高所举的例子为标靶剖析了这种说理论证的迷惑性和无效性。上岛一高认为，在医生以比实际时间要短的剩余生命时长欺骗癌症患者从而使患者产生死亡决意的场合，如果不能认定真实的剩余生命时长对患者心理施加的影响很大，而且真实的剩余生命时间与虚假的剩余生命时间之间的差距对患者的意思决定具有相当大的影响，承诺就并非无效。② 小林宪太郎教授则针锋相对地指出，虽然是简单的"死亡决意"这个词汇，其内涵也可以作出各种各样的表述。在上岛所举的事例中，患者决定结束生命的决意既可以表述为"结束还剩 1 个月的剩余生命的决意"，也可以表述为"结束 2 个月的剩余生命的决意"。那么虽然还有 2 个月的剩余生命，却被欺骗只有 1 个月而产生死亡决意的患者，由于其原本就没有打算结束剩余 2 个月剩余生命的决意，将以存在这样的决意为前提受到的心理影响的程度作为判断该决意有效性的要件就是荒谬的。③ 析言之，小林宪太郎教授在这里非常敏锐地把握住了上岛的说理漏洞：在现实世界中有且仅有一个法益主体的具体的意思决定，虚构出一个平行的"法益主体的意思决定"来进行比较，是非常虚妄的做法。

----

① ［日］小林宪太郎：《所谓的"法益关系的错误"的意义与界限》，《立教法学》第 68 号（2005），第 30 页。

② ［日］上岛一高：《被害者的同意（下）》，《法学教室》第 272 号（2003），第 81 页。

③ ［日］小林宪太郎：《刑法的归责》，弘文堂 2007 年版，第 229 页。

在本书看来，动机错误说和条件错误说虽然能够在该事例中得出有罪结论，可是却带有一定的偶然成分，并不能证明其观点和方法的优越性；偶然得出正确结论的观点，较之于确定得出错误结论的观点，在方法的确定性上反而要略逊一筹。详言之，就动机错误说而言，如果采用"传统的动机错误说"，那么母亲为了儿子的视力复明，也不过是个人的内心动机，对于清楚无误地获得承诺的行为人而言，其动机错误无足轻重；只有在"重大动机错误说"之下才能凭借法情感的加持，将母亲的目的无争议地确定为"决定性的动机"，如果脱离了特定背景，其"重大动机"的判断一样是模糊不明。条件错误说的偶然性较之动机错误说亦不遑多让，如果该母亲得知自己的眼角膜将会被行为人恶意丢弃，即使是中立的司法人员当然也能够替母亲表示不会同意；但是，如果该眼角膜是被移植给其他人的时候，还能这样确定的认为根本违背母亲的本意吗？此时，条件错误说的判断结论似乎就要取决于母亲是否足够无私、博爱了，一旦母亲认为移植于他人也是合理利用、善莫大焉，条件错误说即无所措手足矣。这也是条件错误说（或者称之为"主观真意说"）本身潜在的巨大不确定性使然。与从法益主体的意思形成及意思决定过程是否受到重大影响相比，法益关系错误说从错误的内容、类型等客观角度出发寻找客观的、规范的判断基准，并将这种客观标准固定、落实在"法益关系"上，是一种值得认同的方向。因此，法益关系错误说作为一种正确的思考方向仍然值得坚持。同时，在行为人针对法益主体的利他目的进行欺骗的场合，法益关系错误说仍然保留着反思的空间和改进的可能。

实事求是地讲，在行为人针对法益主体的利他目的进行欺骗的场合，法益关系错误说确实过分注重个人法益的静态的"存立价值"的保护，完全否定了其动态的"交换价值"的保护。通过简单的常识就能得知，个人的权利倘若不能行使，根本算不上权利。权利不是静态的客体，只有在行使的过程中才能显示其权利之本色。即使是个人法益，也具有一种作为"生活利益"本该具有的生活参与性。

质言之，法益的静态存在当然值得保护，但法益的动态行使也应当加以保护，这既是法益之所以为利益的双重面向，也是能称其为利益的本质所在。个人法益也不是单一层次的静态平面结构，而是由动态权利行使与静态权利存在复合而成的立体结构。所以，无论是侵犯了权利的动态行使，还是侵犯了权利的静态存在，都属于侵害法益，都具有违法性；同时侵害二者的，当然就具有更高的违法性。再者，就法益主体的目的落空而言，也必须承认这种感受上的落差表征着其应受保护的利益没有得到妥善的安置；客观目的论的实质解释在刑法教义学中所要解决的问题，也正是要将这些应受保护而又未受保护的利益重新纳入各罪的保护法益范围之内。众所周知，近代以来刑法上的法益概念，是由李斯特与宾丁两位德国刑法学巨匠所奠定的；李斯特将耶林的利益学说导入刑法，将"法益"定义为"法所保护的利益"，是大多数学者支持的法益概念流派；而耶林当初把"能够适合对我们来说适合这些目的，某种既得利益的保障、欲求的满足、利益及目的之促进的事物都称呼为财（Gut）"，即对作为某一主体的、具有某一物的、为达成其目的的有效性就是利益。① 因此，法益关系错误说的继受者完全可以在坚持阿茨特的思考方向之同时，尝试摆脱阿茨特对"法益关系"的内容界定，重新发展法益关系错误说。

三　对于与紧急事态事例有关的批评意见之辨析

行为人虚构紧急事态欺骗法益主体取得承诺的情形，是关系到应该坚持阿茨特之原旨还是应该修正法益关系错误说的重大问题。

与行为人针对法益处分的反对给付进行欺骗的场合相反，法益关系错误说对行为人虚构紧急事态进行欺骗等事例的处理并没有受到最集中的批评，而是受到了最确定和最强烈的质疑。即使是支持

---

① ［日］伊东研佑：《法益概念史研究》，秦一禾译，中国人民大学出版社 2014 年版，第 80 页。

法益关系错误说的学者也认同，该说在处理有关紧急事态的欺骗时所受到的批评和质疑是最为重要的；① 我国学者付立庆教授更是认为，只有在类似于紧急状况之欺骗的场合，法益关系错误说所受到的批判才是真正有价值的批判，而且法益关系错误说在该场合也陷入了真正难以解脱的困境。② 那么，何以在行为人虚构紧急事态进行欺骗的场合，法益关系错误说面临着如此严肃的怀疑呢？

在行为人虚构紧急事态欺骗法益主体的场合，法益主体仍然是对自己处分法益的种类、范围、危险性等内容有清楚的认识，在其所处分的法益内容上存在着一个真实的放弃意愿，这是没有争议的；另一方面，正如前文所分析的那样，当行为人告知法益主体某种紧急事态之时，其实都已经暗示了相当程度的不利后果，且法益主体不难知晓这些不利后果，甚至在某种程度上，当行为人向法益主体谎称存在某种类似于紧急避险的事态需要牺牲其特定法益时，认为法益主体在当时已经丧失了部分处分权限也不为过。比较而言，法益主体对反对给付的期待及自身抱持的利他目的这两项内容的确都与所处分的法益本身并不直接相关，法益主体也仍然可以选择保全法益；而当行为人谎称需要牺牲法益主体的某项法益才能摆脱紧急状况之时，已经密切地关联到该项法益本身了，且法益主体保全法益的选择也受到了极大限制。因此，在行为人虚构紧急事态欺骗法益主体的场合，理论上有更为充足的理由否定法益主体的承诺效力。

问题在于，多数意见认为，在行为人虚构紧急事态欺骗法益主体处分法益的案例中，行为人的欺骗起到的是一种"强制的作用"（Nötigungswirkung），这种作用与通过威胁（Drohung）引起的作用相同，在这类案例中，应该将这种由欺骗所引起的强制（täuschungsbedingte Nötigung）与威胁等同视之，在威胁能够否定承诺的效力时，否定此

---

① ［日］佐伯仁志：《刑法总论的思之道·乐之道》，于佳佳译，中国政法大学出版社 2017 年版，第 183 页，边码 219。

② 付立庆：《被害人因受骗而同意的法律效果》，《法学研究》2016 年第 2 期。

类事例中承诺的效力。① 例如，德国学者雅克布斯教授就认为，在前引［例12-1］［头虱事例］等案例中，一个理性的、适当的意思决定是不存在于法益主体的意思决定中的，这里存在一个与强制状况相当的欺骗，因此，行为人应该成立侵害法益主体所处分法益的间接正犯。② 这一意见的重要性在于指出了"受欺骗的承诺问题"中一个被阿茨特所忽略的侧面：那就是欺骗同样可以用于传达具有强制意义的内容，或者达到强制他人做出选择的效果；因此，由于欺骗而引起的承诺无效，其范围可能超出"与法益内容有关"的框架。③ 如果承认上述认识是正确的，那么，只有在行为人针对与法益无关的事情进行的欺骗绝对不会妨害法益主体的自我决定，也就是，尽管法益主体的认识存在错误，但其承诺仍旧是出于自由处分的场合，阿茨特的法益关系错误说才能够无限定地予以接受。否则，区分"与法益有关的欺骗"和"与法益无关的欺骗"对于承诺的有效性而言，就可能并不具有阿茨特所赋予的那种原理性的意义。④ 若果真如此，则法益关系错误说的理论价值就可能比较有限，甚至可以说其面临着难解的困局。

　　总而言之，对法益关系错误说处理有关反对给付的诸多批判，无论是"可能导致处罚的空隙""可能导致激励犯罪"还是"类似事例处理的不均衡"，都不是决定意义的正确批评，甚至是批评意见自身提出了一个不足为虑的假问题。真正有价值的批评意见，是在行为人针对利他目的进行欺骗，以及虚构紧急事态进行欺骗这两个场合；此两种场合的相关事例才真正确实造成了法益关系错误说的困局：维持阿茨特原教旨的法益关系错误说，就可能会导致一些具

---

① Vgl. Claus Roxin, Luís Greco, Strafrecht Allgemeiner Teil Band Ⅰ, 5. Aufl., 2020, S. 699 f., Rn. 105.

② Vgl. Günther Jakobs, Strafrecht Allgemeiner Teil, 1991, S. 249, Rn. 121.

③ Vgl. Günther Jakobs, Strafrecht Allgemeiner Teil, 1991, S. 249, Rn. 121.

④ ［日］小林宪太郎：《所谓的"法益关系的错误"的意义与界限》，《立教法学》第 68 号（2005），第 39 页。

有处罚必要性的事案无法得到处罚；而如果修正或扩张法益关系错误说，又需要时刻注意扩张的边界，以及是否根本背离了法益关系错误说的基础与初衷。

第三节　法益关系错误说的修正与扩张

上文分别介绍了阿茨特所提出的法益关系错误说以及针对阿茨特说的种种批评意见，从批评法益关系错误说的见解中不难看出以下有问题的理解倾向：由于阿茨特在提出"与法益有关的错误"这一类型时将其高度提炼为"法益的种类、范围或危险性"，而所使用的说明案例却又太过具体，而批评意见则对"法益关系错误"加以"照本宣科"的理解和运用，直接导致法益关系错误说在面对其他学者所设计的众多事例时捉襟见肘。

其实，法益关系错误说的旨趣在于，尊重立法者对各个具体罪名的保护法益的规定，以此来制约各个具体罪名的构成要件在法益主体受欺骗场合的解释适用，而探讨各具体罪名的保护法益以及"法益相关错误"本来是刑法分论的任务，[①] 阿茨特要在刑法总论中将"法益关系错误说"提升成为一条具有普遍指导作用的总则性标准，抽象至"种类、范围、危险性"这种程度已经难能可贵了。因此，对于法益关系错误说而言，如何在阿茨特所奠定的思考方向上进一步提炼、确定、扩展"与法益有关的错误"之具体情形与涵摄范围，如何提升"法益关系错误说"对具体事例的解释能力，是正确理解和适用这一理论的关键，甚至是决定这一理论成败的关键。

日本刑法学者在继受法益关系错误说之后，对上述问题进行了卓有成效的探讨。大致说来，日本刑法学者对法益关系错误说的修

---

① ［日］佐伯仁志：《关于被害者的错误》，《神户法学年报》第 1 号（1985），第 61 页。

正和发展表现在两个方面：一是以论题学式的问题思维为导向，围绕着上文分析的有关利他目的、紧急事态进行欺骗的问题，对法益关系错误说展开理论探讨和修正，其代表人物是山口厚教授和山中敬一教授；二是在阿茨特所抽象的"种类、范围、危险性"基础上，进一步在总则层面对"与法益有关的错误内容"进行体系化的增补和整理，其代表人物是山中敬一。本书在此先分别介绍山口厚和山中敬一二位教授对法益关系错误说的修正观点。

一　山口厚所修正的法益关系错误说

山口厚教授对法益关系错误说的修正和扩张包括两个方面的内容，第一是对法益主体因受欺骗而产生的错误认识的对象内容予以进一步的明确，这是在法益关系错误说的框架内对"与法益有关的错误"予以扩容；第二是对"法益"的构成要素进行了扩张，也就是对法益关系错误说的前提和基础进行了修正。

山口厚教授认为，要想根据法益主体因受欺骗而产生的错误认识否定承诺的效力，除了对侵害结果的种类、范围、危险性等法益侵害内容没有正确认识的场合之外，法益主体对于影响到法益的保护价值或影响到结果的法益侵害性的法律评价（规范评价）的对应事实没有正确认识的场合，因为法益主体对实际发生结果在法律评价上的法益侵害性没有正确认识，所以也不能认可承诺的效果。① 山口教授的根据在于，法益主体的有效承诺阻却实质违法性的理由是法益失去了要保护性或保护价值，在相应事态中也就失去了法益侵害性；② 因此，当法益主体对于与法益侵害性相关的事实存在错误认识时，其承诺无效，而法益主体对于法益的保护价值等与法益侵害

① ［日］山口厚：《刑法总论》（第 3 版），付立庆译，中国人民大学出版社 2018 年版，第 168 页。

② ［日］山口厚：《刑法总论》（第 3 版），付立庆译，中国人民大学出版社 2018 年版，第 161、171 页。

性相关的法律评价存在错误认识之时，其承诺当然也应该无效。在山口厚教授看来，在类似于［例3］［真壶假壶案］等对毁损财物、物品的价值存在错误的场合，例如以稀世真壶为赝品、以传世孤本画卷为伪作，对侵害对象的法益价值存在错误就是对法益侵害的"程度"这一"范围"等存在错误；既然法益主体对物品本身价值存在的错误是"法益关系错误"，那么其对承诺客体在法律评价上的保护价值存在的错误当然也应当归入"法益关系错误"，等同处理。①

山口厚教授将相应法益的保护价值或要保护性纳入"法益关系错误"的范围，其问题意识十分明确，就是针对"与紧急状态有关的错误"而准备的解释方案。对于［例12-2］［猛兽事例］，以及使用伪造的搜查令状佯称依法搜查、得到户主的同意而进入他人住宅的事例，如果猛兽伤人或合法搜查这些事情确实发生的话，法益主体即使不同意击毙猛兽、入户搜查，行为人也可以用紧急避险、法令行为等理由（山口教授认为击毙猛兽属于正当防卫）对法益予以侵害，而法益主体不得不忍受紧急避险、法令行为之允许限度内的法益侵害；在这个意义上来说，相应法益在法律上无论如何都是可能受侵害的，也就失去了客观的保护价值；就猛兽伤人、合法搜查等内容受到欺骗的法益主体，对于与所承诺之事态相关联的法益侵害性内容陷入了错误认识，由此能够被视为其对于实际上所产生的法益侵害并不存在承诺。② 我国学者付立庆教授继受了山口厚教授的观点，并将法益主体对法益的要保护性、保护价值的认识错误归纳为"规范评价误认型法益关系错误"。③

将法益的保护价值或要保护性纳入"法益关系"范围之内，尚

---

① ［日］山口厚：《"法益关系的错误"说的解释论的意义》，《司法研修所论集》总第111号（2003-Ⅱ），第101页。

② ［日］山口厚：《刑法总论》（第3版），付立庆译，中国人民大学出版社2018年版，第170页。

③ 付立庆：《被害人因受骗而同意的法律效果》，《法学研究》2016年第2期。

可说是阿茨特的观点的自然延伸和深化。但是，山口厚教授对"法益"内部的构成要素进行扩张就引人注意了。

正如前文所述，自阿茨特提出法益关系错误说以来，该说便旗帜鲜明地将法益主体对法益处分的理由、动机存在的错误排除出"法益关系错误"的范畴，其背后的根据在于各具体罪名只能保护立法规定的相应法益，而不能保护一般性的法益处分自由；如果在法益主体对相应的法益及其有关内容不存在错误认识的情况下也否定承诺效力的话，则相应构成要件保护的不是相应法益而是"意思决定的自由"。但是山口厚教授反倒认为，自阿茨特以来的法益关系错误说论者对于有关法益处分自由的理解是有问题的。传统的法益关系错误说将法益处分的自由理解为是不同于法益的单独的东西，但在山口看来，法益处分的自由是法益的构成要素，并不是全然不同于法益的另外的东西，因此有关法益处分自由的错误，比如说有关法益处分的理由、动机的错误，也是与法益有关的错误之一种。例如，就财产而言，对支付对价（也就是反对给付）的欺骗也成立诈骗罪，可以明确看出法益处分的自由正是作为财产法益的内容本身而受到保护。① 在山口看来，即便是与身体法益有关的场合，也并不是完全没有肯定处分自由的余地。例如，行为人欺骗法益主体说要购买其头发用于制作假发，从而得到了法益主体的承诺剪掉其长发，但此后却拒绝支付报酬。头发虽然属于人身的组成部分，但个人具有决定剪去头发的完全、无障碍的处分自由，因此可以考虑肯定以上的场合成立暴行罪。② 再如，以个人的移动自由为保护法益的监禁罪，个人决定移动与否的处分自由是当然包括在"移动自由"的内容中，因此当行为人针对处分目的、理由进行欺骗，使得法益主体

---

① ［日］山口厚：《刑法总论》（第3版），付立庆译，中国人民大学出版社2018年版，第170页。

② ［日］山口厚：《"法益关系的错误"说的解释论的意义》，《司法研修所论集》总第111号（2003-Ⅱ），第105页。

就此陷入错误的，也当然属于"法益关系的错误"；还有，一个专攻心理学研究的学生，请求其他同学参与其设计的"闭锁环境下的人际心理实验"，以帮助其获取论文所需要的实验数据，然后在长达一周的时间内将参与实验的同学封闭在与外部隔离的空间中，实际上该心理学实验完全是出于让其他同学感受痛苦的目的而设下的骗局；在该事例中，该实验设计者尽管只是针对处分法益的目的进行欺骗，也应该成立监禁罪。① 所以，山口厚教授认为，一直以来的法益关系错误说一般不保护法益处分的自由，是过于狭窄地理解了保护法益的内容。这样一来，在虚构紧急事态进行欺骗的场合，也可以认为作为法益之构成要素的法益处分自由受到了侵害，以此为理由可以在该场合认定存在"法益关系错误"，否定存在有效的承诺；② 当行为人针对法益主体的利他目的进行欺骗时，该利他目的就是法益处分的目的，同时是与法益处分的自由之前提事实相关联的事由，自然就与法益处分的自由发生关联，法益主体在利他目的受到欺骗的也就是受到了与法益有关的欺骗。③

　　与扩展"法益关系错误"的范围类似，山口厚教授扩张"法益"本身的构成要素也与相应的问题意识有关。具体的理由可能有二：其一，在承诺的正当化根据上，山口厚不同意"优越利益说"解释路径，也就是不赞成根据"个人自己决定自由优越于被行为所侵害的利益"的理由说明承诺的效力来源；④ 其二，在山口厚看来，"受欺骗的承诺"课题对于诈骗罪的解释适用非常重要，而诈骗罪所

① ［日］山口厚：《"法益关系的错误"说的解释论的意义》，《司法研修所论集》总第 111 号（2003－Ⅱ），第 104 页。

② ［日］山口厚：《刑法总论》（第 3 版），付立庆译，中国人民大学出版社 2018 年版，第 167 页。

③ ［日］山口厚：《"法益关系的错误"说的解释论的意义》，《司法研修所论集》总第 111 号（2003－Ⅱ），第 103 页。

④ 有关"优越利益说"的立场和详细观点，参见［日］曾根威彦《刑法学基础》，黎宏译，法律出版社 2005 年版，第 60 页；有关山口厚教授的立场，详见［日］山口厚《刑法总论》（第 3 版），付立庆译，中国人民大学出版社 2018 年版，第 163 页。

保护的财产法益中正好必然包含法益处分自由，诈骗行为人对反对给付、处分目的等的欺骗也是诈骗的重要情形，因此有必要将法益处分自由作为"法益"的构成要素。① 不过，山口厚教授也并没有在这一方向上走得太远，他认为也不能将法益处分自由都作为一切法益的构成要素而加以保护。最典型的就是对于生命法益的处分自由不能作为生命法益的构成要素加以保护，在刑法之中，得到同意而杀人的仍要被处罚（日本刑法第 202 条），阻止自杀的行为不仅不成立强要罪（日本刑法第 223 条），甚至还应该受到称赞。在前引的 ［例 8］ ［假意相约自杀案］ 中，日本最高法院的判例对于仅在自杀的动机上存在错误的场合也肯定了故意杀人罪的成立，由此就成了对于生命法益的处分自由也加以保护，这样的理解就太过头了。②

对于攸关生命的重大身体伤害，从保护生命的立场出发，山口厚教授认为也要否定法益主体的处分自由。例如，行为人谎称孩子生病需要移植肝脏或肾脏，从而诱骗法益主体承诺摘除部分肝脏或者肾脏。对此，山口厚教授认为，关于得承诺的伤害，如果该伤害重大或者可能危及生命的话，从保护生命的角度出发，尽管有被害人承诺也仍然可以认定为伤害罪。这种思考方法是完全可以成立的，如此一来，关于重大伤害或者危及生命的伤害，即使是由于谎称有紧急状态而被否定了承诺有效性的情况，既然被害人对于伤害本身有认识，那么虽然对于处分目的等存在错误，也不能被认定为"法益关系的错误"，仍然存在着一个真实的承诺。如此一来，在对伤害予以承诺的情形中可以做如下处理：因为从保护生命的角度出发可以否定承诺的效果，于是，一方面可以得出承诺伤害具备可罚性的

---

① ［日］山口厚：《"法益关系的错误"说的解释论的意义》，《司法研修所论集》总第 111 号（2003-Ⅱ），第 107 页。

② ［日］山口厚：《从新判例看刑法》（第 3 版），付立庆、刘隽、陈少青译，中国人民大学出版社 2019 年版，第 25 页。

观点，另一方面，由于处分自由被否定，所以虽然关于处分目的存在错误，但承诺本身是成立的，承诺的效果则是另外的问题。①

不难看出，山口厚教授扩张了一直以来对法益关系错误之内容的理解，对于迄今为止一直认为不存在法益关系错误的典型事例也肯定了法益关系错误的存在。对于上述重大修正，山口厚教授自己认为："只要是将法益处分的自由理解为法益本身的内容和构成要素，那么对从来的理解予以修正可以说就不可避免。也可以这么说，笔者是通过对'法益关系错误'的思考进行修正，而尝试着将这一解释框架本身从濒临放弃的边缘中解救出来。"②

二 山中敬一所修正的法益关系错误说

在日本刑法学界，山中敬一教授不仅是最早向日本刑法学介绍法益关系错误说的接引人，而且也是整理"与法益相关的错误"之类型的阐述者，对法益关系错误说在日本刑法理论中的发展可谓功莫大焉。对于阿茨特说所存在的问题，山中敬一教授也有自己的思考。

山中敬一教授对法益主体在承诺当时所发生的认识错误及各自的效果进行了较为全面和细致的检讨，将法益主体的认识错误分成以下几种类型：

①与法益的意义和范围有关的错误。按照法益关系错误说，法益主体发生该类型的错误则承诺当然无效，不必赘言。

②具体的对象错误，也就是对承诺的具体对象的同一性的错误，也属于与法益有关的错误。例如，法益主体原拟承诺毁掉价值 1000 日元的手表却错误地承诺毁掉 10 万日元的手表，这种承诺无效。

---

① ［日］山口厚：《"法益关系的错误"说的解释论的意义》，《司法研修所论集》总第 111 号（2003–Ⅱ），第 105 页。

② ［日］山口厚：《刑法总论》（第 3 版），付立庆译，中国人民大学出版社 2018 年版，第 2 版前言，第 21 页。

③相对人的同一性错误。这一类型与具体的对象错误大致同理，属于法益关系错误，无论承诺涉及的是财产法益还是人格法益均在所不问。例如，承诺将财物给甲，乙却拿走了财物，乙的行为当然不在承诺范围内；妻子将小偷误认为丈夫而与之发生性行为的，其承诺也应该无效。需要注意的是，这一类型与具体的对象错误还是有不同之处。

④反对给付的错误。山中敬一教授坚持认为这不属于法益关系错误，只是法益主体的动机的错误。

⑤目的、缘由的错误。与上述有关反对给付的错误相同，山中教授仍然坚持这不属于法益关系错误。

⑥紧急状态的错误。山中敬一教授坦承这是最具争议之问题，详细说明了对立观点之差异，并阐述自己之见解，本书特详述于后。①

对于行为人针对法益主体的利他目的进行欺骗，或者是虚构紧急事态进行欺骗的问题，山中敬一教授并没有特别地区分二者的不同，而是将法益主体对上述事项的错误都作为"紧急状态的错误"予以讨论。例如，行为人在自己的汽车起火之后，欺骗途经现场的行人说自己的妻子被锁在了汽车里，请求行人帮忙打开车门；行人明知道此时存在着烧伤或爆炸的危险，至少肯定会被车门的把手烧伤双手，但考虑到人的生命的价值更为高贵、优越，于是答应帮忙救人，但结果车里却只是锁着行为人的宠物狗。再例如，患者明明只是患有胃溃疡，却欺骗患者说他已经罹患胃癌，患者为了保全生命而答应接受部分胃切除手术。以上两个例子在山中敬一看来，欺骗行为人都创设出了实际上并不存在的类似于紧急避险状况的虚假情境，对法益主体接受风险或伤害的必要性进行欺骗。②

在上述场合，山中敬一教授最初认为，不能以法益主体对法益

①　[日] 山中敬一：《刑法总论》（第3版），成文堂2015年版，第219—221页。

②　[日] 山中敬一：《被害者同意中的意思欠缺》，《关西大学法学论集》第33卷第3、4、5合并号（1983），第344页。

侵害存在承诺为由认定承诺有效，而是以存在类似于紧急避险的事态、"被害人的价值决定受到拘束"为由，"例外地"认定承诺无效。其理由在于，法益主体是为了救助陷入危难的他人的生命法益或身体法益而牺牲了自己的法益，在当时的情况下法益主体所作出的意思决定，是受到人类的价值观、伦理观的约束而不得不决意放弃自己的法益，如果将这种意义上的牺牲说成是基于自由的决意，显然让人难以信服。行人在烈火烧车时勇救他人，是误认为存在侵害优越利益的急迫危险从而决意放弃了自己的法益，与紧急避险情况下的损害关系和价值选择十分相似，在类似的场合法益主体的价值选择和意思决定不能说是自由作出的，其承诺应该无效。至于患者实际上没有必要接受手术，但医生却欺骗患者接受手术的场合，从医疗行为和医患关系的本质来看，可以说存在着患者不得不根据医生的说明而选择承诺的独特情况，也能够肯定按照"紧急状态"的场合来对待。①

　　前文曾介绍过罗克辛教授对于有关紧急状态之欺骗的观点，认为在该场合法益主体陷入了类似于强制的心理状态（不过，罗克辛教授是区别讨论与利他目的有关的欺骗和有关紧急状态的欺骗），因此，要在法益关系错误说的适用范围之外否定承诺的有效性。从上文的介绍可以看出，山中敬一教授并没有将这种紧急状态的欺骗直接与强制、胁迫加以类比，而是指出法益主体的价值决定过程与紧急避险状态下的价值选择类似，既指出了法益主体所受到的欺罔不像直接的强制或胁迫那样取消了其他选择的可能性，肯定了法益主体仍然是根据所接受的信息自己进行选择，也肯定了法益主体的选择毕竟还是受到了局限和拘束。这显示出山中教授思考的细腻之处。但是，山口厚教授指出上述说理还未尽周延：若是价值决定受到拘束就可以成为承诺无效的理由，那么当现实中真的存在必须手术等

---

① 　[日] 山中敬一：《被害者同意中的意思欠缺》，《关西大学法学论集》第 33 卷第 3、4、5 合并号（1983），第 345、346 页。

紧急状态的事后，由于价值决定也受到了拘束，那么承诺也就不得不成为无效，手术等医疗行为就不能肯定违法性阻却，这显然是不妥当的。① 这实际是在追问山中教授，对"紧急事态的错误"进行"例外"处理的实质性根据何在。归根结底，仅仅将否定承诺效力的根据界定为"价值决定受到约束"，就难免受到"在确实存在紧急状态的场合，同样是价值决定受到约束，何以承诺却是有效的"的诘问。

面对山口厚教授的批判，山中敬一教授也认识到此前所阐述的理由确实不够充分，进而对其论证予以补充和调整。② 在对类似于紧急避险的状况存在错误的场合，山中教授认为存在"法益的相对价值的错误"，将其作为"例外"认定承诺无效的根据。山中教授认为，在上述类似于紧急避险错误的场合，虽然不能说是属于"纯粹的法益关系错误"，但是法益主体为了救助处在紧急状态下的更为重大的法益，在自己所牺牲的法益与需要救助的法益的相关关系（或者说是比较关系）上，对自己所牺牲的法益的相对价值产生了错误，因此也就存在着法益的"相对价值"的错误。也就是，法益主体对于自己法益的绝对价值虽然没有错误，但是因为受到"在紧急状态之下应当施以救助"这一价值约束而产生了动机错误，进而对自己法益的相对价值发生了错误，在这样的场合专门地作为例外将承诺归于无效。③

总而言之，无论是虚构与法益主体无关的紧急事态而利用法益主体的利他行为，还是虚构攸关法益主体自身利益的紧急状态欺骗法益主体处分法益，在山中敬一教授看来都是有关紧急状态的欺骗。总体上，山中教授认为在此类情形中法益主体并不存在纯粹的法益

---

① ［日］山口厚：《刑法总论》（第 3 版），付立庆译，中国人民大学出版社 2018 年版，第 166 页，脚注部分。

② ［日］山中敬一：《刑法总论》（第 3 版），成文堂 2015 年版，第 221 页，脚注 18。

③ ［日］山中敬一：《刑法总论》（第 3 版），成文堂 2015 年版，第 221 页。

关系错误，其"不纯粹"之处，一是法益主体的错误仍有动机错误的性质，但是在价值决定上受到了拘束，二是法益主体对所处分法益的"相对价值"而非"绝对价值"存在错误。也正是因为法益主体毕竟是在特定的价值观拘束下，对于所处分法益的"相对价值"存在错误认识，因此可以在法益关系错误说的原则下，"例外"地将此类情形与"与法益有关的错误"相同处理，否定承诺的有效性。可以这样理解，山中敬一教授在"法益关系错误说"的原则上打开了一个例外的口子，毋宁说，这是以法益的绝对价值与相对价值在本质上的同一性，将"与法益有关的错误"的效果类推适用于"相对价值错误"的场合，或者说将"相对价值错误"拟制为"法益关系错误"。日本学者森永真纲认为，山中敬一教授已经放弃了阿茨特有关"交换的保护与存立的保护"这样的论证框架。① 这样的观察大体上是成立的。在本书看来，山中敬一教授不仅是扩展了"与法益有关的错误"之范围，而且还对阿茨特在提出法益关系错误说时划分的"存立价值·交换价值"的框架变化成为"绝对价值·相对价值"。

这种建立在区分"绝对价值·相对价值"基础上的论证模式，在理论上颇受学者欢迎。西田典之教授就认为，［例 12-2］［猛兽事例］仍然能够通过法益关系错误说的理论进行解释，在行为人向法益主体告知其猛兽逃出伤人的当时，法益主体的内心也在比较评价猛兽的价值，在拿自己喂养的猛兽与有可能被猛兽所伤害的他人的生命、身体作比较，在该比较过程中猛兽的实际价值被低估，因此法益主体才会同意行为人射杀猛兽，这就正属于法益主体对所要处分的法益"本身"的价值存在错误的情形，完全属于法益关系的错误。② 松原芳博

---

① ［日］森永真纲：《被害人承诺中的欺罔与错误（一）》，《关西大学法学论集》第 52 卷第 3 号（2002），第 215 页。

② ［日］西田典之：《刑法总论》（第 3 版），桥爪隆补订，弘文堂 2019 年版，第 207 页。

教授也支持在类似于［例12-2］［猛兽事例］的场合，对法益的价值作出相对性的理解。在松原教授看来，尽管也可以说在上述事例中，如果果真存在对物防卫或紧急避险的可能时，法益主体是只能接受猛兽被射杀的结果，但也可以认为，在该场合猛兽的要保护性在防卫或避险所必要的限度之内被降低或受到限制，因此也就能够肯定法益主体对该项法益的"相对性价值"并没有正确认识，存在有关法益的错误。[①] 由此可见，山中敬一教授对法益关系错误说的修正观点，已经成为理论上的重要意见，值得注意和分析。

三　对修正的法益关系错误说之比较与评析

山口厚教授和山中敬一教授分别对法益关系错误说进行了不同程度的修正，就理论效果而言，两种修正的法益关系错误说都能在疑难情形中得出自圆其说的结论。两种修正观点最明显的差别在于，山中敬一教授是在"原则与例外"的分析框架下进行修正，既承认法益关系错误说存在例外，但也仍然用"法益的相对价值"羁縻住例外情形，不使其完全逸脱甚至冲击法益关系错误说的原则。山口厚教授则通过对"法益关系错误"和法益的构成要素重新界定，力图维持法益关系错误说在受欺骗的承诺问题中的指导意义。

关于究竟是选择"原则与例外"的修正模式还是维持法益关系错误说作为唯一的判断标准，分歧集中在对紧急状态事例的处理上，山口厚教授和山中敬一教授对此有过争论和阐述。山口厚教授并不否定，在法益主体认识到紧急状态之后，是有可能因为无法进行自由的意思决定而导致承诺无效的。诚然，在行为人欺骗法益主体说存在紧急状态而取得同意的场合，行为人通过展示、表达客观上并不存在的紧急状态的威胁而获得了承诺，属于是人为地限制了法益主体原本不受制约的自由而获得承诺，因此，这一过程值得与通过

[①] ［日］松原芳博：《刑法总论重要问题》，王昭武译，中国政法大学出版社2014年版，第111页。

强要而获得承诺的场合等同评价。也就是说，在虚构紧急事态而取得承诺的场合，根据对于取得承诺的过程可以与强要等同评价这一理由，可以认为法益主体的承诺是不自由的，进而否定承诺的有效性。但山口教授同时认为，将受到有关紧急状态欺骗的承诺之效力问题都作为法益关系错误说的例外，以法益主体无法进行自由的意思决定为由判定无效，在一般情形下并非都是妥当的，因为即便是在真实的紧急状态之下，也仍然残留着自由的意思决定的余地。[①]　相反，在行为人欺骗法益主体说存在紧急状态的场合，如果认为作为法益之构成要素的法益处分自由被侵害了，那就还是能够认定存在法益关系的错误，这样的解释方案更加圆满、妥当。总之，山口厚教授坚持认为选择"原则与例外"的处理方式是不尽妥当的，有必要着眼于欺骗与承诺的关系本身来寻求解释方案。针对山口厚教授的批评，山中敬一教授予以了积极的回应和补充，特别指出将紧急事态的欺骗和错误作为法益关系错误说的"例外"进行处理的根据在于，法益主体"虽然对自己的法益的绝对价值不存在错误，但受到价值约束的动机的错误，由此产生的相对价值的错误将同意归于无效"。[②]　前文也曾提及，山中敬一教授始终强调，在行为人虚构紧急状态进行欺骗的场合，法益主体由此而产生的错误不是"纯粹的法益关系的错误"，由此可见，山中教授应该是仍然认为法益主体在这种场合的错误属于动机的错误，[③]　只能作为"例外"类推适用法益关系错误的效果。

　　不难看出，山口厚教授和山中敬一教授的分歧已经提出了一个在修正法益关系错误说时需要认真考虑的重要问题，那就是在"受

---

　　①　［日］山口厚：《刑法总论》（第 3 版），付立庆译，中国人民大学出版社 2018 年版，第 166 页。

　　②　［日］山中敬一：《刑法总论》（第 3 版），成文堂 2015 年版，第 221 页，脚注 18。

　　③　陈家林：《外国刑法理论的思潮与流变》，中国人民公安大学出版社、群众出版社 2017 年版，第 338 页，脚注②。

欺骗承诺的刑法效果"问题上，究竟应否维持法益关系错误说作为一元的、原理性的判断标准？毫无疑问，这是一个方向性问题。不过，由于两种修正观点都能够做到自圆其说、理论自洽，两种修正方向的是非正误还不能妄下结论，需要对两种修正观点的具体论证和理论根据进行分析。

（1）本书认为，山口厚教授对法益关系错误说的修正，尤其是将法益的处分自由作为法益的构成要素，存在值得商榷的问题。

前文已述，为了说明与紧急状态有关的欺骗属于与法益有关的错误，山口厚教授提出了"应受保护的相应法益的保护价值、要保护性丧失"之论证理由。此处首先分析这一论证理由是否妥当。诚然，在谎称猛兽出笼伤人的场合，以及使用伪造的搜查令状进入他人住宅搜查的场合，如果猛兽伤人或合法搜查这些事情确实存在，法益主体即使不同意击毙猛兽、入户搜查，行为人也可以用紧急避险、正当防卫、法令行为等理由对法益予以侵害，法益主体亦需要忍受紧急避险、法令行为之允许限度内的法益侵害。但是，能否就此认为，相应法益无论如何在法律上都是可能受侵害的，也就失去了客观的保护价值，失去了要保护性呢？

对此，山中敬一教授批判山口厚教授提出的"应受保护的法益的要保护性或保护价值丧失"等理由，"不过是游离于承诺人主观的现实状态的假定的考察而已"。这是因为，无论是误信自己患癌而同意了胃切除手术的人，还是试图救助被困在火场内的妇人而被烧伤双手的人，抑或是误以为自己所饲养的猛兽要加害他人而同意射杀猛兽的人，都不意味着他们在现实中会认为自己的相应法益不需要保护。想要救助妇孺而被大火烧伤双手的人，固然不会认为自己的"手"欠缺了要保护性；即使是忍痛承诺射杀猛兽的饲养人，也不一定认为自己的猛兽是死不足惜，只在客观上具有要保护性，法益主体反而认为完全没有要保护性之时，方才能说是存在"法益关系错误"，不符合这一条件就难以承认存在法益关系错误，没有法益关系的错误就不能认为承诺无效。①

前文已经说明，判断存在欺骗、错误等瑕疵因素的承诺效果，并不能采取主观说的考察方法，也就是不能以受欺骗者自己的主观判断和主观认识为基准。因此，山中敬一教授认为山口厚教授的考察方法"游离于承诺者的主观现实"，并不是有效的批判，但也指出了一个重要的问题。在本书看来，在勇闯火场救人、忍痛杀兽等场合，重要的不是受欺骗的法益主体是否真的相信自己的法益失去了要保护性，而是在行为人所虚构的事实确实存在之时，相应的法益是否确实"失去了要保护性"。问题在于，即使确实存在着有妇孺受困火场的场合，施救者的身体完整性、身体健康等法益也并没有失去要保护性，而确实有猛兽伤人、有正当搜查令入户搜查的情形，饲养人、户主在相应限度内的财产法益、住居安宁权也并不是完全失去了要保护性。施救者的身体法益、饲养人的财产法益、户主的住居安宁权，都只不过是在与他人的生命法益或公务行为需要进行比较衡量之后，在"比较的意义上"需要让步而已。如果不是选择从这种比较衡量的立场来评价相应场合法益主体的法益价值，而是决绝地认为"失去要保护性"，那么就很难说明为何正当防卫、紧急避险、法令行为都会受到基于比例原则而制定的诸多限制了，在这些情形中，防卫对象、避险对象的利益都没有失去"要保护性"，只是让步于防卫人、避险人的利益而已。因此，关于"应受保护的法益的要保护性丧失"这一理由可能并不妥当；应该认为，在虚构紧急事态的场合，法益主体的法益仅仅是在与另一法益相比较的意义上做出了价值选择而已。

接下来着重分析山口厚教授将法益处分自由作为法益的构成要素之主张。根据山口厚教授的观点，除了在生命法益和攸关生命的重大的身体法益中需要否定法益主体的处分自由之外，其余作为个

---

① ［日］山中敬一：《刑法总论》（第3版），成文堂2015年版，第221页，脚注18。

人法益的身体、自由、财产等法益中均可以包括法益处分自由。对于山口厚教授的这一见解，理论上有学者予以积极的支持和回应，但多数意见认为这一修正并不成功。

小林宪太郎教授基本上支持山口厚教授的观点。小林教授认为，要评判山口的见解妥当与否，首先必须明确法益、法益处分自由这些概念的内涵。所谓法益，原本是刑法分则具体各罪的构成要件着眼于某个"社会实体"的一定属性而将该属性予以记述（重新表述）的东西。例如，对于"头发"这一实体物，刑法上既可以表述为身体的构成要素，也可以表述为用于制作假发的交易对象。对于日本刑法规定的暴行罪而言，"头发"就是作为"身体"之一部分而记述的。在通常情况下，如果将刑法分则具体各罪所记述的特定属性朝着被认为"不好"的方向变更的话，就可以认为法益似乎受到了侵害；但是，法益主体具有将某种变更判断为"好"的自由，如果在具体案件中法益主体行使该项自由的话，那么就不能说法益遭到了侵害。举例来说，在通常情况下，"剪头发"被认为是朝着"不好"的方向的身体变更，但法益主体具有将"剪头发"判断为"好"的自由，因此，当顾客行使了该项自由时，理发师的理发行为就不构成暴行罪了。这种"将某种变更判断（定义）为好或不好"的自由，就是"法益处分的自由"。这样考虑的话，在法益处分自由决定着法益侵害的存在与否之意义上，或许确实可以说法益处分自由是法益的构成要素。既然法益处分自由能够决定法益侵害性的存否，那么，有关法益处分自由的错误，自然也就是与法益侵害存在与否有关的错误，也就可以说是有关法益的错误。①

在我国，也有学者在不同的场合支持山口厚教授的观点，例如，邓毅丞副教授认为，个人处分法益的自由不应与其个人所享有的法

---

① ［日］小林宪太郎：《刑法的归责》，弘文堂 2007 年版，第 230、231 页。需要略加说明的是，小林教授和山口教授都认为，"与法益有关的错误"应该更准确地称为"与法益侵害有关的错误"。

益相分离，离开了个人处分自由的身体法益只是欠缺主体精神因素的骨肉堆积而已，刑法保护个人法益的根本目的就是保护个人对自身利益的处分自由，即保障个人的自由不受外部的不当干预，"法益"应当以积极促进人的自我实现作为前提，从这个意义上讲，应当以自己决定权作为法益的核心要素；① 宋盈博士认为，应当将自我决定权放置在法益的内涵之中，脱离具体法益的躯壳空洞地探讨自我决定权无疑是对法益内涵予以不当的抽象化；② 王钢副教授指出，刑法中的个人法益并非只涉及外在世界客观存在着的可供权利人支配的静止的对象物或者客体，其应当也涵括动态的部分，即权利人自主地对这些外在条件加以利用、支配以及处分并同时借此发展自身人格、达成自我实现的潜在自由，换言之，对法益进行支配和处分自由原本就应当是法益自身的构成要素。③

的确，将法益的处分自由作为法益的构成要素，可以使得法益关系错误说对某些情形的说理更为便利。例如，山中敬一教授特别指出，如果采取"法益的处分权也包含在法益的内容中"这样的见地，则承诺的相对人的错误就属于法益关系的错误，承诺原则上是无效的。④ 而且，这也可以澄清对于法益关系错误说的一些误解。例如，王钢副教授认为，法益关系错误说是基于"事实性法益概念"的立场，也就是从事实性的、静态的角度对法益概念进行构建，将法益理解为相应的对象物或客体得以保全和存续的客观状态，原则上仅保护法益客体的存续。⑤ 山口厚、小林宪太郎等法学者的观点至

---

① 邓毅丞、申敏：《被害人承诺中的法益处分权限研究》，《法律科学》2014 年第 4 期。

② 宋盈：《被害人同意中法益的内涵与刑法家长主义》，《刑法论丛》2016 年第 3 卷（总第 47 卷），第 170 页。

③ 王钢：《自杀行为违法性之否定——与钱叶六博士商榷》，《清华法学》2013 年第 3 期；王钢：《被害人承诺的体系定位》，《比较法研究》2019 年第 4 期。

④ ［日］山中敬一：《刑法总论》（第 3 版），成文堂 2015 年版，第 219 页。

⑤ 王钢：《动机错误下的承诺有效性问题研究》，《中外法学》2020 年第 1 期。

少显示，法益关系错误说并不是锚定特定观点的学说，具有开放性、柔软性。但是，必须注意到，将法益的处分自由作为法益的构成要素，正是更受全面无效说欢迎的观点，更有利于全面无效说的展开。因此，本书认为这是必须谨慎对待的观点，可能会导致法益关系错误说与全面无效说在说理方法上的模糊与趋同；同时，这也是法益关系错误说不可回避的问题，必须要对法益概念予以辨析。下文将分别从法益关系错误说和法益概念两个方面深入检讨。

首先讨论，将法益的处分自由作为法益的构成要素，对法益关系错误说的说理究竟是利是弊？

在本书看来，当法益主体是自然人个体时，能够基于个体的自由、真实意思进行处分的法益仅限于生命、身体、自由、财产等范围内，因此，将法益处分的自由加入"法益"的构成要素之内，似乎对"法益"概念的冲击并不强烈。并且，一旦认为"法益处分的自由"就是"法益"的构成要素，那么，行为人虚构紧急事态欺骗法益主体和行为人单纯地针对法益主体的利他目的进行欺骗这两种情形都可以无障碍地成为"法益关系错误"，可以最大限度地维护法益关系错误说的一元性指导地位。但是，随之而来的结果就是，刑法分则所保护的各项个人法益中，都包含有"法益处分自由"这项最大的公约数，在行为人使用欺骗手段实施侵害个人法益的犯罪之时，不同犯罪之间产生竞合问题的几率将会显著升高，各项具体罪名之间的界限在一定程度上变得相对化，这不正是阿茨特在提出法益关系错误说时极力反对的问题现象吗？

最明显的便是山口厚教授所引用的以高价收买原材料制作假发为名骗得他人剪去长发的例子。一方面，诈骗罪的规范目的在于通过确保法益主体在对财物进行支配和利用的过程中享有正确的关键信息，以免在社会经济交往和交易过程中遭受财产损失，[①] 也就是诈

---

① 王钢：《盗窃与诈骗的区分——围绕最高人民法院第 27 号指导案例的展开》，《政治与法律》2015 年第 4 期。

骗罪本身也保护财产权利人作出正确决定的意思自由；另一方面，如果认为法益处分的自由也属于暴行罪或伤害罪所保护的身体法益之构成要素，那么，在该事例中就应该同时肯定诈骗罪与暴行罪（或伤害罪）的成立。即便是主张"法益是围绕个人自由而展开"的罗克辛教授，在分析该假发事例时也坚持认为，卖头发的法益主体是根据报价自己决定剪掉头发的，这里只存在一个针对报价的欺骗和错误，当然完全不存在针对身体完整性的欺骗和错误，很难说在这个事例中分别讨论伤害罪及诈骗罪的成立与否是一种正确的思考。① 因此，日本学者菊地一树认为，山口厚教授将"法益处分自由"加入"法益"的构成要素之内，并以此作为决定"法益侵害性"有无的重要要素，是在"与法益有关的"客观内容中混入了不同性质的主观要素内容，造成了"法益关系"概念的混乱，损及法益关系错误说本来具有的概念清晰、基准明确等方法论上的优点。②

事实上，在"法益"的构成要素中加入"法益处分自由"会模糊具体各罪之间的界限，背离阿茨特创立法益关系错误说的初衷，小林宪太郎教授对此是心知肚明的。小林教授也认为，山口厚教授将有关法益处分的理由、动机的错误广泛地认定为与法益有关的错误是不妥当的。无独有偶，持全面无效说的王钢副教授由于认为"权利人对相应对象和客体进行支配和使用的自由必然是法益概念的

---

① Vgl. Claus Roxin, Luís Greco, Strafrecht Allgemeiner Teil Band Ⅰ, 5. Aufl., 2020, S. 697 f, Rn. 100. 需要说明，从文献上看，山口厚教授在 2003 年发表在《司法研修所论集》上的《"法益关系的错误"说的解释论意义》一文中所举的行为人欺骗法益主体说要购买其头发用于制作假发之事例，应该是来自于德国学者 Thomas Rönnau 于 2002 年发表在《法学教育（Juristische Ausbildung）》杂志上的"Die Einwilligung als Instrument der Freiheitsbetätigung—Zum Grundgedanken und Wirkgrund der Einwilligung im Strafrecht"，Thomas Rönnau 也认为欺骗他人剪去长发的行为人可以成立针对身体完整性的伤害罪。此处罗克辛教授就该事例进行的讨论和商榷是针对德国学者 Thomas Rönnau 而来。

② ［日］菊地一树：《法益主体的同意与规范的自律（1）》，《早稻田法学会志》第 66 卷第 2 号（2016），第 172 页；氏著：《对法益关系的错误概念之扩张的批判性检讨》，《早稻田大学大学院法研论集》第 156 号（2015 年），第 119 页。

有机组成部分"，也感受到了这一观点具有的强大副作用，那就是如果强调"法益处分自由是法益的构成要素"，难免会走向将所有法益都理解为法益主体的意思决定自由，造成刑法分则具体罪名的保护法益同一化，消解不同构成要件之间的差异，严重动摇"法益"指引构成要件解释的功能。①

这样看来，对主张将法益处分自由作为法益的构成要素，或者将法益作为个人自由之实践载体的学者而言，最大的问题就是，如何才能消解法益概念精神化之后带来的具体罪名界限模糊、动辄竞合的难题？罗克辛教授试图在完全不同的法益观念下坚持阿茨特的分析框架，咬定"只存在对报价的欺骗和错误"，明显是相当勉强的说理。王钢副教授的解决方案则更加笼统，一方面坚持认为法益主体的自主决定自由必须包含在法益概念内，另一方面又坚持将法益概念与具体的客观对象或状态相联系，不能将法益主体的自主决定自由等同于刑法所保护的法益。② 这实际上没有调和同一化与具体化的关系，还制造出了新的矛盾，甚至可以"别有用心"地解读王钢副教授的态度：在构成要件论的场合坚持法益必须与具体的客观对象或状态相联系，法益的"事实性""具体性"优先，而在承诺论或违法论的其他场合，坚持法益必须包含处分自由，法益的"自治性"优先。

为纾解上述困境，小林宪太郎教授别出心裁地提出，法益处分自由是指各构成要件所着眼的，与如何评价一定的属性变更相关的，在此意义上为个别的构成要件所固有的东西，与其他不同的属性变更所受到的评价没有关系；否则，各构成要件特意着眼于一定的属性记述法益，并且仅将其处分的自由加以保护的趣旨将会被埋没不见。在法益处分的理由、动机当中，还包含与其他不同的属性变更所受到的评价有关的东西，并不能说与这些有关的错误直接就是与

---

① 王钢：《动机错误下的承诺有效性问题研究》，《中外法学》2020 年第 1 期。
② 王钢：《动机错误下的承诺有效性问题研究》，《中外法学》2020 年第 1 期。

法益处分自由有关的错误，因而是与法益有关的错误。就山口厚教授所举的以制作假发为名骗得他人剪去长发的例子而言，能够获得假发对价这一法益处分的理由、动机，只是与财产犯构成要件所着眼的一定的属性，即头发的交换价值的变更所受到的评价有关，而不能说是与暴行罪的法益有关的错误。总之，从存在与财产犯的法益处分自由有关的错误的事实中不能推导出存在与伤害罪的法益处分自由有关的错误，另一方面，从不存在伤害罪的法益处分自由也不能推导出不存在财产犯的法益处分自由。① 这表明小林宪太郎教授仍然试图回归阿茨特所坚持的构成要件定型性价值。

但是，在本书看来，小林宪太郎教授的上述解释过于牵强。刑法分则具体各罪的构成要件着眼于一定的属性记述法益这是肯定的，因为各种法益的不同性质及相互间的区别，不仅可以直接为一般人所认知和感受，也可以清晰地在规范判断上得到显示；但是，所谓"个别的构成要件所固有的法益处分自由"则让人无法想象，难道法益主体处分不同法益的意思，还能有客观的、本质的性质差别吗？"获得假发对价的法益处分自由"与"使身体（容貌）向着好的方向变更的法益处分自由"，难道不是只有修辞上的定语不同而已吗？如果这也能成为"各个构成要件所固有的法益处分自由"，那么，只能认为"法益"的内容，尤其是"法益处分自由"这一概念，不过是任人装扮的小姑娘罢了。我国学者李世阳博士也认为，山口厚教授和小林宪太郎教授笔下的法益，已经不是一个仅仅从构成要件出发、经过解释得出的刚性的法益概念，而是一个具有弹性的、动态的法益概念。法益主体能否自由地处分法益，与法益的内涵是否包括法益处分的自由，应该是两个完全不同的问题，而两位教授却已经将二者混为一谈。如果将两位教授的观点贯彻到底，那么法益关系错误说与条件错误说之间就只有称呼上的不同了，完全流于形式、

---

① ［日］小林宪太郎：《刑法的归责》，弘文堂 2007 年版，第 231、232 页。

有名无实。① 李世阳博士的批评意见可谓切中肯綮，法益处分自由的行使可以决定法益侵害性的有无的确不假，但这也只是自由主义原则下自我决定权行使的当然效果而已，法益处分自由是主体之权能，法益则是行使权能之客体而已，将前者加入后者之中显然是主客混淆。

归结起来，将法益的处分自由作为法益的构成要素，对法益关系错误说是弊大于利。本来其所欲解决的问题仅限于虚构紧急事态进行诈骗等部分情形，结果却可能会招致动摇理论根基的问题，可谓舍本逐末、引虎驱狼。佐伯仁志教授严肃指出，将法益处分自由作为法益的构成要素的目的仅仅是为了扩大法益关系错误说的适用范围而已，但是，如果对法益处分自由的保护不受该当构成要件制约，其结局就会是将所有的动机错误都在法益相关方向上解释，这完全是法益关系错误说的自杀行为。②

不过，仅仅得出上述结论还略有不足。法益的处分自由是否是法益的构成要素，这是法益概念的重要问题。前文多次提及，承诺论的发展实在深赖法益论和个人自主决定权的助力。法益关系错误说既将承诺效力的判断取决于法益主体对所处分的"法益"的认识，则法益概念是该说不可回避之问题。山口厚教授既以法益概念为切入口修正法益关系错误说，此处正需要对法益概念予以研究和探讨。同时也需要对"法益关系错误说是否采取了错误的法益观"这样的质疑予以回应，以免法益概念成为法益关系错误说的附骨之疽。

法益论在德国大致经历了孕育、初生、激荡冲击、重建流变等历程，在中国则大致经历了引进、中衰、重归、流变等历程。目前，我国刑法学者已经普遍接受刑法的功能是"法益保护"，也广泛承认

---

① 李世阳：《刑法中有瑕疵的同意之效力认定——以"法益关系错误说"的批判性考察为中心》，《法律科学》2017年第1期。

② ［日］佐伯仁志：《刑法总论的思之道·乐之道》，于佳佳译，中国政法大学2017年版，第185页，脚注42。

"法益"是刑法解释最为重要的理论指导，可以说"法益"已经逐渐占据了我国刑法学的基石地位。我国刑法学界对法益论的研究集中在三个领域：一是法益论的学术史或概念史的研究；① 二是法益主体论的研究，主要是发生在个人法益与集体法益之间的法益一元论或法益二元论之争；② 三是法益的机能论研究，法益除具有指导犯罪构成要件解释的解释机能（或称为"体系内在机能"）之外，是否还具有检视实定法、批判实定法的立法批判机能（或称为"超越体系机能""可罚性限缩机能"），这一问题晚近以来争论尤炽。③ 法益论中最为基础的，与法益关系错误说也密切相关的法益概念问题，相反成为法益论最受诟病之处，有学者直指法益概念定义不易、内涵难以捉摸。④ 此处所要讨论的法益内部要素问题，早在法益的孕育时期就已埋下伏笔。

众所周知，法益概念在德国刑法学上"核心概念"的地位，系由

① 张明楷：《法益初论》，商务印书馆 2021 年版；钟宏彬：《法益理论的宪法基础》，台湾元照出版社 2012 年版。另有译著，[日] 伊东研祐《法益概念史研究》，秦一禾译，中国人民大学出版社 2014 年版。

② 周漾沂：《从实质法概念重新定义法益：以法主体性论述为基础》，《台大法学论丛》第 41 卷第 3 期（2012 年第 3 期）；王永茜：《论集体法益的刑法保护》，《环球法律评论》2013 年第 4 期；孙国祥：《集体法益的刑法保护及其边界》，《法学研究》2018 年第 6 期；马春晓：《现代刑法的法益观：法益二元论的提倡》，《环球法律评论》2019 年第 6 期；马春晓：《经济刑法的法益研究》，中国社会科学出版社 2020 年版。

③ 赵书鸿：《犯罪化的正当性：法益保护?》，《中国刑事法杂志》2019 年第 3 期；冀洋：《法益保护原则：立法批判功能的证伪》，《政治与法律》2019 年第 10 期；陈家林：《法益理论的问题与出路》，《法学》2019 年第 11 期；黄宗旻：《法益论的局限与困境：无法发展立法论机能的历史因素解明》，《台大法学论丛》第 48 卷第 1 期（2019 年第 1 期）；陈璇：《法益概念与刑事立法正当性检验》，《比较法研究》2020 年第 3 期；夏伟：《对法益批判立法功能的反思与确认》，《政治与法律》2020 年第 7 期；张明楷：《论实质的法益概念——对法益概念的立法批判机能的肯定》，《法学家》2021 年第 1 期；郭栋磊：《形式的法益之理论基础、功能及其解释效力》，《中国政法大学学报》2021 年第 1 期。

④ 黄宗旻：《法益论的局限与困境：无法发展立法论机能的历史因素解明》，《台大法学论丛》第 48 卷第 1 期（2019 年第 1 期），第 163、164 页；许恒达：《法益保护与行为刑法》，台湾元照出版公司 2016 年版，第 2 页。

宾丁与李斯特奠定。总的说来，宾丁立足于实证主义方法，其对法益的抽取、描述基本上着眼于有形的、物质的法益。① 而李斯特对法益的经典定义——"法益即法所保护之利益"——后来成为法益概念的最大公约数。李斯特曾就学于耶林讲席之下，其法益论的重要思想受耶林影响颇深。耶林以其目的性思想提出私法上的权利是以个人的利益为对象、以个人的利益为目的；他认为，权利有实质要素（das substantielle Moment）与形式要素（das formale Moment），前者是权利的实践目的（der praktische Zweck），是法律所确保的利益，后者则单纯是保护目的的手段，如诉（Klage）。耶林采用的是一种广义的"利益"观念，不限于经济上之利益，举凡用处（Nutzen）、财货（Gut）、价值（Wert）、享受（Genuß）、利益（Interesse），等等，均是耶林所列举的"利益"。特别是"享受"，是指一种赋予权利人的利益，权利人得基于其目的决定其享受权利的内容及方式，实际上权利人选择享受权利的方式基本上就是通常所谓的处分权。耶林将这种"利益与享受"——也就是"广义的利益"——定位为"法律的目的"，法律就是"透过国家强制力量所获得的确保社会生活条件的形式"。② 既然如此，进一步的问题自然是：什么是"社会生活条件"？耶林认为，最基本的就是自我维持（Selbsterhaltung）、生命繁衍（Fortpflanzung desselben）、工作（Arbeit）、交易（Verkehr），这是单纯物理上的存在（Dasein）；而人所欲求的名誉、爱、教育、宗教、艺术、科学，都是非物质的、理想上的利益与享受。③ 耶林的利益说由李斯特导入刑法学，而李斯特对利益的定义也没有超出耶林的范畴。值得注意的是，在耶林与李斯特的利益概念中，主体对客

---

① ［日］伊东研祐：《法益概念史研究》，秦一禾译，中国人民大学出版社 2014 年版，第 68、75 页。

② 吴从周：《概念法学、利益法学与价值法学：探索一部民法方法论的演变史》，中国法制出版社 2011 年版，第 109—115 页。

③ 吴从周：《概念法学、利益法学与价值法学：探索一部民法方法论的演变史》，中国法制出版社 2011 年版，第 132、133 页。

体的利用关系是重要的内容，这被认为是该说的一个重要问题点。①

　　及至纳粹时期，法益论被基尔学派视为"刑法中的自由主义余毒"而加以批判，后期韦尔策尔亦加入论战。韦尔策尔在论战中除了厘清法益与规范的关系、提出"结果不法"与"行为不法"之外，还为法益论提供了一个重要的观察、分类视角，即"静态的（statisch）法益"与"功能性的、运作的（funktional）法益"。"静态的法益"是指"物的（sachlich）"与"理念的（ideel）"客体，如生命、财物、名誉、住宅安宁乃至法律关系（婚姻）。"功能性的法益"是他人合于义务的行为。② 这一区分影响甚大，与法益关系错误说也有关联。王钢副教授在批评法益关系错误说时便认为法益关系错误说仅保护了"静态的法益"，也就是法益的事实性客体。③

　　在第二次世界大战后，法益理论的启蒙内涵、个人价值、自由主义等因素受到刑法学者的重视，重新取得在刑法学中的关键地位。德国学者 Michael Marx 从德国基本法的价值原点出发构建一元的个人法益论。Marx 认为，法益概念作为描述犯罪的实质核心兼具存在面与价值面两层意涵。就存在面而言，存在于主体之外的客体，包括实体物质与可感受的事体，都是法益。就价值面而言，法益必须具有能够约束立法者的实质内涵，因此不能再从刑法典规定的构成要件中寻找，只能从刑法的目的进行推导，而刑法的目的又只能从国家的目的中推导。德国基本法第 1 条所明定的人性尊严条款表明国家的根本目的在于：人性尊严的尊重与保护。个人并不是某种高于个人的整体的组成部分，而是一个独立的单元，是具有自我目的（Selbstzweck）的人格体（Person）。人格体的人格（personalität）则

---

　　① ［日］伊东研祐：《法益概念史研究》，秦一禾译，中国人民大学出版社 2014 年版，第 79 页。

　　② 黄宗旻：《法益论的局限与困境：无法发展立法论机能的历史因素解明》，《台大法学论丛》第 48 卷第 1 期（2019 年第 1 期），第 173、183 页；钟宏彬：《法益理论的宪法基础》，台湾元照出版公司 2012 年版，第 113 页。

　　③ 王钢：《动机错误下的承诺有效性问题研究》，《中外法学》2020 年第 1 期。

通过其自由的自主决定的行为而达成自我展开。法律的任务就是维持和创造使个人之自我展开成为可能的条件。这些条件包括生命、身体、维系生存之物、自由活动的空间、保障这些条件的最低限度的安全，等等。可以看出，Marx 将法益的定义与个人紧密关联起来了：法益是个人的自由的自我实现所需要的条件，亦即对个人而言具有价值的对象；只有在某个对象是用于人的自我实现的时候，此一对象才能成为以法律加以保护的法益。质言之，Marx 与将某一客体与个人的关联（或者说与个人自治、自我实现的关联）作为法益适格与否的检验标准。①

围绕个人自治和自我实现诠释个人法益，在德国刑法学者中并不鲜见。罗克辛教授也认为法益是某种状态或目的设定，这些状态或目的设定对于个人的自由展开、对实现个人的基本权而言是必要的。基于个人关联性的前提，罗克辛教授进一步说明哪些事物会因为欠缺与个人的联结而无受刑法保护的适格，比如纯粹受意识形态驱动的刑事立法所禁止的行为、单纯违反道德的行为或态度、贬损人类尊严的行为（例如器官移植的广告）、影响他人感觉的行为、象征性立法所禁止的行为以及纯粹的社会禁忌违反等，都未侵害上述意义之下的法益。②

通过梳理上述相关学说可以看出，"法益的处分自由"确实难以从法益的范畴中排除。因此，在讨论"法益的处分自由"是否也在法益关系错误说的考察范围内时，本书谨提出以下意见。第一，法益概念的整体形象与具体罪名的法益存在距离，不能想当然地以整体取代个体。例如，个人的性自主决定权、住宅安宁以

----

① ［日］伊东研祐：《法益概念史研究》，秦一禾译，中国人民大学出版社 2014 年版，第 314 页以下；钟宏彬：《法益理论的宪法基础》，台湾元照出版公司 2012 年版，第 154 页；周漾沂：《从实质法概念重新定义法益：以法主体性论述为基础》，《台大法学论丛》第 41 卷第 3 期（2012 年第 3 期），第 989、990 页。

② Vgl. Claus Roxin, Luís Greco, Strafrecht Allgemeiner Teil Band Ⅰ, 5. Aufl., 2020, S. 26ff, Rn. 7ff.

及财产法益，本身就意味着需要相对人的参与，个人的处分权就是法益不可或缺的要素，甚至就是法益本身（性自主决定权），这是不可否认的。也正因如此，山中敬一教授才特别指出在强奸罪、盗窃罪等犯罪中，法益主体对相对人的同一性认识错误，属于法益关系错误。相反，诸如生命、身体等法益，是否承认法益主体有处分自由，就需要三思。陈毅坚教授提出，不能混淆作为理论基础的自我决定权与作为刑法教义学建构的具体保护法益，自我决定权是支撑刑法教义学的中层理论，但并不是刑法具体罪名加以保护的法益，即使是诈骗罪，其所保护的法益除财产外是否包括法益处分权也应当另行讨论。陈毅坚教授的这一观点值得重视。① 第二，由于法益种类复杂且法益概念模糊，刑法理论的不同版块在使用法益概念时会有所侧重。例如，在构成要件论以及与构成要件论相关联的其他版块，侧重的肯定是法益中能够在形式上被描述、被捕捉的具体的、事实的侧面，而不可能是实质的、观念的侧面。同理，同一理论版块的不同学说也可能会在法益观上有所侧重，不必以此批评某一学说采取了不正确的法益观。第三，具体到本书探讨的主体问题，在评判法益关系错误说时与其指摘法益关系错误说的法益观存在偏差，不如考察该法益观是否导致法益关系错误说出现不可弥补的处罚漏洞，而修正法益观后又会否产生更大问题。如前所述，如果将"法益处分自由"笼统地纳入法益关系错误说的考察范围并不合适。由此可以证明，法益关系错误说在法益观上并不存在必须修正的问题。

（2）对于山中敬一教授的修正观点，本书认为提出了一种有说服力的可行思路，同时也留下了可以进一步探讨的空间。

前文在分析山口厚教授所持的"应受保护的相应法益的保护价值、要保护性丧失"之观点时曾经提及，不论是勇闯火场救人还是

---

① 陈毅坚：《被害人目的落空与诈骗罪——基于客观归责理论的教义学展开》，《中外法学》2018 年第 2 期。

听信谎言忍痛射杀猛兽，在虚构紧急事态的场合，法益主体的法益仅仅是在与另一法益进行比较时做出了牺牲而已。从这一点上来说，山中敬一教授所提出的"法益的相对价值的错误"这一解释方案，比山口厚教授的修正方案更有解释力和说服力。诚然，法益关系错误说是将各个构成要件的保护法益的性质、内容作为问题，为了维持各个构成要件的定型性，应该以相应法益的"存在价值"作为保护的重点。但需要强调的是，在因为受到欺骗等原因而对法益的相对价值存在错误认识的场合，本就属于对法益及法益侵害结果的规范评价的错误，因此可以视为与法益有关的错误。在坚持法益关系错误说这一原则的前提下，对"法益关系"的内涵加以一定程度的扩张，将"法益相对价值的错误"纳入与法益有关的错误范围，既可以维持法益关系错误说的基本框架，又可以确保在相关场合得出承诺无效的妥当结论，可谓一举两得。

就不同法益主体的不同法益之可比较性而言，财产法益具有可比较的相对性自不必说；即便是身体法益，也能够肯定不同法益主体之间的身体法益在某些情形下具有可比较的相对性，只要联系涉及身体法益对抗身体法益的紧急避险或正当防卫等情形便不难理解。至于具有绝对性的个体的生命法益，本书认为也可以作如下理解：在正当防卫、紧急避险等场合之所以必须始终坚持个人生命法益之间不得比较衡量，既是为了避免立法者、司法者在第三人的立场上对个体生命评判高低，杜绝个人的生命法益成为他人眼中可供选择牺牲的工具，也是为了避免避险者、防卫者基于某种理由认为自己的生命优越于他人的生命；因此，当选择勇闯火场救人的法益主体自己认为可以为了拯救他人的生命而直面生命风险时，这种自我选择的比较也并未明显冲击生命的绝对性价值。

不过，这种以"绝对价值·相对价值"之区分为基础的修正观点，虽然具有相当的说服力，也受到众多学者的支持，却仍存在一些必须重视的问题。

第一，对"法益的相对价值的错误"之定位，究竟是"动机的错误"还是"与法益有关的错误"，还值得重视和探讨。这一点在理论上并非没有争议。前文多次提及，山中敬一教授本人始终未给予"法益的相对价值的错误"以正统的"与法益有关的错误"之地位，其根据法益关系错误说"例外"地认定存在法益的相对价值错误的承诺无效，实际上可以说是将"法益相对价值的错误"拟制为"法益关系错误"；与之相对的，将"法益的相对价值的错误"直接纳入"法益关系错误"范围的学者也不在少数，前引西田典之教授就认为法益主体经过比较之后对法益的相对价值的错误"当然属于"法益关系的错误，浅田和茂教授也如此认为。① 但是，本书认为，对于"相对价值"这个概念本身及其具体运用不能过于乐观，还是要保持必要的谨慎。此处不妨回顾前文曾经引述的德国学者阿梅隆（Knut Amelung）对法益关系错误说之批判。阿梅隆认为，法益主体在"反对给付"方面受到欺骗而处分法益时，其处分行为表明的意义是，所牺牲的法益对法益主体而言仅具有"相对性的价值"，但如果不对行为人进行处罚的话，在规范评价上，法益主体所牺牲的法益就会变成"从一开始就是没有价值的"。由此可见，"相对价值"这个概念并不专属于在紧急事态等场合的法益关系错误说，在应用上带有很强的扩张性。无论是阿梅隆所指称的与反对给付进行比较的"相对性价值"，还是山中、西田、浅田、松原等学者所指称的与处于困境中的法益相比较的"相对性价值"，本质上都是法益主体对其法益进行的自我比较。也就是说，"相对价值"可能是所有存在对立关系的利益之间都会形成的一个共通要素。② 正因如此，日本学者菊地一树认为，法益主体对要以牺牲自己的法益为手段而实现的重要目的，以及与该目的相关的其他事项陷入了错误认识的场合，在

---

① ［日］西田典之：《日本刑法总论》（第2版），王昭武、刘明祥译，法律出版社2013年版，第164页；［日］浅田和茂：《刑法总论》（补正版），成文堂2007年版，第208页。

② ［日］菊地一树：《对法益关系的错误概念的扩张的批判的检讨》，《早稻田大学大学院法研论集》第156号（2015），第115页。

通常意义上来讲，也不过是对自己主观认识的"法益的相对价值"产生了错误。如果对"相对价值"的使用不加限制地贯彻到底，那么凡是没有实现法益处分的其他目的的状况，就都可能会承认"法益的相对价值的错误"，这样一来，所谓法益关系错误说的修正就不过是与条件错误说同一归结而已。① 既然如此，撇开"法益的相对价值的错误"的定位争议不论，为了避免法益关系错误说走上条件错误说的"修正主义道路"，就应该要对"法益的相对价值"纳入"法益关系错误"的范围予以限制，廓清可以纳入"法益关系错误"的情形，或者补强将"法益的相对价值的错误"与"法益关系错误"等同处理的具体理由。

第二，对于哪些场合的"法益的相对价值的错误"可以纳入"法益关系错误"，不同学者的观点也存在细微差别。正如前文所述，山中敬一教授所归纳的"紧急状态的错误"这一事例类型中其实包括了两种子类型，一是行为人虚构紧急事态之后再利用法益主体的利他目的进行欺骗，二是行为人单纯虚构法益主体需要忍受法益损害的紧急事态进行欺骗。从文献上看，西田典之教授也是在这两种情形下肯定"法益的相对价值的错误"属于法益关系的错误。② 与之相对，松原芳博教授认为，法益主体所误信的情形如果现实存在，就属于可以进行正当防卫（包括对物防卫）、紧急避险等客观的正当化事由，例如［例12-2］［猛兽事例］，只有在这样的场合才能将"法益的相对价值的错误"理解为与法益有关的错误。至于类似于［例6］［诈取眼角膜案］的情形，也就是行为人虚构紧急事态之后再利用法益主体的利他目的进行欺骗，松原教授认为应该以"相对

---

① ［日］菊地一树：《法益主体的同意与规范的自律（1）》，《早稻田法学会志》第66卷第2号（2016），第171页。

② ［日］西田典之：《日本刑法总论》（第2版），王昭武、刘明祥译，法律出版社2013年版，第164页。

的不自由"否定承诺的效力。[①] 这二者间的差别，下文将会详细分析。不难看出，只有在虚构的紧急事态压迫下法益主体对自己法益的相对价值的错误，才会纳入与法益有关的错误范围。这样一来，就有一个问题不得不再进行思考，行为人单纯针对法益主体的利他目的进行欺骗的事例，应该如何处理才好？以罗克辛教授所设计的"明星献血事例"为例：某献血组织的工作人员向电影明星虚构了一个所谓的"生命拯救周"（Woche der Lebensrettung）的宣传活动（类似于每年的"红丝带""地球日"），请求该电影明星向该组织无偿献血，实际上行为人追求的是将该明星的血液高价卖给明星的狂热拥趸。在该事例中，不存在类似于"需要立刻手术否则失明"等紧急事态的因素，该电影明星的错误能够作为"法益的相对价值的错误"纳入"法益关系错误"吗？如果能，又该以什么样的理由予以补强呢？

第三，从文献上可见，即便是对于行为人虚构紧急事态之后再利用法益主体的利他目的进行欺骗的事例，山中敬一教授也添加了一条具体的补强理由，那就是法益主体的决定是"受到人类的价值观、伦理观的约束而不得不决意放弃自己的法益"。意思就是，法益主体的利他目的所驱动的意思决定，其实是受到某种外在的、普遍的价值观、伦理观拘束而不自由的意思。那么，这样的补强理由能够成立吗？本书认为，这样的补强理由似是而非，意义有限，一旦转换立场即不能成立。

举例而言之，先秦时代伟大的思想家孟子在阐述性善论时，提出了著名的"四端说"，认为"恻隐之心，仁之端也；羞恶之心，义之端也；辞让之心，礼之端也；是非之心，智之端也"（《孟子·公孙丑上》），"恻隐之心，人皆有之；羞恶之心，人皆有之；恭敬之心，人皆有之；是非之心，人皆有之……仁义礼智，非由外铄我

_____

① ［日］松原芳博：《刑法总论重要问题》，王昭武译，中国政法大学出版社 2014年版，第 111 页。

也，我固有之也，弗思耳矣"（《孟子·告子上》）。无论是恻隐、羞恶、辞让、恭敬、是非这些道德实践的起点，还是仁义礼智之大成大体，皆完备于每一个道德主体，一遇具体情境之激发，自然而然就会唤起道德主体的行为与感知。例如："今人乍见孺子将入於井，皆有怵惕恻隐之心，非所以内交於孺子之父母也，非所以要誉於乡党朋友也，非恶其声而然也，由是观之，无恻隐之心，非人也；无羞恶之心，非人也；无辞让之心，非人也，无是非之心，非人也。"（《孟子·公孙丑上》）这就是说，当一个正常的道德主体见到一个小孩由于无知、蹒跚而要掉到井里去的时候，都会不自觉地紧张施救，根本来不及去思考是不是为了要讨好他的父母，或为自己获取声名，或者干脆就是因为讨厌小孩的哭声，等等，纯粹就是恻隐之心在当时的自然作用。这些道德情感和道德自觉的自然作用，自然到主体自己也无知觉、不理解，例如，庖丁牵牛以赴衅钟之所，齐宣王于堂上见牛行之哀哀，不忍其觳觫若无罪而就死地，因而易之以羊；齐宣王只知道自己并不是出于吝啬之心，而孟子则启发他这是人人皆有之"仁心"作用。如果由孟子来解说山中敬一所举的"勇闯火场救妇孺"等事例，就绝对不会说这是来自于"（外在的）价值观拘束下的不自由的意思决定"，而应该是彻彻底底的道德主体的自由的道德实践！时至今日，孟子的人性论早已不是"放之四海而皆准"的定说，但是，只要是在伦理学上以知觉、感情、理性等直觉解释"良心"的直觉论者，都会赞成这一观点。① 因此，在行为人针对法益主体的利他目的进行欺骗之场合，本书并不赞成以"受到人类的价值观、伦理观的约束而不得不决意放弃自己的法益"作为否定承诺效力的补强理由。

总而言之，对法益关系错误说的修正，其实就是对"与法益有关的错误"之范围进行扩张。就现有的两种修正方案和扩张方法而

---

① ［美］弗兰克·梯利：《伦理学导论》，何意译，广西师范大学出版社2002年版，第19—30页。

言，山口厚教授将"法益处分自由"加入"法益"之内的主张过于激进，不仅有损法益关系错误说本身具有的理论品质，也使得法益概念出现了一定程度的模糊，至于其将"法益主体对法益的要保护性、保护价值的错误"扩充进与法益有关的错误，则与法益主体的价值选择存在出入。比较之下，山中敬一教授的修正方案以类推适用的方式将法益关系错误说扩张适用于"例外"情形，既可以维持法益关系错误说的基本框架，又实现了扩张适用的目的，方法上更为稳妥；而且"法益的相对价值的错误"也具有较好的说明效果。但是，山中敬一教授的修正方案也存在隐患，尤其是如何廓清"法益的相对价值的错误"之使用范围、如何补强"法益的相对价值的错误"作为法益关系错误处理的具体理由，还有待怀疑、思考和探讨。

第四节　本章小结

综上所述，阿茨特的法益关系错误说尽管具有从规范的见地出发客观地判断"欺骗"和"错误"之重要性的理论优势，却同样存在诸多不足之处。通过检视批判观点可以认为，对法益关系错误说而言，最紧要的问题就是妥善处理行为人针对法益主体的利他目的进行欺骗，或虚构紧急事态进行欺骗的两种情形。目前，理论上已经从两个不同的方向对法益关系错误说提出了修正方案，但或多或少仍然存在一些有待探讨的问题。不过，本书并不认为法益关系错误说面临的是无法克服的问题，以至于需要放弃其判断方法和立场。诚如将法益关系错误说在日本予以展开的另一位"冰人"佐伯仁志教授所总结的："法益相关错误说和最近对该学说的有力批评意见有共同的立足点，那就是一直以来根据通说（全面无效说、条件错误说——引者注）判断时处罚范围过广。评价学说时也同样，在关注各家各派观点的细微不同之前，首先对差异的宏观性把握很重要。

关于基于错误的同意，一直以来，学说中支持判例的观点是通说；但现在，毋宁说，反对判例的观点才是多数意见。"① 因此，下文将继续本章节未尽完善的思考，站在法益关系错误说的肩膀上继续探讨。

---

① ［日］佐伯仁志：《刑法总论的思之道·乐之道》，于佳佳译，中国政法大学出版社 2017 年版，第 186 页。

第 三 章

二阶的法益关系错误说之理论阐述与具体展开

当法益主体受到欺骗而作出承诺的场合，在多大范围内能够否认或保留其承诺的效力，是本书探讨的主题。行文至此，本书已经将有关"受欺骗承诺的刑法效果"的诸多学说逐次呈现，并对各说之优长与不足进行了剖析。对于法益主体受到欺骗而作出承诺的法律效力之判断，尽管各国通说及司法实务更重视从法益主体本人的主观面进行判断的全面无效说、条件错误说等主观的考察方法，但在本书看来，以错误的内容、类型等客观标准进行判断的考察方法，可以避免主观标准天然的不确定性和随意性，应该是更为成熟、优越的判断方法。更进一步而言，动机错误说与法益关系错误说虽然类似于表里关系，但法益关系错误说将客观的判断标准固定、落实在"法益"上，较之动机错误说的标准更为清晰；同时还能够厘清刑法分则具体各罪的保护范围，兼顾各罪构成要件的定型性机能；而且，在违法论的立场上对结果无价值论和二元的行为无价值论都具有亲和性。因此，应该说法益关系错误说在客观说的正确方向上较之动机错误说要领先一步。总之，法益关系错误说不仅选择了正确的方向，且蕴含合理内核，本书选取法益关系错误说为立论基点。不过，法益关系错误说虽然是一个能够妥善限定处罚范围的思考框架，但是对法益主体的自我决定权及相关法益的保护则未尽周延；

法益主体因受欺骗产生错误而为承诺的效力问题，即便是只在刑法总论的理论部分进行讨论，其具体事例及相关问题也呈现出相当复杂的面貌，而法益关系错误说过于刚性的处理方案往往出现"过犹不及"的弊病。因此，本书尝试在现有观点的基础上，着重从以下三个方面探索如何修正法益关系错误说：一是法益关系错误说的守备范围（可适用范围），也就是在受欺骗承诺的法律效力之判断上，法益关系错误说究竟是否应当承担全部判断任务；二是整理"与法益有关的错误"之类型，涉及对疑难事例的归类和解释；三是沟通总论与各论，在具体罪名的解释论中运用、检验法益关系错误说。

第一节　法益关系错误说不必成为统一理论

前文述及，山口厚教授和山中敬一教授在修正法益关系错误说时，对于是否维持法益关系错误说的一元指导地位，存在分歧意见。尽管选择"原则与例外"模式的山中敬一教授最终运用"法益的相对价值的错误"将"紧急状态的错误"这一例外情形羁縻在法益关系错误说的框架内，但仍然无法掩饰一个问题，即法益关系错误说作为统一理论的地位出现了动摇。如果转换观念，前文所列举的针对法益关系错误说的批评意见，包括可能导致法益主体的利他目的落空、无法圆满解释有关紧急事态欺骗的事例，等等，可以解读为在"受欺骗承诺的刑法效果"问题上，除了法益关系错误说之外还需要其他判断方法的补充。付立庆教授就尖锐地指出，"事实上，法益关系错误说之所以受到质疑，归根结底在于其过分抬高了法益关系错误的地位，认为凭借这一概念即可药到病除"。① 在本书看来，即使法益关系错误说可以通过扩张"与法益有关的错误"之范围在具体事例中求得妥当性，但泛化范围的代价会是危及理论内核的确

---

① 付立庆：《被害人因受骗而同意的法律效果》，《法学研究》2016 年第 2 期。

定性品质；此外，考虑到受欺骗承诺问题横跨刑法总论与刑法各论，在总论部分确定判断标准时也需要顾虑到各论部分的复杂性。因此，不妨反思，在受欺骗承诺的刑法效果问题上，刑法理论是否必须找出并确立一个一元的、终局的判断标准？

一　理论先声：肇端于罗克辛的判断标准二元化

从学术史上来看，法益关系错误说问世之后曾在德国刑法学界风行一时，最早危及其地位的学者是罗克辛教授；① 实际上，前文所介绍的针对法益关系错误说的批评意见中，由罗克辛教授所提出者几近半壁。于 1984 年前后，罗克辛教授集中探讨了有关 "受欺骗承诺" 问题，在综合分析了法益关系错误说的合理性和问题性之后，提出了自己的主张。② 罗克辛教授肯定了法益关系错误说的合理性，在与法益有关的错误中，法益主体并没有认识到自己在什么范围内放弃了行为对象，因此法益关系错误说是一种正确的限制性理论，但在一些场合则过度激进。③ 罗克辛教授的核心主张是，从承诺论的理论根据中可以推导出这样的结论，只有根据规范标准（normativen Maßstäben）的判断，认为在承诺中真实地体现了法益主体的意思自治（Ausdruck der Automomie），完全实现了法益主体的行为自由（Handlungsfreiheit），在此范围之内才能肯定承诺有效。④ 质言之，承诺的有效性就必须根据是否出于法益主体 "规范的自律性（normative Autonomie）" 来判断，也就是判断法益主体所有的瑕疵承诺是否属于其意思自治、行动自由的体现；此处必须强调，由于判断根

---

① ［日］小林宪太郎：《刑法的归责》，弘文堂 2007 年版，第 237 页。

② Vgl. Claus Roxin, Die durch Täuschung herbeigeführte Einwilligung im Strafrecht, Noll-GS, 1984, S. 275ff.

③ Vgl. Claus Roxin, Luís Greco, Strafrecht Allgemeiner Teil Band Ⅰ, 5. Aufl. , 2020, S. 697, Rn. 98.

④ Vgl. Claus Roxin, Luís Greco, Strafrecht Allgemeiner Teil Band Ⅰ, 5. Aufl. , 2020, S. 697, Rn. 99.

据是"规范的标准",因此法益主体的"规范的自律性"不等于法益主体的"主观任意性",而是一个"客观的法的评价问题"。① 罗克辛教授将自己的观点概括为"规范的自律性说"(normative Autonomietheorie)。

众所周知,罗克辛教授的目的理性犯罪论体系的方法论特色是,综合体系的、逻辑的整合性思考与论题学式的问题性思考两种研究方法和思维方式,而且对后者的重视程度不亚于前者;擅长在已有的成熟理论之基础上,为了解决各种具体问题而提出新的概念或思考方法,使其犯罪论体系及细部理论都成为解决问题的装置。② 同样,罗克辛教授的"规范的自律性说"也是以承诺论的理论根据为基础,将阿茨特的法益关系错误说作为重要参照,通过分析各种不同情境的事例类型而推导出来的。具体而言,罗克辛教授提出五组不同类型的事例进行探讨:③

①法益主体因受欺骗而对所处分的法益之种类、范围、危险性存在错误,承诺无效。例如,某甲同意让某乙给自己注射镇静剂,但某乙向某甲隐瞒了该镇静剂对健康具有危害性。

②在法益主体处分身体等人身法益时,其在反对给付上所受的欺骗错误,并不会使承诺无效。典例就是阿茨特所举之［例9］［给钱打人案］。

③法益主体受到欺骗、隐瞒而产生的认识错误,既不是与法益有关的错误,也不涉及反对给付,而是涉及与相应行为有关的伴随性情节(Begleitumstände)时,承诺有效。与此有关的是前引德国联

---

① ［日］盐谷毅:《被害者的承诺与自己答责性》,法律文化社 2004 年版,第 37、38 页。

② Vgl. Claus Roxin, Luís Greco, Strafrecht Allgemeiner Teil Band Ⅰ, 5. Aulf. , 2020, S. 313, 331, Rn56, 86. 另参见陈家林《外国刑法理论的思潮与流变》,中国人民公安大学出版社、群众出版社 2017 年版,第 110 页。

③ Vgl. Claus Roxin, Luís Greco, Strafrecht Allgemeiner Teil Band Ⅰ, 5. Aulf. , 2020, S. 696 ff, Beispiel 3-8.

邦最高法院 1961 年的真实案例〔例 5〕〔医院实习生案〕。

④行为人针对法益主体的博爱、利他等无私目的进行欺骗，其所获得的承诺应当无效。相关事例，如〔例 6〕〔诈取眼角膜案〕、勇闯火场事例，等等，在前文均已详细介绍，兹不赘述。

⑤行为人虚构紧急状况欺骗法益主体所获得的承诺无效，相关事例如〔例 12-1〕〔头虱事例〕、〔例 12-2〕〔猛兽事例〕、〔例 12-3〕〔山火毁林事例〕等都已在前文引述，亦无须赘述。

就结论而言，上述①、②、③等场合的事例，罗克辛与阿茨特是完全一致的，但在具体理由上罗克辛则并没有接受阿茨特的观点。对于类型①，罗克辛支持了阿茨特的理由，认为法益主体如果自己没有认识到自己在什么范围内放弃行为对象，那么在相应的法益上自然不存在承诺。[①] 对于类型②，罗克辛认为，误信他人提出的反对给付而承诺他人以扇耳光等方式伤害自己的法益主体，对于身体完整性的损害仍然是在进行自由支配；法益主体对反对给付的期待是单独根据第 263 条诈骗罪进行保护，因此与反对给付有关的错误并不能排除法益主体对身体完整性的自由支配。[②] 此处必须指出，罗克辛虽然和阿茨特一样将有关反对给付的保护委诸诈骗罪；但是，罗克辛完全没有提及阿茨特所提出的区分"交换的保护"与"存立的保护"这一立论根据。也正是因为拒绝以上述二分框架作立论根据，罗克辛才逐步否定阿茨特所提出的"只要没有法益关系的错误，承诺即为有效"这一命题的原则性意义。[③]

对于类型③的〔例 5〕〔医院实习生案〕，罗克辛教授自己认为，由于实习生的身份这种伴随性情节与病人的健康并不相关，因此并

①　Vgl. Claus Roxin，Luís Greco，Strafrecht Allgemeiner Teil Band Ⅰ，5. Aulf. ，2020，S. 697，Rn. 99.

②　Vgl. Claus Roxin，Luís Greco，Strafrecht Allgemeiner Teil Band Ⅰ，5. Aulf. ，2020，S. 697，Rn. 99.

③　〔日〕森永真纲：《被害人承诺中的欺罔与错误（一）》，《关西大学法学论集》第 52 卷第 3 号（2002），第 211 页。

非属于与法益有关的错误，阿茨特对此应该也会得出承诺有效的结论。① 根据"规范的自律性说"，一些在医学上显然简单的手术，在其他具有专门知识者、治疗辅助者或护士等人群能够和合格医生一样安全地实施手术时，因为由上述人群操刀手术并不比医生主刀对患者更加危险，因此，根据伤害罪的保护目的，这些简单手术的操刀者是否具有正式医师资格并不是规范评价上重要的事项，患者对医生身份的认识错误也就并不损及法益主体的意思自治；相应的，如果是类似于盲肠手术这种需要有资格经历的医生实施的手术，患者的上述认识错误就要否定承诺的有效性。②

　　至于类型④和类型⑤，正是罗克辛教授认为阿茨特的法益关系错误说不当限制处罚范围的事例类型。本来，如何处理此二种类型应该是法益关系错误说和规范的自律性说相互争论的主战场，唯前文既已多处论及罗克辛教授的相关观点，此处就仅简单说明规范的自律性说的解释理由。对于类型④，罗克辛认为这些博爱、利他的无私目的为法益主体的处分意思提供了决定性动机，综合考虑整个事件的过程，不能说是法益主体行动自由的体现，只不过是欺骗者借助欺骗手段而巧妙地操控了法益主体的意思。因此，类似的事件过程系由欺骗者所造成（他律的），该承诺并非出自法益主体的自律性，承诺应该无效。质言之，法益主体的处分意思是由利他目的决定的，而利他目的是由欺骗者提供和操控的，因此在规范评价上不能承认法益主体的自律性。这一说理的不当之处前文动机错误说部分曾有分析，兹不赘述。对于类型⑤，前文引述已详，罗克辛认为当法益主体误信为了避免某种损害不得不牺牲自己的法益之时，乃是欺骗行为产生了强制作用，与基于胁迫所造成的强制等同视之，

---

① ［德］克劳斯·罗克辛：《德国最高法院判例·刑法总论》，何庆仁、蔡桂生译，中国人民大学出版社 2012 年版，第 76 页。

② Vgl. Claus Roxin, Luís Greco, Strafrecht Allgemeiner Teil Band Ⅰ, 5. Aufl., 2020, S. 698, Rn. 101.

法益主体的承诺自然不是自律性的体现。①

仅就具体结论之异同而言，似乎罗克辛教授的"规范的自律性说"可以归结为"基本上赞同阿茨特说，而直观上觉得结论不妥当的场合则承认例外"，② 无非是一种与山中敬一教授类似的"修正的法益关系错误说"。实际上，规范的自律性说是与法益关系错误说完全不同的学说。二者的共识仅仅在于，刑法上的"承诺"并不是存在论层面的单纯事实，而是规范论层面上建构出的价值关系，因此承诺的有效与否就取决于规范评价和规范选择，什么样的欺骗和错误能够使得承诺无效应该交由客观的、规范的标准进行选择。二者的差别则极为明显，当法益主体基于受欺骗而产生的错误认识作出承诺时，法益关系错误说关注的焦点，始终是法益主体有没有因为受欺骗而对自己所放弃的法益的某一部分内容、某一种特性欠缺认识，导致在该部分内容或特性上欠缺放弃法益的意思；而规范的自律性说则是首先根据各个具体构成要件的规范保护目的确定对相应法益保护而言重要的因素，再考察法益主体在这些重要因素上是否存在错误，受到不当的影响和操纵；要言之，前者关注的是"承诺"是否全面"存在"于所放弃的法益之各个重要方面，后者关注的是法益主体放弃法益的意思决定在规范评价上是出于自由自主还是他人操纵，二者关注的层面全然不同。

尽管罗克辛在多个事例类型中仍然对阿茨特的法益关系错误说抱以肯定和赞赏的态度，但规范的自律性说及其提出的诸多事例类型已经撬动了法益关系错误说的基石。最直接的表现就是，在行为人虚构紧急状态进行欺骗的场合，即使是法益关系错误说的支持者也承认罗克辛对法益关系错误说的质疑是值得重视的。例如，佐伯

---

① Vgl. Claus Roxin, Luís Greco, Strafrecht Allgemeiner Teil Band Ⅰ, 5. Aufl., 2020, S. 699, Rn. 104, 105.

② ［日］森永真纲：《被害人承诺中的欺罔与错误（一）》，《关西大学法学论集》第 52 卷第 3 号（2002），第 210 页。

仁志教授作为法益关系错误说的坚定支持者，也认为在行为人采用欺骗的手段对法益主体加以心理强制的场合，必须和是否存在与法益有关的错误分别地加以讨论;① 张明楷教授则表示，法益关系错误说原则上是妥当的，但是，也需要考虑欺骗行为对法益主体作出承诺的影响程度，尤其是在行为人谎称紧急事态使得法益主体不可避免地陷入错误时，应该认为欺骗行为事实上已经使得被害人不可能行使自己的决定权，承诺应该无效。② 至于既不支持法益关系错误说也不支持规范的自律性说的其他学者，也不乏赞同罗克辛教授将虚构紧急事态的欺骗类比于强制的思考方向，认为在此情形下法益主体主观上不存在法益关系错误，但意思决定并非自由。③ 也就是说，在法益主体受欺骗而承诺的所有情形中，虚构紧急事态的欺骗这一重要板块，已经明显出现脱离法益关系错误说之理论版图的态势。

　　罗克辛教授的"规范的自律性"说对法益关系错误说最严重的冲击，乃是否定了后者作为判断"受欺骗承诺的刑法效果"的统一理论之地位。正如前文所述，阿茨特在提出法益关系错误说时立基于"利益放弃说"，认为一个有效的承诺只需要真实地放弃一项法益即可，"当法益主体所受的欺骗和错误认识不属于法益关系错误时，这个承诺在刑法上就总是不重要的"。④ 因此，法益关系错误说始终聚焦于探究法益主体对所放弃的法益具有何种程度的认识，而是否存在"法益关系错误"就成为判断受欺骗承诺之有效性的唯一标准——无法益关系错误则承诺总是有效。

---

　　① ［日］佐伯仁志：《被害者的同意及其周边（2）》，《法学教室》总第 296 号（2005），第 84 页。

　　② 张明楷：《刑法学》（上）（第六版），法律出版社 2021 年版，第 299 页。

　　③ ［日］齐藤诚二：《基于欺罔的承诺》，收录于《刑事法学的历史与课题：吉川经夫先生古稀祝贺论文集》，法律文化社 1994 年版，第 178、179 页；［日］林美月子：《基于错误的同意》，收录于《内藤谦先生古稀祝贺文集·刑事法学的现代的状况》，有斐阁 1994 年版，第 28 页；［日］林干人：《基于错误的被害者同意》，收录于《松尾浩也先生古稀祝贺论文集（上卷）》，有斐阁 1998 年版，第 244 页。

　　④ Vgl. Gunter Arzt, Willensmängel bei der Einwilligung, 1970, S. 20.

然而，罗克辛教授从承诺之基本原理出发，将"受欺骗承诺的刑法效果问题"推向了更深层次的思考。法益主体的承诺，从根本上来说是法益主体的个人自治的表现形式之一，其借以阻止国家刑罚权力之介入的理由，全在于"具有判断能力的人，最清楚自己的利益，会采取合理的行动"这种尊重法益主体的自律判断之假说。① 因此，一个有效的承诺，应该是法益主体的个人自治之实现，是法益主体对自己利益的自律判断，而不止于个人清楚无误地认识到自己在什么范围内放弃了利益。基于上述原理，对于法益主体因受欺骗而作出承诺的效力判断，罗克辛在"含义的认识"（Bedeutungskenntnis）之外，挖掘出了另一项重要的判断指标，即法益主体的"自律性"（Autonomie）。罗克辛教授明确提出：即使法益主体的承诺中不存在与法益有关的错误，也不必定意味着该承诺系出于法益主体的自律判断，是其个人自治的实现；例如，在［例6］［诈取眼角膜案］中，承诺摘取眼角膜的母亲清楚知道自己牺牲的法益，此处并不存在涉及法益的错误，但绝对不能认为母亲的行为自由得到了体现。② 总之，罗克辛教授的"规范的自律性说"，在受欺骗承诺的法律效力的判断上，增加了"自律性"这一项判断指标，否定了"法益关系错误"作为判断标准的唯一性，促成判断标准走向二元化。

规范的自律性说当然也存在一些明显的问题。例如，在针对博爱、利他目的进行欺骗的场合否定承诺效力，其理由本身仍是不充分的。最重要的是，在法益关系错误不存在的场合，如何"规范地判断承诺是否为自律之体现"，罗克辛并未归纳出明确的、可操作的具体标准，在［例5］［医院实习生案］中，规范的自律性说是完全

---

① ［美］乔尔·范伯格：《刑法的道德界限·第三卷：对自己的损害》，方泉译，商务印书馆2015年版，第30页；［日］曾根威彦：《刑法学基础》，黎宏译，法律出版社2005年版，第57页。

② Vgl. Claus Roxin, Luís Greco, Strafrecht Allgemeiner Teil Band Ⅰ, 5. Aufl., 2020, S. 699, Rn. 104.

从客观的规范保护目的出发评价患者对手术操刀者的错误认识是否是重要的错误，而在［例6］［诈取眼角膜案］的解释中，规范的自律性说又倒向母亲主观上的"决定性动机"，由此可以看出，规范的自律性说似乎还在主观与客观之间来回摆荡，在法直觉和"规范的自律"之间循环论证。① 不过，规范的自律性说仍然赢得了不少学者的支持，在日本刑法学界，该说的支持者日渐增多，已经成为不可忽视的有力说。② 更重要的是，受规范的自律性说之启发，中日刑法学界有学者沿着罗克辛教授的思考方向，开始在"法益关系错误"之外探索、确立类似于"自律性"的第二项判断指标。

日本学者松原芳博教授认为，承诺既然是法益主体放弃自己法益的意思及行为，那么，必须具备以下两项条件方能谓之为有效的承诺：一是法益主体对作为放弃对象的法益存在正确的认识，二是法益主体在正确认识的基础上"任意地"放弃该法益。因此，法益关系错误说实际上只是有关作为第一项条件的"认识对象"的理论；在不能认定法益主体存在与法益有关的错误之时，还需要考察法益主体的承诺中是否存在"任意性"，如果否定了"任意性"的存在，同样能够否定承诺的有效性。③ 所谓"任意的放弃"，是指法益主体在可以选择放弃与否的状态之下，自己做出了放弃法益的意思决定；此处的"任意性"，就是法益主体在决定是否放弃法益之际，存在的选择可能性。在松原芳博教授看来，法益主体在放弃法益之际的"任意性"，还有"绝对的不任意"与"相对的不任意"之分；举例来说，欺骗他人楼层里发生了火灾，不当机立断跳下楼就会被烧死，他人无法选择只得依言从二楼跳下而受伤，当此之际，不能想象该

---

① ［日］盐谷毅：《被害者的承诺与自己答责性》，法律文化社2004年版，第40页；付立庆：《被害人因受欺骗而同意的法律效果》，《法学研究》2016年第2期。

② ［日］菊地一树：《法益主体的同意与规范的自律（2·完）》，《早稻田法学会志》第67卷第1号（2016），第178页。

③ ［日］松原芳博：《刑法总论》（第2版），日本评论社2017年版，第133、140页。

受骗者还有"留在原地坐等烧死"这种选项，因此属于"绝对的不任意"的情形；相对的，在［例6］［诈取眼角膜案］中，母亲可以不移植眼角膜的选项并非完全不存在，也就是还存在"任意性"，但是，一个母亲在面对自己的孩子失明的危险时，其自由意思一定会受到大幅缩减，因此可以认为属于是"相对的不任意"，也能否定承诺的有效性。①"相对的不任意"也能否定承诺有效的根据在于，诚如卢梭所言，"人人生而自由，却无往不在枷锁之中"，对于每一个具体的个人而言，其所拥有的本就不过是"相对的自由"；当限制自由的条件来自于自然的、非人为的原因时，人人都以习惯于、满足于这一剩下的、相对的自由；反之，当自由被人为地限制之时，对于自然具有的自由与被限制、被缩减的自由之间存在的落差，受限制的个人就会感受到自己的自由受到了压制，因此，欺骗他人捐献眼角膜这种人为地限制、缩减自由的"相对不任意"也能够否定承诺的有效性。这一观点理论上称之为"自律的自我决定说"。②

　　我国学者付立庆教授也认为，既然法益主体的承诺阻却违法性的正当化根据在于法益主体自愿放弃法益而使得法益失去要保护性，那么，法益主体的自愿放弃就必须是在正确认识放弃对象的基础上任意地放弃法益。法益关系错误说仅仅是有关认识对象的理论，如果强行以该说为唯一标准，后果就是要么完全放弃对承诺任意性的讨论，要么以偏概全地认为凡是不存在法益关系错误的承诺都是任意的承诺。因此，判断基于欺骗的承诺是否有效，应当第一步先辨识法益主体的错误认识的性质，而后第二步判断该承诺是否具有任意性。付立庆教授所认为的任意性，也是指在法益主体考虑是否放弃法益之际，存在的选择可能性。具体来说，就是从一般人的视角

---

① ［日］松原芳博：《刑法总论重要问题》，王昭武译，中国政法大学出版社2014年版，第111页。

② ［日］松原芳博：《刑法总论重要问题》，王昭武译，中国政法大学出版社2014年版，第111、112页；［日］菊地一树：《法益主体的同意与规范的自律（2·完）》，《早稻田法学会志》第67卷第1号（2016），第192页。

出发，考察法益主体是否是在存在选择可能性的情况下，基于自己的利益衡量作出了承诺；当存在选择可能性、法益主体基于自己的利益衡量作出承诺时，承诺有效，反之则承诺无效。付立庆教授将自己的观点概括为"客观真意说"。①

可以看出，自律的自我决定说、客观真意说承袭了规范的自律性说的基本理念。需要略作说明的是，这里的"自律性"与"任意性"虽然都与法益主体的意思自由相关，却是不同的概念和内涵，不宜混用。"自律性"对应的德文表述是"Autonomie"，而"任意性"对应的应该是"Freiheit"。从上文可知，松原教授和付立庆教授所称的"任意性"都是指个人的"选择可能性"，这种指称在已知状况下可以完全自由地决定为此或彼的能力意义下的选择自由，即"任意自由"也。这是一种悠久和初始的自由概念，中世纪基督教哲学家奥古斯丁就是将自由当作是"选择之意思"，中世纪经院哲学的代表人物阿奎那也将自由之本质视为"可以任意选择"。相应的，理论上一般将"自我负责的自我决定之自由"称为"自律"，而其中"自我负责的自我决定"简单而言就是基于理性明智地决定。在康德看来，人既是属于自然规律支配之自然界的一分子，人也存在于一个精神的、知性的世界，并非由自然规律所支配而是基于自我决定、自律而发生的行为即为自由。② 因此，同样是考察法益主体在承诺之际的意思自由，"任意性"就只涉及当时法益主体主观上或客观上是否存在选择可能性，而"自律性"的考察就更为复杂，还会涉及法益主体之决定是否理性，是否是受他人影响较大的他律，等等；前者清晰而简单，后者精致而复杂。"自律性"对意思自由的程度要求高于"任意性"，例如，松原芳博教授认为在［例6］［诈取眼角膜案］中，母亲只是"相对的不任意"，也就是实际上还有

① 付立庆：《被害人因受骗而同意的法律效果》，《法学研究》2016年第2期。
② ［德］阿图尔·考夫曼：《法律哲学》，刘幸义译，法律出版社2011年版，第255页以下。

任意性之存在，但罗克辛教授认为此时母亲的决定完全不具有自律性。

毫无疑问，上文所列叙之各种观点都使得法益关系错误说作为判断基于欺骗的承诺效力问题的统一理论地位发生了动摇。不过，本书更倾向认为，上述诸说并不是法益关系错误说的危机；事实上，罗克辛教授始终对阿茨特的理论创造予以肯定和维护，在多个事例中特意指出可以运用法益关系错误说进行解说，[①] 松原芳博教授和付立庆教授也都表示，法益关系错误说与任意性考察的关系是"并行而不悖"；[②] 因此，本书认为，上述诸位学者的观点对于法益关系错误说而言是一个审视自身理论的发展契机，值得思考和探讨。

二　中间结论：法益关系错误不必成为唯一的判断标准

自阿茨特提出法益关系错误说以降，有关"受欺骗承诺的刑法效果"问题的研究和讨论日益精致，其具体的表现就是各种事例类型和具体设例的丰富，以及新学说新视角的层层深入。曾几何时，法益关系错误说也在理论研究的精致、深入过程中由冲击者转变为受冲击者，诚所谓"芳林新叶催陈叶，流水前波让后波"。从现有的修正观点的理论效果来看，法益关系错误说当前最迫切的任务，已经不是通过扩张"法益关系错误"的范围来应付各种具体事例的解释，而是需要反思，是否仍有必要坚持通过"法益关系错误"这一个判断基准，解决受欺骗承诺之效力判断的全部问题？在本书看来，这一坚持实无必要，具体理由如下。

首先，尽管阿茨特有意将法益关系错误说塑造为判断受欺骗承诺之效力的统一理论，但当我们回归到阿茨特的问题意识，便会发

---

① Vgl. Claus Roxin, Luís Greco, Strafrecht Allgemeiner Teil Band Ⅰ, 5. Aufl., 2020, S. 698, Rn. 103.

② ［日］松原芳博：《刑法总论》（第 2 版），日本评论社 2017 年版，第 140 页；付立庆：《被害人因受骗而同意的法律效果》，《法学研究》2016 年第 2 期。

现这样的理论雄心其实并无必要。

正如前文所述，一方面，理论上普遍将法益关系错误说看作一种针对"全面无效说"的限制性理论，另一方面，阿茨特本人在提出法益关系错误说之始，就将"是否存在与法益有关的错误"定位为判断受欺骗承诺的效力的唯一标准，甚至认为该说在威胁（Drohung）和胁迫（Zwang）的情形下也能适用，① 似乎其主要的目的就是在"承诺中的意思缺失"的全部情形中，以一种全新的限制性理论代替各种一般原则性的"全面无效说"。可能也正因如此，无论是法益关系错误说的论敌还是继受者，都始终斤斤于法益关系错误说是否过分的限制了处罚范围等问题。这本来无可厚非，只是忽略了重新检视阿茨特最初的问题意识，也就无法超越"处罚范围"的局限而思考法益关系错误说的正确定位和真实价值。

按照阿茨特的自述，其理论雄心在于使得刑法领域的"承诺中的意思缺失"问题摆脱司法判决的附庸地位，而为之构建出一个独立的效力检验理论。② 当时在阿茨特看来，构建这一理论的障碍是本书开篇曾经介绍的弗里德里希·戈尔茨的"同意（Einverständnis）"与"承诺（Einwilligung）"的区分说，当时该说正是学界的主流观点。③ 阿茨特针对的正是区分说的一个重要论点，那就是排除构成要件该当性的"同意（Einverständnis）"与阻却违法性的"承诺（Einwilligung）"在有效性要件上存在的区别，"承诺"要求法益主体具有一定程度的认识能力，且不存在受欺诈、胁迫、错误等意思缺失（Willensmängel）；而"同意"只要求同意人具有自然的意思能

---

① Vgl. Gunter Arzt, Willensmängel bei der Einwilligung, 1970, S. 31, 32. 在阿茨特看来，一般来说通过威胁和胁迫而取得的承诺无效，但这只能是原则上值得赞同的共识，法益主体虽然受到了强迫，但仍然只是对行为人的反对给付和动机存在错误，即使法益主体在此基础上进行了错误的衡量和选择，也不能以此对抗其真实的意志，认为承诺无效。

② Vgl. Gunter Arzt, Willensmängel bei der Einwilligung, 1970, S. 7, 8.

③ Vgl. Gunter Arzt, Willensmängel bei der Einwilligung, 1970, S. 9.

力，所以只需要存在法益主体对行为人的行为予以认可的"自然意思"（natürlichen Willen）即可。

阿茨特认为，根据戈尔茨的区分说处理有关意思缺失（Willens-mängel）的问题，其理由是浅薄贫乏的；原因在于戈尔茨根本没有进一步地深入说明，为什么排除强奸罪、非法侵入住宅罪的构成要件该当性就只需要存在法益主体的自然意思程度的"同意"即可，为什么阻却违法性的"承诺"中欺骗、胁迫等因素就总是重要的；戈尔茨除了一口咬定刑法典规定的构成要件的文本之外，并没有其他的本质性的理由。① 相对的，在阿茨特看来，这种作为主流意见的区分说，不仅忽视了在阻却违法性的"承诺"当中，还有一些"单纯的动机错误"（bloßer Motivirrtum）是不重要的；② 而且也过分乐观地认为，所有原本就以违背法益主体的意志为构成要件要素的罪名中，只需法益主体的自然意思就可以排除构成要件的该当性；例如，德国刑法第 202 条侵害信件秘密罪的构成要件列明，该罪构成要件行为的行为对象是"非让自己知悉之他人封缄信函或其他封缄文件"，按照区分说的观点，如果存在他人之"同意"即可排除该罪之构成要件该当，阿茨特即设例如下：甲准许乙代为开拆自己的商业往来信函，某日乙手持甲的私人信件谎称是商业信函而获得甲的"同意"开拆，如果根据甲的"自然意思"就要排除乙该当第 202 条的构成要件，阿茨特认为这个结论是不合适的。因此，阿茨特指出，将具体事例情形中的"意思缺失"之重要与否的判断，系于该具体事例是与"同意可以排除构成要件该当性的罪名"有关，还是与"承诺可以阻却违法性的罪名"有关，完全是没有道理的。③

至此，透过上述文献的整理，阿茨特提出法益关系错误说之初

---

① Vgl. Gunter Arzt, Willensmängel bei der Einwilligung, 1970, S. 10.

② 在当时已经有于尔根·鲍曼、耶赛克、梅兹格、埃尔伯特·施密特霍伊泽尔等人支持这种观点，Vgl. Gunter Arzt, Willensmängel bei der Einwilligung, 1970, S. 9, Fn. 7。

③ Vgl. Gunter Arzt, Willensmängel bei der Einwilligung, 1970, S. 10, 11.

心和本意应该已经清楚地呈现出来。德国学者 Hülsmann 正确地指出，阿茨特的法益关系错误说首要的批判目标就是戈尔茨的区分说，确切地说就是反对以"排除构成要件该当性的同意"和"阻却违法性的承诺"这种标签化的区分理由识别"意思缺失"的重要性。① 因此，本书认为，阿茨特提出法益关系错误说的初衷，乃是反对当时主流观点根据区分说极度形式化地处理"承诺中的意思缺失问题"，其目标是构建出一个独立的、实质的检验标准或理论。最终，至少在"受欺骗承诺的刑法效果"问题上，法益关系错误说成为了植根于刑法理论的实质判断标准，应当说已经达成了阿茨特的理论目标。至于将法益关系错误说定位为判断受欺骗承诺之效力的统一理论，可能是阿茨特在完成得意之作后的乐观估计。即使否认法益关系错误说是唯一的判断标准，也不会违背阿茨特的初衷。

其次，就"受欺骗承诺的刑法效果"问题而言，其本身属于"承诺的有效性"课题的局部，并没有因为"欺骗"这一要素的加入就"列土封疆"，成为独立的问题。在判断受欺骗承诺的法律效力之时，始终需要接受其他的承诺有效性条件的制约和补充。

自亚里士多德始，人的自愿行为就包括两项条件：一是"未受强迫"，二是"非出于无知"，一个受欺骗的人正是处于无知之中。② 如果按照极端的标准来判断一个人的行为是否出于"完全自愿选择"，那么至少应该包括以下方面：一是行为人的行为能力方面，必须不是婴孩、智力障碍、精神失常、非理性；二是具有全面的认识，并非出于受骗、对客观环境的疏忽或认识错误、并非出自对事实背景的曲解；三是自己选择，并非受到强制、胁迫，甚至并不是出于其他更为微妙的操控等。这些理想状态的所有要

---

① Vgl. Katrin Braun - Hülsmann, Die Einwilligung als Zurechnungsfrage unter Paralleli-sierung zur Betrugsdogmatik, 2012, S. 210, Fn. 735.

② ［古希腊］亚里士多德：《尼各马可伦理学》，廖申白译，商务印书馆 2003 年版，第 58、59 页。

素，都具有法律相关性，也就是在法律或学理上可以找到相对应的要求；尽管在现实生活中几乎不可能完全满足上述所有要素，但是也不能完全割裂这些要素之间的联系，这些要件不是用水泥黏合在一起的散沙和砖块，而是互相并联、串联的电路图。质言之，在判断某一行为的自愿性，以及判断承诺的有效性的时候，既不可能要求行为人或承诺者满足全部的理想条件，也不能只因为行为人或承诺者满足其中的一项条件就不考察其他条件，得出承诺有效的结论。①

在本书看来，罗克辛教授提出的"规范的自律性说"并不完全是针对具体事例进行论题式思考；"规范的自律性说"最大的理论意义，就是重新回到"承诺的有效性"这个基点思考"受欺骗承诺的刑法效果"问题。就个人自治的实现条件而言，承诺者必须对客观环境、事实背景、相关知识等信息具有相当程度的正确的掌握，而欺骗行为就是欺骗者故意阻碍正确的信息到达承诺者，故意阻碍承诺者掌握正确的信息。对重要信息的认识不足或错误认识当然会抵消或降低行为人的自愿性，阻碍个人自治的全部实现，却也不能说只要有正确的认识，在掌握相当正确信息的基础上，就总能实现个人自治。② 从这个角度上来看，适用法益关系错误说的目的就是要保证有关法益之种类、范围、危险性以及价值等重要信息能够为法益主体所掌握，但只是保证法益主体掌握这些重要信息；当法益主体不存在与法益有关的错误时，也只能表明在所处分的法益之上存在承诺。因此，日本学者菊地一树认为，除了考察法益主体存在对"具体的法益侵害结果的容认的心理状态"之外，还需要考察法益主体之容认心理的形成过程与自己决定过程，在此意义上来看，法益

---

① ［美］乔尔·范伯格：《刑法的道德界限·第三卷：对自己的损害》，方泉译，商务印书馆 2015 年版，第 125、126 页，边码 115、116。

② ［日］菊地一树：《法益主体的同意与规范的自律（1）》，《早稻田法学会志》第 66 卷第 2 号（2016），第 197 页；［美］乔尔·范伯格：《刑法的道德界限·第三卷：对自己的损害》，方泉译，商务印书馆 2015 年版，第 293 页。

关系错误说是一种说明承诺之存在的理论，还不完全是判断承诺有效性的理论。①

　　要言之，判断受欺骗承诺的效力还不能脱离"承诺的有效性"的整体要件，不能指望在一个方面用一个理论或概念解决全部问题。最能说明这一点的就是前引［例11］［卖肾救子案］。在该案中，母亲为了筹款救子而在黑市卖肾却人财两空，由于母亲对他人割取自己的肾脏也是知情且同意的，难以肯定存在法益关系的错误；同时，在黑市买卖人体器官也是恶劣的人格利益商业化行为，是根本有悖于人道尊严的行为，不能以刑法保护该母亲对50万欧元的请求和追偿。此时，最为妥当的思考方式就是引入法律家长主义限制法益主体的自主决定权，具有生命危险的严重身体伤害不在承诺者的承诺范围之内，否认承诺的效力。

　　再次，欺骗行为的定义固然是"虚构事实、隐瞒真相，传达与客观事实不符的信息"，但是，欺骗行为所传递的虚假信息的作用不可能只会让受骗者"产生错误认识"而已。如果针对"受欺骗承诺的刑法效果"的研究锚定在法益主体"对什么内容产生了错误认识"之上，则是典型的胶柱鼓瑟了。

　　至少从亚里士多德开始，欺骗和胁迫就在概念上被区分开来。在亚里士多德看来，违反意愿的行为可以是出于无知的或被迫的，一项行为如果其始因是外在的，例如被飓风裹挟或受人胁迫，而行为人无力抗拒此一始因，该项行为就属于是被迫的；如果行为人是在对行为本身和环境不知情或无知而作出行为，该行为就是出于无知的。② 直至今日，在绝大多数场合，学者们都可以使用不同的定义，将欺诈、胁迫、强制等行为在概念上完全泾渭分明地区分开，

---

　　①　［日］菊地一树：《法益主体的同意与规范的自律（1）》，《早稻田法学会志》第66卷第2号（2016），第191页。

　　②　［古希腊］亚里士多德：《尼各马可伦理学》，廖申白译，商务印书馆2003年版，第60—62页。

尽管这些行为都有一个本质的特征，就是针对行为对象的心理实施作用力。但是，概念终究不能规定客观事实。就欺骗行为的实际效果而言，受到欺骗的法益主体在处分法益时的心理状态也可能并非是完全自愿的，而是受到欺骗行为的心理压迫或强制。例如，在行为人胁迫法益主体说"不服从就杀死你"，但实际上并没有杀人意思的场合，也可以说行为人是欺骗了法益主体，但在该场合中重要的肯定不是法益主体的错误认识，而是其意思自由完全被压制、被剥夺，欺骗行为的作用只是让法益主体相信自己已经陷入不得不服从的危险境地而已。① 因此，在实施欺骗行为而后获得承诺的场合，错误认识并不一定是导致承诺者作出承诺的全部原因，也可能是推动承诺者作出承诺的充分条件而非必要条件。事实上，对他人施加心理强制的技巧和方法很多，欺骗也是其中一种，而且，因欺骗而产生的心理强制效果还可以区分出不同层级，例如诈称将要直接实施恶害行为的威胁、虚构可能面临的危险而进行强制，乃至虚假提示不利后果的警告，等等。②

例如，在日本刑法中有一个著名的地方法院判例：［例 13］［吓杀债主案］行为人通过欺骗手段从一个独居的老妇（殁年 66 岁）处获取了高额贷款，为了避免偿还债务，就虚构事实威胁老妇，诈称该项贷款违反日本的投资法律，警察会来进行调查，老妇将会面临牢狱之灾。随后，行为人以逃避警察调查为借口而将恐惧不安的老妇人"弃家出逃"，辗转奔波于多地，前后历时 17 天。这一系列行为致使本就身体虚弱、恐惧不安的老妇人陷入了"无处可逃"的错误认识。行为人进而欺骗老妇人说，除了自杀已经无路可走，并且固执地在心理上进行怂恿，致使老妇人最终自己吞食农药而死。

---

① ［日］佐伯仁志：《被害者的同意及其周边（2）》，《法学教室》总第 296 号（2005），第 85 页。

② ［美］乔尔·范伯格：《刑法的道德界限·第三卷：对自己的损害》，方泉译，商务印书馆 2015 年版，第 328 页。

对此案件，日本福冈地方法院判决认为，如果被害人能够正确认识自己的客观状况，恐怕就不会认为穷途末路而决意自杀，因此，应该认为被害人的自杀决意是不符合其真实意思、具有重大瑕疵的意思，不能说是基于其自由意思。相应地，本案被告人的行为致使被害人产生错误认识并致其自杀，也不能说是单纯的教唆自杀行为，而是属于利用被害人行为的杀人行为。①

从案件的判决来看，法院是根据条件错误说，着眼于"如无该欺骗则无该承诺"而否定了自杀决意的有效性。对此，佐伯仁志教授认为，本案裁判的重点应该着眼于行为人对老妇进行了心理上的逼迫，而行为人的欺骗不过是为了实施心理逼迫而采用的手段。如果认为被害老妇在决意自杀之际处于不能基于自由意思作出决定的状态，那么，判决结论肯定杀人罪的成立就是正当的。为了更好地展示该案的裁判重点在于心理强制而不是错误认识，佐伯教授根据该案改编了两种情形以作对比。第一种情形是，行为人并无虚言，老妇人的贷款行为属于犯罪，会受到刑事处罚而入狱；第二种情形是，行为人虽然欺骗老妇人让其陷入错误认识，并且教唆其自杀，但并没有将老妇人在生活环境中隔离之后再进行心理上的逼迫。佐伯教授分析认为，在前一种情形中，如果行为人利用了刑事追究的现实可能，将老妇人与周围环境隔离开来，再对其进行心理上的压迫，致使老妇人处在无法进行自由意思决定之状态而自杀的话，就可以成立杀人罪；相反，在第二种情形中，不能承认杀人罪。因此，在该案件中成为问题的便不是法益主体错误认识的性质问题，而是行为人对法益主体的意思压制程度问题。②

我国刑法理论和司法实务大多习惯于将带有欺骗因素的行为尽

---

① ［日］佐伯仁志：《刑法总论的思之道·乐之道》，于佳佳译，中国政法大学出版社 2017 年版，第 184、185 页。

② ［日］佐伯仁志：《刑法总论的思之道·乐之道》，于佳佳译，中国政法大学出版社 2017 年版，第 185 页。

量往"错误认识"这一方向进行考虑。例如，生活中常见多发的"以具体的封建迷信活动实施诈骗案件"，也就是行为人声称自己能够驱邪、消灾、改变祸福而收取他人钱财的案件，中国司法实务通行的做法都是以诈骗罪进行处理。① 但是，这类案件应该可以进行更细腻的思考。大谷实教授认为，单纯地告知天地变异或预测祸福凶吉之类的警告，原则上不是胁迫行为；但使他人相信自己的力量能够左右凶吉祸福的时候，就能成立胁迫。日本广岛高级法院曾有过这样的一个判例，那就是某甲请求某乙为甲母禳灾以消除疾病，某乙则对某甲声称甲母为鬼魂附体，需要求神才能祛除，但是某甲需要支付 10 万日元，否则甲母就有生命危险，某甲由于孝母和恐惧，向某乙支付了 3 万余日元。法院最终判处敲诈勒索罪。② 中国《刑法》第 274 条即为敲诈勒索罪，因此，中国刑法理论和司法实务在处理与"受欺骗承诺"的相关问题时，完全不必局限于错误认识的性质进行思考和裁判。

如果从沟通刑法总则和刑法分则的效果来看，在总则部分塑造出一个判断"受欺骗承诺的刑法效果"的统一理论，意义其实有限，并不值得追求。

"发现个别法规范、规整之间，及其与法秩序主导原则间的意义脉络，并以得以概观的方式，质言之，以体系的形式将之表现出来，乃是法学最重要的任务之一"，③ 诚哉斯言！在立法技术上，由分散的具体犯罪类型中抽象出具有普遍意义的总则，乃是立法技术成熟

---

① 中国刑事司法实务对"利用封建迷信活动进行诈骗"的案件，根据手段、途径、受众对象进行了如下分类：一是"利用具体的封建迷信活动进行诈骗"，二是"组织利用会道门邪教组织"进行的范围更广的诈骗活动。参见张森主编《刑事案例诉辩审评——诈骗罪》，中国检察出版社 2014 年版，第 35 页；张明楷：《诈骗犯罪论》，法律出版社 2021 年版，第 73、76 页。

② ［日］大谷实：《刑法讲义各论》（新版第 2 版），黎宏译，中国人民大学出版社 2008 年版，第 283 页。

③ ［德］卡尔·拉伦茨：《法学方法论》，陈爱娥译，商务印书馆 2015 年版，第 316 页。

的入门标志；而在学理上，在分离的、孤立的个别特性、要素之基础上抽象出概念，再组成体系，直至提炼、建构出内涵最小外延最大，拥有最宽广的适用领域的"最高概念"或"一般原则"，想必是每一个法学学者们念念不忘、汲汲以赴的学术理想。本书亦不否认，关于"受欺骗承诺的刑法效果"判断问题，在总则部分确立出一个可以统一适用的理论，才是理想的学术成果。也许正因如此，山口厚教授才会扩张法益概念以维持法益关系错误说的适用范围"金瓯无缺"。但是，如果维持一个统一适用理论的代价是原则的空洞化，或者损及理论本身的价值，本书认为就不值得追求。

以"全面无效说"为例。前文曾经提及，该说除了在"区分说"的语境限制之下，认为排除构成要件该当性的"同意"不受意思瑕疵之影响外，在其余"承诺"的情形都认为受欺骗的承诺全部无效。根据付立庆教授的观察，"全面无效说"在中国台湾地区刑法学者中很有市场。① 这一观察确实符合实际情形，但本书在此要提示另一种值得注意的现象，那就是在总论部分主张"全面无效说"的学者，在各论具体罪名上纷纷改弦更张。林钰雄教授一般被认为是"全面无效说"的代表性学者，其在总论部分一方面表示，阻却违法性之承诺倘若存在受欺罔、胁迫、强制等瑕疵，则基本上应认为这种承诺一律无效；另一方面又在诈骗罪中表示，"真正关键在于，并非所有欺瞒事实的行为，都会构成施用诈术；同理，并非所有与事实不符的想象，都是陷于错误。诈骗罪本质上是让受骗人自损其财产的犯罪类型，自始所保护者为财产法益，因此，无论是行为人所施的诈术，或相对人所陷的错误，都必须蕴藏某种直接招致财产上损失的特性"；结果就造成前后立场不一致的尴尬局面，只好在总论另一场合有所保留地表示"因诈欺、胁迫、蓄意隐瞒而承诺者，除非是无关紧要的部分，否则因承诺无效而不得阻却违法"；至于何为

---

① 付立庆：《被害人因受骗而同意的法律效果》，《法学研究》2016年第2期。

"无关紧要的部分"却又不予说明。① 又例如，甘添贵教授表示，承诺须具有任意性及真挚性，如出于心里保留、无知、行为者之欺罔、错误、强制、胁迫或戏谑者，其承诺一概无效。而在分则部分甘添贵教授又作出限定，诈骗罪之诈术内容，必须是限定在有关受诈骗者判断其要否支付财物或使第三人得利行为的事实上。② 由此可见，"全面无效说"在总则部分所抽象出的全面无效原则，在各论中还是根据具体罪名的构成要件进行限缩和调整。

本书并不是要指摘上述持"全面无效说"的学者观点前后不一，而是意图指出，所谓"总则指导分则"观念的实际意义有限。就本书所讨论的"受欺骗承诺的刑法效果问题"而言，"全面无效说"已经是刑法学者在总论部分所能抽象出来的最为原则性的统一理论，但从最终的结果来看，总论部分的原则性越强，在具体各罪的解释中调整幅度越大。在杀人、强奸、非法侵入住宅、非法拘禁等罪名中，以欺骗手段实施犯罪行为的行为人究竟应当如何确定罪名、追究刑事责任，同样也要服从各具体罪名的构成要件规定。本书并非全盘否定在总论部分为"受欺骗承诺的法律效力之判断"确立判断标准的必要性——总论部分无此一项标准，则完全不能保证各论具体事例判断的一贯——而是意在指出，只要确立起实质的判断标准即可，无须过分追求将某一理论塑造为统一理论。

三　本书观点：二阶的法益关系错误说之设想与说明

受欺骗承诺的刑法效果问题是承诺论中较为复杂的局部问题，从前文的探讨可以看出，纷纭林立的既有学说已经对该问题进行了全面且深入的研究。值得注意的是，处于争论之中的各学说并不排

---

① 林钰雄：《新刑法总则》（第七版），台湾元照出版公司 2019 年版，第 283、284 页；氏著：《刑法与刑诉之交错适用》，中国人民大学出版社 2009 年版，第 290 页。

② 甘添贵：《刑法总论讲义》，台湾瑞兴图书有限公司 1992 年版，第 134 页；氏著：《体系刑法各论》（第二卷），台湾瑞兴图书有限公司 2008 年版，第 282 页。

斥承认其他学说的优势及贡献，也并不排斥形成共识。例如，全面无效说、动机错误说、条件错误说之间就存在相互转借的情形，全面无效说也会要求法益主体存在重大意思瑕疵，动机错误说也会要求欺骗引起的是法益主体的"重要动机"乃至"决定性动机"，至于"重大"或"决定"则由条件关系加以判断。① 再例如，对于法益关系错误说的核心论点，即"法益主体对所放弃的法益存在错误时承诺无效"，各项学说都予以承认。不难看出，学说之间转借的是思考方法或判断框架，学说之间所互认的是具体合理的判断标准。还需要指出的是，刑法理论似乎过多地注重各个学说的理论效果，也就是关注各学说是扩大了处罚范围还是限制了处罚范围，由此而整理出来的学说承续就是按照"范围过大—限缩—再扩大"的规律演进。这样的观察虽然不能说是不正确的，但也确实忽略了一些值得思考的侧面。例如，按照处罚范围的变动来排列学说，法益关系错误说置于全面无效说、动机错误说或条件错误说之后，而戈尔茨提出的区分说则不与焉。实际上，戈尔茨也提出了一种处理意思瑕疵的方法、框架，阿茨特锁定的主要论战对手便是戈尔茨的区分说，这一点前文已有详细说明。因此，本书认为，在研究受欺骗承诺问题及相关学说之时，应该对思考方法、判断框架、判断标准加以特别注意。

就思考方法与判断框架而言，全面无效说、动机错误说、条件错误说、法益关系错误说都可以称为"一元的学说"，因为此四者在判断受欺骗承诺的法律效力时所考察的因素只有一个，且由单一的判断标准一次完成全部判断任务——全面无效说、条件错误说仅关注承诺是否由欺骗行为所引起或是否无欺骗则无承诺，动机错误说与法益关系错误说仅关注法益主体的错误认识的内容。与此相对，规范的自律性说、自律的自我决定说、客观真意说则可以称为"二元的学说"，此三说均是从两个层面对法益主体的意志进行考察，也

---

① 张明楷：《外国刑法纲要》（第三版），法律出版社 2020 年版，第 149 页，脚注 60。

不是由单一的判断标准一次完成全部判断任务。比较起来，二元的判断框架较之一元的判断框架更为灵活、更为全面。这当然不是在两种方法或框架之间进行简单的数量比较，判断标准或思考层次的数目多就优越，而是因为整体优于局部。详言之，规范的自律性说、自律的自我决定说、客观真意说将学说的基座放置在有效承诺的整体要件上，从承诺论的全局出发考察受欺骗承诺问题，这样的思考方法具有居高临下、本立道生的优势；而全面无效说、条件错误说、动机错误说、法益关系错误说都局限在"受欺骗承诺"的情境中考察"欺骗"或"错误认识"，全面性当然有所不及。采取二元的思考方法与判断框架的诸说，可以堂堂正正地主张从有效承诺的整体要件出发添加"自律性"或"任意性"的考察，并将法益关系错误说等学说定格为只是关于"认识对象"的理论，[①] 采取一元的思考方法与判断框架的诸说对此难以辩驳。

就判断标准而言，法益关系错误说的明确性和确定性仍然优势明显。全面无效说、动机错误说、条件错误说的判断标准所存在的问题，前文已有细致分析，兹不赘述。前文亦曾指出，规范的自律性说在判断标准上仍有缺陷，对于如何"规范地判断承诺是否为自律之体现"，罗克辛教授并未没有归纳具体标准。自律的自我决定说与客观真意说虽然就"任意性"的判断分别提出了不同的标准，但也存在一些可以质疑的问题。例如，自律的自我决定说、客观真意说都主张，通过欺骗、胁迫等人为的自由抑制手段，使得法益主体的意思自由受到大幅缩减，属于"相对的不任意"，这种"相对不任意"也能导致承诺无效。[②] 既然是"相对的不任意"，难免就又要进行"相对的判断"，难免陷入"相对的泥淖"。若对"相对的不任

---

① ［日］松原芳博：《刑法总论重要问题》，王昭武译，中国政法大学出版社2014年版，第108页。

② ［日］松原芳博：《刑法总论》（第2版），日本评论社2016年版，第142页；付立庆：《被害人因受骗而同意的法律效果》，《法学研究》2016年第2期。

意"不加限制，肯定就会动辄否定承诺效力，与全面无效说无异；若对"相对的不任意"予以限制，却又难以措手。付立庆教授尝试将"相对的不任意"限制在"危险在某种程度上是紧迫的，很难冷静地等待危险的现实化"这一场合，但是，这样的限制似乎仍然诉诸一般人或法益主体的心理感受，欠缺明确性和确定性，确实容易造成案件处理结论的争议和矛盾。①

正是基于以上观察和思考，本书对于受欺骗承诺的刑法效果问题形成了如下基本观点。法益关系错误说为受欺骗承诺的有效性判断提供了一个合理的判断标准，但由于受欺骗承诺的情形具有相当的复杂性，不能指望在判断其效力时"毕其功于一役"，不宜将法益关系错误作为一个绝对标准。法益关系错误说的意义并不在于没有法益关系的错误则承诺有效，而是表明存在法益关系的错误则承诺无效。② 也就是说，在受欺骗承诺的效力判断上，法益关系错误说仅仅是第一道筛选机制；如果不能认定其错误认识与具体构成要件的保护法益有关，还需进一步考察该承诺能否在规范评价上视为法益主体自由意思的表达和自己决定权的实现。③ 在法益关系错误说之外添加"自律性"或"任意性"的考察，是一个正确的思考方向，只是还需要进一步探讨具体的考察标准。总而言之，本书采用规范的自律性说、自律的自我决定说及客观真意说的思考方法和判断框架，同时吸收法益关系错误说，并以之作为提炼判断标准的范本与指导。在承袭、整合既有学说的同时，本书仍试图提出在理论细部上有别于既有学说的自说：二阶的法益关系错误说。

本书主张的"二阶的法益关系错误说"可以概括如下：在判断受欺骗承诺的法律效力时，第一步首先判断法益主体是否因为该欺骗而产生

---

① 王钢：《动机错误下的承诺有效性问题研究》，《中外法学》2020 年第 1 期。

② ［日］森永真纲：《被害人承诺中的欺罔与错误（一）》，《关西大学法学论集》第 52 卷第 3 号（2002），第 219 页。

③ 付立庆：《被害人因受骗而同意的法律效果》，《法学研究》2016 年第 2 期。

了与相应构成要件的保护法益有关的错误；如果未产生上述错误，则进一步考察，法益主体是否误以为维系该法益的选择可能性已经丧失或缩减，并基于这一判断放弃了该法益。"二阶的法益关系错误说"仍是以有效承诺的本质为核心理念，也就是看法益主体是否在对作为放弃对象的法益存在正确认识的基础上，基于自由意思而放弃法益。

那么，何为"二阶"？本书所提出的"二阶的法益关系错误说"主要从三个不同的思想资源汲取教益合成"二阶"的意义，包含三个不同的意义诉求。

一是判断层次上的阶层意义，即判断必须遵循的进路及先后次第。法益主体的错误认识是否为"法益关系错误"而不是其他内容的错误，居于第一层次，法益主体的意思自由程度是第二层次的判断内容。识者立见，这是借鉴阶层式犯罪论体系的阶层意义。当然，"二阶的法益关系错误说"并不要求齐备"法益关系错误"与"不任意"才能导致承诺无效。

二是方法论上的阶层意义，即判断方法的补充。此处借鉴的是德国学者特奥多尔·菲韦格所提出的"一阶论题学"（Topik erster Stufe）与"二阶论题学"（Topik zweiter Stufe）之区分。菲韦格所理解的论题学是"以问题为取向"的问题思维方法，有别于体系演绎思维。根据菲韦格的观察，当人们在某个地方遇到某个问题时，一般会由某个特定的主导性观点（论题）主导着在数个不同答案（Antwort）之间寻求确定某个答案作为问题的解答方案（Lösung）。菲韦格把这样的思考程序称为"一阶论题学"。"一阶论题学"的缺点是具有随机性和不确定性，因为主导性观点（论题）可能不能清楚地确定，或者不能导出解释该问题的解答方案；克服这一缺陷的办法就是形成一个简明的、经常备用的观点汇编（目录），菲韦格把使用这个论题目录的思考程序称为"二阶论题学"。① 菲韦格所区分

---

① ［德］特奥多尔·菲韦格：《论题学与法学——论法学的基础研究》，舒国滢译，法律出版社 2012 年版，第 26—31 页。

的"一阶"与"二阶",简单地理解,就是"二阶"除了能提供某个主导性观点之外还能提供主导性观点的汇编目录。"二阶的法益关系错误说"即取此意:在"法益关系错误"之外,提供一个备用的思考方向。

三是从"二阶观察"(Second-order Observation, die Beobachtung Zweiter Ordnung)中借用而来的指向意义。卢曼的"一阶观察"是指固定在对象上的观察,观察者与其观察活动并不能被观察,"二阶观察"则除观察对象之外,"一阶观察"的观察者及其观察活动成为一个可观察的事实;卢曼用指向"什么"(what)的操作和指向"怎样"(how)的操作来区分"一阶观察"与"二阶观察"。① 如果进行不确切地类比,作为承诺对象的是"法益",法益主体是法益处分者,此时"一阶的法益关系错误说"只关注法益处分者对处分对象的认识,其指向的是"法益处分者认识及处分了什么",而"二阶的法益关系错误说"则同时还指向"法益处分者是怎样处分法益的",因此可以强字之曰"二阶"。

那么,何为"二阶"?"一阶的"法益关系错误说不能圆满解决受欺骗承诺问题,当然是最基本的动因。但是,规范的自律性说、自律的自我决定说、客观真意说同样在认识对象之外添加考察法益主体的自律性或任意性,本书舍此不由,提出"二阶的法益关系错误说",是否刻意标新立异、穿凿附会?

之所以提出"二阶的法益关系错误说",最重要的理由就是延续法益关系错误说的核心价值,使其不致失坠。如若沦为"二元的法益关系错误说",就会湮灭法益关系错误说的旨趣。不可否认,在"法益关系错误"之外添加其他判断标准,已经取消了"法益关系错误"的一元地位。但本书认为,"二阶"与"二元"的区别意义

---

① 宾凯:《法律如何可能:通过"二阶观察"的系统建构》,《北大法律评论》第7卷第2辑(2006年第2辑),第364—366页;[德]尼古拉斯·卢曼:《风险社会学》,孙一洲译,广西人民出版社2020年版。

在于位阶固定与否："二阶的法益关系错误说"意味着"法益关系错误"是固定且居于核心的判断标准，而"二元的法益关系错误说"中"法益关系错误"只具有相对的意义，甚至可以消解。

诚然，规范的自律性说、自律的自我决定说、客观真意说都对法益关系错误说报以赞许、予以肯定，例如罗克辛教授被认为是"基本上赞成阿茨特说，而直观上觉得结论不妥当的场合则承认例外"，付立庆教授则表示，客观真意说称之为"修正的法益关系错误说"亦无不可。① 如此看来，此三说似乎均可称为"二元的法益关系错误说"了。然而，在规范的自律性说、自律的自我决定说、客观真意说中，"法益关系错误"居于可有可无的尴尬处境。付立庆教授特别细致地表示，客观真意说最终以承诺是否系法益主体基于自由意志的客观表达为判断标准，法益关系错误在客观真意说中只具有重要但并非决定性意义，"以法益关系概念为基础、以客观考察同意是否具有任意性为实质"；② 松原芳博教授则客气地表示，法益关系错误说是关于认识对象的理论，自律的自我决定说是有关任意性的理论；③ 罗克辛教授只表示，承诺只能在法益主体的自治表现中有效，而与法益有关的错误中缺乏法益主体的自治表现。④ 从上述三位学者的论述中不难看出"法益关系错误"逐次低落的权重。实际上，规范的自律性说、自律的自我决定说、客观真意说都是以"法益主体的意思自由"为鹄的，法益关系错误"一旦归为臣虏"便只能"沈腰潘鬓消磨"。在"二元"而非"二阶"的观念下，二元的判断

---

① 付立庆：《被害人因受骗而同意的法律效果》，《法学研究》2016 年第 2 期。

② 付立庆：《被害人因受骗而同意的法律效果》，《法学研究》2016 年第 2 期；氏著：《有关被害人受骗同意的几个问题》，《刑事法评论》第 42 卷（2018 年第 1 期），第 435 页。

③ ［日］松原芳博：《刑法总论重要问题》，王昭武译，中国政法大学出版社 2014 年版，第 108 页。

④ Vgl. Claus Roxin, Luís Greco, Strafrecht Allgemeiner Teil Band Ⅰ, 5. Aufl., 2020, S. 697, Rn. 99.

框架中只需要有一个"认识错误的理论"即可，似乎动机错误、条件关系错误亦可任此，并非法益关系错误莫属。因此，本书主张"二阶的法益关系错误说"，正面强调"法益关系错误"不可替代的理论意义和重要性。

那么，"二阶的法益关系错误说"又如何可能？换个方式提问就是，如何使法益主体的任意性判断与法益关系错误说发生关联？本书认为，二者应当以具体的承诺所指向的法益作为联结，对"法益"的关注和观察应当贯穿全部判断过程，这其实也是提倡"二阶的法益关系错误说"的另一个重要目的。

本来，承诺是否出于法益主体"自由的自我决定"、是否"真正体现了法益主体的意思自治"，只能进入法益主体的内部才能一探究竟，矛盾偏偏在于，即便是这种内心事实、内心经历，最好也要用某种客观的方式加以考察、加以证明。条件错误说之所以能在日本刑法学界和司法界占据通说地位，还被全面无效说转借，想来是因为"如果知道真相便不会承诺"这一标准能够生动反映法益主体的内心世界。正因如此，罗克辛教授特别强调规范的自律性是"客观的法的评价"问题，判断根据是"规范标准"（normativen Maßstäben），付立庆教授也特别强调"客观考察同意是否具有任意性"。① 罗克辛教授的"客观的法的评价"以及"规范标准"，最终摆荡在主观与客观之间，本书对此已经加以批评。王钢副教授对客观真意说的"客观考察"和"客观真意"也提出了批评意见。客观真意说的客观考察方法，是以"利益衡量"为核心，"根据法益衡量的结果，若按照一般的价值标准就不得不同意"，此时承诺便不是自由作出的。② 王钢副教授指出，"利益衡量"与"不得不处分法益"这两个标准之间

---

① Vgl. Claus Roxin, Luís Greco, Strafrecht Allgemeiner Teil Band Ⅰ, 5. Aufl., 2020, S. 697, Rn. 99.; 付立庆：《有关被害人受骗同意的几个问题》，《刑事法评论》第 42 卷（2018 年第 1 期），第 435 页。

② 付立庆：《被害人因受骗而同意的法律效果》，《法学研究》2016 年第 2 期。

欠缺对应关系，既可能存在法益主体基于利益衡量进行选择却并不是"不得不处分法益"的情形，也可能存在法益主体"不得不处分法益"却无法进行利益衡量的情形。①

规范的自律性说、客观真意说之所以在"自律性"或"任意性"的判断上难以做到客观考察，其原因在于没有确立一个客观、确定、不因人因事而变异的考察核心。承诺，是针对具体法益的处分；受欺骗的承诺，法益主体是在欺骗的影响下，对具体法益本身及具体法益的处境加以认识后，再针对具体法益进行处分。判断受欺骗承诺的有效性，"法益"是贯穿始终且堪称锁钥的关键。

个人并不是孤岛上的存在，而是社会中相互关联着的独立个体；法益也不可能是遗世独立、自生自灭，某一个具体法益的存续，必然有能够维持该具体法益的关联条件，无论是显性还是潜在的关联条件。具体法益本身属性及具体法益的维持条件都对法益主体的承诺具有重要意义。具体法益的种类、范围、可能发生的变化都是法益本身的属性，决定法益主体的认识内容，是法益主体自主决定的信息基础；而具体法益是否能够维持、如何维持，这些内容也是自主决定的信息基础，会对法益主体的最终决定产生影响。二者的效果类似但意义有别：欠缺对具体法益本身属性的认识，可以全然否定法益主体对具体法益进行了处分，对具体法益的维持条件存在认识偏差，则限制法益主体对具体法益进行处分的方向。从某种意义上来说，阿茨特的法益关系错误说执着于法益的"存续价值"，并没有根本性的问题；如果能够接受上述意见，那么，对于维持法益存续的客观条件或客观处境也就应该予以重视。

因此，在本书看来，考察在承诺当时法益主体内部的、主观的意思决定是否"自律""任意"，不如转而考察，在欺骗行为人虚构的场景里，具体法益的处境是否恶化、是否难以维持，如果答案是肯定的，而法益主体后来在客观上又放弃法益，就可以证明、推定

---

① 王钢：《动机错误下的承诺有效性问题研究》，《中外法学》2020 年第 1 期。

法益主体的处分是受限制的不任意。① 所谓"法益处境恶化、难以维持"，是指法益主体可以选择的维持法益的条件出现减损，或者虽然没有减损，但是原本不用付出代价即可维持法益的情况变成了必须付出一定代价才能维持法益。在这种情况下，法益主体维持法益的可能性被压缩、维持法益的代价增加，当然会对法益主体的意思决定产生影响。具体法益的现实处境仍然是与法益有关的内容，这种考察方法仍然是以法益为中心的观察，较之围绕法益主体的内心意思而展开的"规范的自律性"和"客观真意"，其客观性更为明显。总之，使法益主体的任意性判断与法益发生关联，既必要也可行。

此处还有一个问题需要解释说明。对于如何界定法益主体的"意思自由"，理论上向来存在分歧意见，主要是在"意思自由"的程度上究竟是选择"自律性"还是选择"任意性"的分歧。可以看出，本书选择以"任意性"为指标。

诚然，如果将"任意性"界定为"个人的选择可能性"，似乎会造成一种错误的印象，那就是"自由"的程度会随着选择权的数目增减而损益：当个人拥有越多不同选择就越自由，有无穷选择权就是"最自由"。这种观点的误解之处在于，选择权及偶然性的增加并不会使自由随之增加，自由并不取决于选择权的量，而是取决于选择权的质。举一个形象的例子：一个饥肠辘辘的人在两家餐厅进食，其中一家只供应米饭、热粥、拉面和牛肉汤，另一家餐厅供应清蒸白水、椒盐麸皮、脆炒鱼鳞、凉拌榴莲壳、蒜香榆树皮等冷热菜点，哪一家餐厅更能满足该饿汉的选择自由？② 因此，一个偶然增

---

① ［德］阿图尔·考夫曼：《法律哲学》（第二版），刘幸义等译，法律出版社 2011 年版，第 257 页。

② 该譬喻改编自皮特·科斯洛夫斯基 1987 年出版的《后现代文化》一书，原例及其阐述在原书第 63 页以下，笔者转引自［德］阿图尔·考夫曼《法律哲学》（第二版），刘幸义等译，法律出版社 2011 年版，第 257 页。当然，根据康德的观点，人在饥饿的驱动下选择进食，属于受自然律支配的本能所拘束和驱使，并不是由本身的理性所获得，根本无自由、自律可言。

加的选择对个人的自由而言仅仅是表面的现象，自由并不是表现为
个人有尽可能多的不重要的选择，而是系于个人是否能够决定对为
善、作恶之要求的自我遵行或违反。① 毫无疑问，定位于"自我负
责的自我决定"的"自律性"观念，更接近于"自由"的实质
内涵。

　　然而，必须指出，本书所探讨的"受欺骗的法益主体是否基于
意思自由而为承诺"之判断，根本不同于"行为人在行为当时是自
由且负责地决定实施行为"的罪责判断。对于后者，刑法上的罪责
判断固然不是根本取决于行为人是否自由地行为，但行为人承担罪
责或将责任归属于行为人也必须是以行为人"自由"为要件，否则
罪责非难及行为刑罚就不是有意义且必要的。而且，罪责非难所要
求的"自由"当然不能止于"能为其他行为的'任意自由'之意
义"，而应该朝向"一个'平常人'在行为人外在及内在的状况下
是否为或不为如此行为"等意义以上的"理性自由"方向进行理
解。② 质言之，"行为人在行为当时是否是自由且负责地决定实施行
为"，要考察、评价的是行为人的自由程度有没有维持在"正常值"
的程度。但是，受欺骗的法益主体是否基于意思自由而为承诺，其
规范评价的重点在于，法益主体是否因为受到外部因素的不当影响
和干扰，其意思自由完全丧失或者明显减弱？也就是考察和评价，
法益主体的自由程度有没有因为受欺骗而减损？

　　在本书看来，理论上固然不能认为"个人拥有越多选择权就越
自由"，但是，当个人只有一个选择时，就难以称为"自由的选
择"，这是肯定的；③ 更进一步，当一项来自外部的影响或干扰，使

---

　　① ［德］阿图尔·考夫曼：《法律哲学》（第二版），刘幸义等译，法律出版社 2011
年版，第 257 页。

　　② ［德］阿图尔·考夫曼：《法律哲学》（第二版），刘幸义等译，法律出版社 2011
年版，第 259—261 页。

　　③ ［德］阿图尔·考夫曼：《法律哲学》（第二版），刘幸义等译，法律出版社 2011
年版，第 257 页。

得个人可以选择的"开放选项"数目发生了减损，或者虽然没有减损选择权数目，但是将原本不用付出代价即可获得的选项替换成了必须付出一定代价才能获得的选择，那么，我们当然也可以认为个人的自由受到了减损和压迫。[①] 因此，在受欺骗承诺的法律效力之判断上，完全可以将代表法益主体之选择可能性的"任意性"作为判断指标，考察法益主体的意思自由是否因为受欺骗而丧失或明显受到压抑。如果在欺骗行为人所虚构的情境下，法益主体维持具体法益的条件出现减损，或者需要付出额外代价才能维持具体法益，那么就可以认为法益主体的选择可能性受到了减损和压迫。

第二节　判断标准的确立与事例类型的厘清

前文已经对"二阶的法益关系错误说"的核心主张予以概括和解释，在判断受欺骗承诺的法律效力时，第一步首先判断法益主体是否因为该欺骗产生了与相应构成要件的保护法益有关的错误；如果并未产生该类错误，则进一步考察，法益主体维持法益的选择可能性是否因为该欺骗而丧失或减损，从而丧失或减弱其意思决定的"任意性"。以下，本书先行整理法益关系错误的基本类型，再讨论有关法益维持之选择可能性的内容。

一　法益关系错误的基本种类

对于法益关系错误的类型，阿茨特作了基本的界定，山中敬一予以补充和完善，在我国，黎宏教授最先对此进行系统的梳理。[②] 在此基础上，付立庆教授认为，能够肯定存在与法益有关的错误的情

---

① [美] 乔尔·范伯格：《刑法的道德界限·第三卷：对自己的损害》，方泉译，商务印书馆 2015 年版，第 249—253 页。

② 黎宏：《被害人承诺问题研究》，《法学研究》2007 年第 1 期。

形，可以归纳为两大类型：其一是纯粹的事实认识欠缺型，是指法益主体对相对人所引起的法益侵害之内容本身原本欠缺正确认识的情形，这一类型中应当认为法益主体原本就不存在放弃法益的意思，可以归为"承诺不存在"；其二是规范评价误认型，是指法益主体对相对人将要实施的法益侵害之内容本身虽然有明确认识，却对法益的要保护价值、要保护性等欠缺正确认识，因此只能视为表面上存在承诺，实际上肯定法益侵害性的存在，否定承诺效力。[①]

对于付立庆教授所归纳的"纯粹的事实认识欠缺型"，本书认为基本是妥当的；至于"规范评价误认型"，则需要谨慎对待。众所周知，理论上对"欺骗行为"最为经典的定义就是"向受骗者传递不真实的资讯，使受骗者产生与客观真实不相符的错误认识的行为"；[②] 通说一般认为，欺骗行为人系就事实进行欺骗，也就是"可得验证的、过去或现在的具体事件或状态"；"事实"必须具有可验证性，能够在客观上识别是"真"或"伪"，纯粹的价值判断（bloße Werturteile）和单纯的意见表述（reine Meinungsäußerungen）因为多系于个人之价值观、偏好等，难以区分"真伪"，通说一般认为就价值判断误导他人的，难以构成刑法意义上的"欺骗"。[③] 就从直观的文义上来讲，应该说就"事实"才是"认识"，"评价"就只是"判断"了。目前，有学者强力主张打破"事实"与"价值"之间的隔阂，就价值判断进行虚假陈述或表示的也可以成立刑法上的"欺骗"。[④] 这一主张值得倾听，但更为稳妥的观点是，即便要承认可以针对因人而异的价值判断成立"欺骗"，那也必须要求该价值判断包

①　付立庆：《被害人因受骗而同意的法律效果》，《法学研究》2016 年第 2 期。
②　张明楷：《诈骗犯罪论》，法律出版社 2021 年版，第 65 页。
③　林钰雄：《刑法与刑诉之交错适用》，中国人民大学出版社 2009 年版，第 266 页；王钢：《德国判例刑法（分则）》，北京大学出版社 2016 年版，第 195 页。
④　张明楷：《诈骗犯罪论》，法律出版社 2021 年版，第 77 页以下；甘添贵：《体系刑法各论》（第二卷），瑞兴图书有限公司 2008 年版，第 282 页；郭莉：《诈骗罪客观构成要件中的"事实"》，《北方法学》2018 年第 4 期。

含了一定可以客观验证的事实核心，通俗地说，就是在通常情况下也有大体的公认标准能够支持一般人对该价值判断进行验证。① 因此，如果"规范评价"上的内容要成为行为人所欺骗且法益主体"错误认识"的对象，就一定要在"评价"所依据的"规范"上足够客观、足够明确，以支持一般人能够在客观上识别"真伪"；这样既可以保证与法益有关的"价值判断错误"的客观性，避免"事实"与"规范"之间发生混乱，更重要的是保证"与法益有关的错误"的清晰、稳定，防止法益主体主观上的期待、动机、感情等内容大量混入其中。② 以下，本书就按不同内容依次进行整理。

（1）对于法益的本身的错误。有效的承诺需要法益主体对放弃的法益本身有正确认识，以保证法益主体认识到自己放弃了何种法益。例如，欺骗严重的精神病患者说，只要喝下了含糖的饮料之后再自缢，即使死后也会复活，结果致该患者自缢身亡的，属于对所放弃的法益认识错误，也就是没有认识到自己实际上放弃了生命法益，即没有认识到自己不可逆地放弃了生命法益，或者说没有认识到自己放弃了一种不可逆的法益，承诺无效。③

（2）关于相对人行为的作用范围之错误。法益主体虽然承诺接受相对人针对自己某项具体法益的特定行为，却因为行为人的哄骗

---

① 王钢：《德国判例刑法（分则）》，北京大学出版社 2016 年版，第 195 页；张明楷：《诈骗犯罪论》，法律出版社 2021 年版，第 78 页。

② 需要说明的是，本段内容中所使用的"客观上识别"之"客观"，是指康德主义方法论意义上的"客观"。康德认为，一个证明是"客观的"，意味着它能被任何人理解和检验，"如果这件事对每个人，只要他具有理性，都是有效的，那么它的根据就是客观上充分的"。详见［德］康德《纯粹理性批判》之《先验方法论》第三节，邓晓芒译，杨祖陶校：《三大批判合集》（上），人民出版社 2009 年版，第 541 页。波普尔将这种能够让一般人按照一定的标准、方法进行适当的推理，就能有规则地重复得出相同认识的"客观"，称为方法论上的"科学客观性"。详见［英］卡尔·波普尔《科学发现的逻辑》，查汝强、邱仁宗、万木春译，中国美术学院出版社 2008 年版，第 23 页。

③ ［日］山中敬一：《刑法总论》（第 3 版），成文堂 2015 年版，第 219 页，脚注 13。

或隐瞒而没有正确认识到行为的作用范围，则超出承诺范围的受损法益之上并不存在承诺。例如，法益主体承诺接受镇静剂注射，但医生并没有告知其可导致损害健康之结果的场合，因为受骗者并未认识到自己身体完整所受影响的范围，这时的认识错误就与身体法益有关，承诺无效，相对人构成故意伤害罪。再例如，关于医疗措施副作用的欺骗，如果医生明知某项头部手术的副作用必然会导致失聪而未对患者说明，由于患者对有关听力的伤害效果欠缺正确认识，存在法益关系的错误。①

（3）关于相对人的行为强度的错误。前述情形（2）是行为的作用发生在了承诺对象之外，而本情形则是行为的作用仍然在承诺对象之内。例如，前引阿茨特所举的同意对方徒手扇耳光而对方却戴着扳指的例子，山口厚所举的承诺被木球砸脚但实际上是铁球砸脚的，都属于"关于侵害强度的错误"。尽管相对人的行为始终是针对法益主体所承诺放弃的法益，但相对人加大行为的强度，使得实际发生的结果超出承诺的范围，在超出的法益侵害范围内不存在法益主体的承诺。

需要说明的是，此处有关行为强度或作用范围的观点亦不可能走向绝对。本书认为，需要综合法益处分的目的、法益的种类等要素，规范地判断相应行为的作用、强度之超出是否重要，再决定是否将其认定为法益关系错误。例如，在手术之际，患者同意医生给自己的腹部开刀20厘米，但医生却故意切了21厘米；对此，尽管在纯粹事实的意义上可以说多切的1厘米就是多破坏了患者的身体完整性，还让患者忍受了多缝一针的痛苦，属于侵害范围的错误，但是，就整体21厘米的腹部切开而言，仍然没有超出手术行为必需的范畴，该"1厘米的伤害"对患者的医疗效果并不产生重要影响，因此，在规范评价上应该不会认为患者的承诺就立即失效，仍可以

---

①　Vgl. Claus Roxin，Luís Greco，Strafrecht Allgemeiner Teil Band Ⅰ，5. Aulf.，2021，S. 696，Rn. 98.

认为存在着有效的承诺。与此相对，如果手术的部位不是腹部而是舌头的话，则 1 厘米的差别就十分重要，医生欺骗患者说割去 1 厘米的舌头，最后却割去了 2 厘米的情形，患者的承诺存在法益关系错误，应当无效。

（4）关于医疗行为的真实效果、真实用途、危险性等内容的错误。之所以将医疗行为在此予以特别讨论，原因在于医疗行为与故意伤害行为在性质上存在重要差别。[①] 其差别在于，医疗手术属于典型的"双刃剑"，其对身体完整性的破坏和对身体健康的修复是一体两面，不可分割，都属于其本质属性。更明确地说，医疗行为对身体健康的修复效果等客观优越利益是医疗行为之侵入性的客观前提，并不是患者作出承诺的动机、期待利益等主观前提；患者也只有了解医疗行为的真实效果、真实用途等内容，才能够全面认识自己的身体法益将被如何处理、如何对待。例如，医生欺骗某头痛患者说，通过拔牙的方式可以治愈为患多年的头痛，患者因而同意接受拔牙；患者由于不知道自己的身体状况并不是得到了改善而是变得更糟糕了，所以，医生对拔牙行为的治疗效果之欺骗，使得患者产生了与身体法益有关的错误。此外，医生欺骗患者接受血液常规检查，实际上是抽取患者的血液进行艾滋病测试，患者同意扎针抽血并不包括同意艾滋病测试，患者并不知道自己的身体物质是被他人如何处理的，因此，这种错误涉及法益本身，也构成法益关系错误。[②]

比较特殊的是有关手术的危险性的错误认识。在患者接受手术治疗的场合，一般医生都必须对手术的风险进行必要的说明。如果医生在采取手术治疗之前对患者真实地说明了要切除的部位、切除

①　余振华：《得被害人承诺之行为评价》，收录于《刑与思：林山田教授纪念论文集》，台湾元照出版有限公司 2008 年版，第 148 页。

②　Vgl. Claus Roxin, Luís Greco, Strafrecht Allgemeiner Teil Band Ⅰ, 5. Aufl. , 2020, S. 698, Rn. 102, 103.

之后的后果及副作用、手术疗法的必要性等内容，而隐瞒了手术失败的可能性，应该如何处理？本书初步认为，如果根据临床检验和医疗规则，某项手术并不成熟、治疗效果不明、失败风险很大，而医生对此刻意隐瞒，则患者对于自己所接受的侵害范围、程度不知情，应当属于法益关系错误。相对的，某项手术虽然有风险，临床检验也足够成熟，但医生自以为会成功但却失败了的场合，属于过失犯的问题，应该以危险的接受或者是对危险的承诺问题处理，若手术成功则医生不应该被作为伤害罪（的未遂）而追究责任。

（5）承上文，笔者希望附带讨论和澄清一个问题，那就是对所谓"行为的性质"存在错误的情形。例如，医生对患有妇科疾病的患者说，想要治好疾病，需要与医生发生性行为，借助性行为将药物带入体内，患者同意医生的要求。对此，黎宏教授认为，患者对于侵害其法益（性自主决定权）的行为性质发生了误解，将奸淫行为当作治疗行为予以接受，也可以说是存在法益关系错误，医生的行为构成强奸罪。① 付立庆教授也认为，"对目的行为属于奸淫行为这一点的认识错误，是对侵害内容缺乏认识。在假称治病而奸淫妇女的场合，由于被害人认为此时的行为是一种治疗行为，故可以认为被害人缺乏对奸淫行为的认识"。② 的确，将这一事例与谎称拔牙治头痛的情形相比较，似乎可以说双方都对"医疗行为"的"真实效果"产生了错误认识，或者说头痛患者"误将伤害行为当作治疗行为予以承诺"。但是，这里必须要注意的是，这种"误将奸淫行为当作治疗行为"的说法似是而非，应当谨慎使用和对待。试想，即便是在［例9］［给钱打人案］的场合，挨打的法益主体难道不是也可以主张自己"误将伤害行为当作愿打愿挨的行为予以承诺"吗？

如果认真严肃地分析，在医生欺骗患者性行为具有治疗效果的例子中，已经超出了同一构成要件内法益的意义、价值错误之范畴，

① 黎宏：《被害人承诺问题研究》，《法学研究》2007 年第 1 期。
② 付立庆：《被害人因受骗而同意的法律效果》，《法学研究》2016 年第 2 期。

涉及构成要件评价相异的法益间的错误,① 这与谎称拔牙治头痛是不同的,而是与〔例 9〕〔给钱打人案〕相似。详言之,在〔例 9〕〔给钱打人案〕中,按照阿茨特的分析思路,法益主体对于接受耳光这种暴行或伤害是存在正确认识和承诺的,只是对在诈骗罪所保护的反对给付存在错误认识,因此伤害罪或暴行罪被一个真实的承诺所阻却,而法益主体所误信的反对给付又因为不能鼓励人格利益的商业化而得不到诈骗罪保护。② 据此分析,在谎称性行为能治疗疾病的场合,女患者接不接受性行为是由强奸罪等性侵犯罪的构成要件所保护的,该行为是否能使身体状况好转或恶化,是由伤害罪的构成要件进行保护,那么,女患者对该行为的实际效果的错误认识就不是与性自主决定权有关的错误认识。或许上述分析还未足以使人信服,笔者兹再举出一个效果相反的情形以为佐证:性病患者隐瞒病情与女子性交的情形,也可以认为女子对性行为的"实际效果"或"危险性质"存在错误认识,但显然行为人也只构成第 360 条传播性病罪,而不是构成第 236 条强奸罪。③

需要说明,笔者反对的不是黎宏教授认为医生构成强奸罪的结论,按照本书的判断方法完全可以否认女患者的承诺效力,再进一步肯定强奸罪的成立。笔者所要反对的,是所谓"行为性质"这种标签化的话术。"行为性质"实在是一个包罗万象的万花筒,只要稍事修辞便能够由"此性质"而摇身变为"彼性质",在"行为性质"的大标签下,存在着随意加入某项因素即可以改变"行为性质"的危险倾向,例如,对性交行为而言,似乎"给钱是交易,不给钱不是交情便是奸情",被买春者逃单的性从业者完全可以说自己是对"行为性质"产生了错误认识,"误将奸淫行为当作交易行为"。前

---

① 〔日〕山中敬一:《刑法总论》(第 3 版),成文堂 2015 年版,第 219 页。

② Vgl. Gunter Arzt, Willensmängel bei der Einwilligung, 1970, S. 20, 21.

③ 蔡圣伟:《论强制性交罪违反意愿之方法》,《"中研院"法学期刊》总第 18 期(2016),第 79 页。

文已反复说明，法益关系错误说的分析方法，就是将法益主体的错误认识严格落实到各个不同构成要件所保护的具体法益，以此为不移不惑不夺之标准；因此，应该严守具体构成要件和对应的保护法益之标准，严格甄别"行为性质"这种似是而非、变动不居的标签，以免让与法益无关的内容透过"行为性质"的管道渗入"法益关系错误"中，损及法益关系错误说的理论效果。

（6）相对人的同一性错误。需要说明的是，该类错误是否属于法益关系错误，在采用法益关系错误说的论者之间还存在争论。前文曾经提及，在民法理论上，意思表示所指向的相对人的同一性错误（Identitätsirrtum）是否属于"内容错误"，根据契约性质而有所不同。比如说，像赠予、消费借贷、租赁合同等重视相对人个别性的场合，"赠予给谁""租借者是谁"属于决定性的重要事项，因此属于"内容错误"，但若是不同于信用买卖的普通交易中，"对方是谁"的错误被认为是不重要的，就不属于"内容错误"。① 在刑法分则的罪名中，就针对性自由的犯罪来说，"和谁进行性行为"属于性的自主决定权内容，行为人冒充妇女的丈夫、情人等性伴侣而使妇女发生误认的，属于是法益关系错误，对此少有异议。即便是涉及财产法益的场合，通常也是如此，例如，冒用某人之名而领取了应由该人领取之财物的，完全可能成立诈骗罪。② 不过，这一点也不能过于绝对化：在行为人的不同对于法益主体而言并无特别意义的场合，则相对人的同一性错误也没有必要说成是法益关系错误，例如，拜托他人帮忙处理一件自己不需要的财物，受托者由于无法独立完成又转托给其他人，这种相对人的变化并不重要。③ 佐伯仁志教授指

---

① ［德］迪特尔·梅迪库斯：《德国民法总论》，邵建东译，法律出版社 2013 年版，第 579—584 页，边码 763—772；［日］山本敬三：《民法讲义·契约》，有斐阁 2015 年版，第 180 页以下。

② ［日］山中敬一：《刑法总论》（第 3 版），成文堂 2015 年版，第 219 页。

③ ［日］森永真纲：《被害人承诺中的欺骗与错误（一）》，《关西大学法学论集》第 52 卷第 3 号（2002），第 220 页。

出，与强奸罪、非法侵入住宅罪等针对自由的犯罪不同，在与伤害
罪有关的承诺中，相对人的同一性被应当还原为伤害行为的危险性
问题，如果相对人的变化没有造成处置效果、安全性的实质差异，
则认为不存在法益关系的错误也是完全可能的。①

（7）有关相对人之资质的错误。在［例5］［医院实习生案］
中，患者就是对施行治疗手术的相对人是否具有医师资格存在错误
认识。前文曾经提及，对于相对人资质或特殊资格的错误究竟是不
是"动机错误"，理论上还存在争议，动机错误说无法给予清楚的回
应。佐伯仁志教授将类似［例5］［医院实习生案］的事例也归类为
伤害罪场合的"相对人同一性"问题，认为如果相对人不具有资质
也不会造成身体法益的安全性实质恶化，那么也不应该作为法益关
系错误处理，理由在于，伤害罪保护的是法益主体的身体而不是单
纯的愿望。② 日本学者森永真纲表示了相似观点，认为在专业化和社
会分工明确的现代社会中，资格的有无是可能左右法益侵害性的重
要因素，因此，如果行为人并不是针对具体资格和技能进行欺骗，
而仅仅针对具体的个人同一性进行欺骗，比如在医学实习生也有资
格和能力实施的手术中不说明实习生身份，再如未经患者同意而以
同等水准的乙医生取代了甲医生，则从规范的角度来看就可能不属
于重大的欺骗和错误；只有在由无资格者实施了应当具备相应资格
才能实施的专业行为之场合，针对相对人资质的欺骗属于与法益有
关的错误，承诺应该无效。即便无资格者偶然在操刀手术、修理精
密仪器等场合取得成功，但普通人实施手术或者分解精密仪器的行
为本身就已经是"伤害"或者"故意毁坏财物"。③

---

① ［日］佐伯仁志：《关于被害者的错误》，《神户法学年报》第 1 号（1985），第
73 页。

② ［日］佐伯仁志：《关于被害者的错误》，《神户法学年报》第 1 号（1985），第
73 页。

③ ［日］森永真纲：《被害人承诺中的欺骗与错误（一）》，《关西大学法学论集》
第 52 卷第 3 号（2002），第 221、222 页。

在此顺便统一回应对（6）相对人同一性错误和（7）相对人资质的错误两种情形的不同意见。有观点认为，只要是将法益处分自由（当然包括允许谁来实施行为的自由）也纳入法益的构成要素之中，即便是身体伤害的场合也和性的自由、财产的场合那样，应该将相对人同一性错误作为法益关系错误进行处理。当法益主体的意思是，"要是甲来打的话挨打也愿意"，结果是乙打了法益主体，该观点认为实际发生的伤害或暴行并不在法益主体的承诺范围内，因为法益主体同意他人侵害并不意味着同意任何人都可以对其实施侵害，承诺的相对人的同一性原则上属于自我决定权的题中之义，违反同一性就应该被认为未得承诺。① 也就是说，只要法益主体在承诺之际限定了相对人，则不符合此种限定的相对人就可以作为法益关系错误。如果像罗克辛、佐伯仁志那样，只是在手术等有限场合作出一些特殊处理，恐怕也很难说明特别对待的根据。②

对上述不同意见，本书拟从以下方向进行回应。第一，前文已经论述，不能无限制地将法益处分自由作为法益的构成要素，尤其是难以承认法益处分自由也是身体法益的构成要素。第二，就以医疗行为这种相对人的资质特别成为问题的场合而言，前文曾经表示，故意伤害行为与医疗行为在客观性质上存在差别。正如我国台湾地区学者余振华教授所主张的，得法益主体承诺与得患者承诺二者必须严格加以区别。③ 在单纯的伤害或暴行的场合，法益主体限定特别的相对人实施伤害或暴行，在该相对人身上并不可能有法益主体的身体法益这种客观利益存在，只是法益主体之自我决定权甚至感情因素这种主观利益的寄托和反映而已；至于在医疗行为中，患者是

---

① 宋盈：《被害人同意中法益的内涵与刑法家长主义》，《刑法论丛》2016 年第 3 卷·总第 47 卷，第 172、173 页。

② ［日］盐谷毅：《被害者的承诺与自己答责性》，法律文化社 2004 年版，第 45 页以下。

③ 余振华：《得被害人承诺之行为评价》，收录于《刑与思：林山田教授纪念论文集》，台湾元照出版有限公司 2008 年版，第 148 页。

将自己实实在在的身体、生命法益交由相对人掌握，而且就是寄托在相对人的特定资质、能力上。即便如此，在医学操作规范上其他具有专业知识的人员、医疗辅助人员能够良好实施的医疗行为，相对人的资质也是不重要的；在两个同等资质的相对人之间替换实施医疗行为的，也只是有限度地保护患者限定相对人之利益。在患者或家属承诺接受手术之后，更换主刀医生而未获重新承诺的，即便新医生与原主刀医生的专业水准一致或者更高，也不能直接认为存在有效的承诺而不会成立犯罪。对于这种更换主刀医生的案件，存在三种不同可能的解决方案：一种是认为，这种广义上的专断医疗行为只要在医学上是适当的，就并不该当伤害罪的构成要件，侵害的只是患者的自由法益，在德日刑法的罪名体系中应该成立强制罪或强要罪；① 第二种处理方案就是，将自我决定权作为法益的构成要素，则在缺乏强制罪或强要罪的立法条件下，就可以将临时更换主刀医生这种侵害自我决定权的情形也作为侵害身体法益处理，成立故意伤害罪；② 第三种处理方案也是本书的观点，任何医师在实施手术前都应该征得患者的知情同意，否则，即使医疗手术在医学上有正当的理由，也仍然属于对人类人格的自由和尊严的违法侵犯，③ 因此，未经患者重新同意而更换主刀医生的场合，应该认为对该主刀医师不存在具体的承诺，更换后的主刀医生成功实施手术的场合，可以通过紧急避险等其他正当化事由排除犯罪成立。

当然，本书的回应可能会面临如下反诘：在盲肠手术等较为重大的手术中，如果实习生实际上具备了与医生、临床医学教授一样的专业水平，于是欺骗患者说自己就是医生、教授，从而为患者操

---

① Vgl. Claus Roxin, Luís Greco, Strafrecht Allgemeiner Teil Band Ⅰ, 5. Aulf., 2020, S. 661, Rn. 26, 27.

② 宋盈：《被害人同意中法益的内涵与刑法家长主义》，《刑法论丛》2016 年第 3 卷·总第 47 卷，第 176 页。

③ ［德］克劳斯·罗克辛：《德国最高法院判例·刑法总论》，何庆仁、蔡桂生译，中国人民大学出版社 2012 年版，第 73 页，边码 114。

刀实施手术，如何判断此处的承诺效力？也就是，如何在形式要件与实质安全之间平衡？是否可以根据"增加法益侵害（身体伤害）的危险与否"的标准和逻辑，就此认定没有增加危险，否定存在法益关系错误？在本书看来，这里仍应该肯定存在法益关系错误。理由在于，患者的身体、生命法益是否安全，事后的证明固然胜于雄辩，但是，根据公认的标准进行客观的判断，要优先于事后的观察。即使是事后来看，也可以说实习生在欺骗患者接受自己的手术时，向患者隐瞒了患者的身体、生命法益将要面临的全部危险。

（8）关于法益价值的错误，主要是可以根据某种通用、公认的标准予以确认的"物的经济价值"的错误。在德国，也有学者认为关于物的经济价值的错误并非法益关系错误，因为故意毁坏财物罪应该只保护法益的存在，在对物的不可侵害性、机能、外部性状等不存在错误的场合，就应该认为不存在法益关系错误。不过，前文也已经指出，这种观点是受民法理论上的"特定物教条"之影响，但"特定物教条"在民法理论中也开始受到怀疑。因此，无论是在德国还是日本，多数学者还是认为，法益的价值属于相应法益的构成要素，对此存在错误的场合就应该认为存在法益关系错误。[①] 例如，山中敬一教授认为，法益主体由于受欺骗而对自己所有的财物产生错误认识的，也属于是对法益本身的意义和承诺放弃法益的范围存在错误认识，承诺应该无效。[②] 本书认为，经济价值是财物存在的重要载体和构成部分，对其的欺骗与法益本身的保护性相关。在欺骗他人毁坏、丢弃某一特定财物的场合，虽然法益主体就该物的客观存在是有认识的，但实际上法益主体并不知道自己的财产法益在多大范围内遭受了损失。因此，在诈骗罪的场合自不用说，如果行为人就财物的价值进行欺骗性贬损，而该财物的价值在客观上能

---

① ［日］森永真纲：《被害人承诺中的欺骗与错误（一）》，《关西大学法学论集》第 52 卷第 3 号（2002），第 223、224 页。

② ［日］山中敬一：《刑法总论》（第 3 版），成文堂 2015 年版，第 219 页。

够得到验证，应该成立诈骗罪。① 即便是故意毁坏财物罪的场合，前述［例3］［真壶假壶案］，法益主体虽然清楚认识到相对人将要毁坏自己的"这只壶"，但由于受到欺骗，以为该壶不具有经济价值而放任对方毁坏的，欺骗者当然应构成故意毁坏财物罪。

（9）关于法益的所谓"相对价值"的错误，本书认为，只能限定在行为人虚构正当化事由的前提事实促使法益主体处分法益的场合，才能肯定成立法益关系错误。正如前文所分析的，"法益的相对价值的错误"毕竟有别于法益本身价值的错误，应该承认其"与法益有关的错误"的正统地位仍然存在疑问；对于"相对价值"这个概念本身及其具体运用不能过于乐观，要保持必要的谨慎。在将"有关法益的相对价值的错误"特别地作为"法益关系错误"等同处理时，必须首先将法益主体在所有对立的利益关系中，自己对所放弃的法益的比较和评价从"相对价值的错误"中驱逐出去，以免有关动机、目的、反对给付等内容借由"相对价值"的管道渗透进"法益关系错误"中来。只有在行为人虚构存在正当化事由的紧急事态之场合，法益主体在其所需要牺牲的法益与所意图保护的利益之间进行比较衡量之后，形成的有关"相对价值"的错误判断，能够得到正当防卫、紧急避险等法定事由的肯定和支撑，完全具备可供客观验证的事实核心。只有在这种场合，法益的相对价值降低才是客观的违法性评价结论。因此，在法益主体陷入对正当化事由之前提事实的错误认识的场合，可以将法益主体对法益的相对性价值的错误认识，理解为"与法益有关的错误"。②

（10）法益主体在纯粹的利他目的上陷入错误认识的情形，本书拟承认其属于一种特殊形式的"法益关系错误"。

回顾前文的介绍可见，对于行为人针对法益主体的利他目的进

① 王钢：《德国判例刑法（分则）》，北京大学出版社2016年版，第196页。
② ［日］松原芳博：《刑法总论重要问题》，王昭武译，中国政法大学出版社2014年版，第111页。

行欺骗的行为，山中敬一教授在有限条件下承认了其属于与法益有关的错误，一是在利他目的之外附加了紧急事态，以突出法益主体的意思决定在当时"受到了价值观的拘束"，二是将利他目的驱动的放弃法益视为"法益的相对价值的错误"，以此类比于法益关系错误进行处理。前文也曾经指出，山中敬一教授其实采取了一种相对谨慎和保守的态度，只对处在"紧急状态"条件下的利他目的承认了保护必要性，遗留的问题就是如果取消"紧急状态"的附加条件，应当如何保护在利他目的上受到欺骗的法益主体？

　　理论上有意见认为，在行为人针对法益主体的利他目的进行欺骗的场合，法益主体由利他目的驱动的意思决定是不自由的意思决定，应该以此为理由否定承诺的效力。例如，日本学者森永真纲认为，在行为人欺骗电影明星说现在是"生命救助周"，使得电影明星无偿献血的场合，因为在现代社会中通过医学努力救助多数国民之生命是必要的活动，而献血是该医疗保障不可或缺的前提，每个国民都不得不承受由此所产生的献血任务；由于医学实验对医学的发展不可或缺，因此凡是以献血、支持医学实验等为名进行欺骗，就属于利用"社会连带感"，让法益主体觉得其不得不忍受相应的不利后果。刑法上不能忽视这种利用"社会连带感"所造成的法益侵害。①

　　但是，如果认为行为人基于利他目的而献血、支持医学实验等行动，是受到了现代社会人人必须遵守的所谓"社会连带感"或某种价值观的拘束，那么，当公益组织开始邀约公民参加上述活动时，那岂不是等于在实施"道德绑架"式的强要？如果为了救助他人、促进公共福祉等抽象公益，每个人果真都要"不得不"牺牲自己的利益，那是不是只要打着崇高的公益旗号，借助"社会连带感"的名义，就能够不问法益主体的真实意愿而推定每个人必须作出牺牲？

----

① ［日］森永真纲：《被害人承诺中的欺骗与错误（一）》，《关西大学法学论集》第 52 卷第 3 号（2002），第 218 页。

这显然是一种难以接受的解释理由。因此，本书不赞成将法益主体基于利他目的所作的意思决定作为受到价值观、社会连带感等拘束的不自由意思进行处理。

张明楷教授提出，当法益主体为了保护、救助另一法益的重要目的没有实现之时，应该认定为法益关系的错误，否定承诺有效。至于"保护、救助另一法益的重要目的"，包括但不限于支援灾区、父母为子女捐献器官，等等，不仅要求目的本身重要也要考虑手段与目的之间是否具有正当性。① 本书基本赞成张明楷教授的主张，并且在此基础上提出以下补充说明和意见。

其一，在涉及法益本身的存续作为保护重点的身体、生命等法益的场合，对于法益主体的利他目的落空还是应该作为"纯正的法益关系错误"予以保护，而不宜按照"对法益的相对价值的错误"进行理解。在本书看来，法益主体基于利他目的而作出的献血、捐献器官、救人等举动，不是在舍弃、让渡意义上处分法益，也不是在与其他某种利益进行比较之后的"牺牲""让步"，而是使得自己的法益"延伸""扩展"至他人的领域内"继续存在"，也就是法益的"延伸存在"和法益价值的"扩展实现"。这一点其实并不难理解，例如个人在逝世之后向他人捐献器官的行为，不也是延续其个人价值存在的一种形式和寄托吗？当然，本书肯定不会认为当法益主体的血液、器官进入他人身体之后，法益主体仍然享有支配或处分的权利，或法益主体的人格继续存在于他人的躯体内，这实在荒谬。但是，法益主体向公益组织献血，并不是使自己的血液灭失，而是让自己的血液进入他人的躯体内继续发挥机能；向自己的子女或他人捐献眼角膜、器官，也可以视为让自己的利益扩展至他人身上存续的利他举动，同样不是使其灭失；在他人溺水、困于火场的场合奋勇救人，则是以自己的身体力量为他人的身体、生命力量存续的提供能量，或者说以自己的

① 张明楷：《刑法学（上）》（第六版），法律出版社 2021 年版，第 299 页。

身体力量"代入"他人解脱困境，同样不是使其灭失。正如欺骗他人说某种特殊方式的自缢不会导致死亡，可以放心大胆去做，法益主体在按方尝试的时候，并没有就生命法益的灭失进行承诺一样；欺骗电影明星献血，结果却将血液制成纪念品卖给追星族，电影明星在献血时相信自己的血液仍会在他人体内存续不会灭失，结果却是血液丧失了存续价值和生理机能，电影明星没有就法益的灭失进行承诺，属于法益关系错误。

其二，在涉及与法益主体的人格存在紧密关联的自由类法益的场合，如强奸罪的性自主决定权，不能将"利他目的"异化为"交换价值"予以保护。张明楷教授曾经认为，甲冒充监狱管理人员，欺骗在押犯的妻子乙，只要性交就可以提前释放在押犯，乙信以为真与甲性交，则乙的承诺无效，唯甲可能因为不具备暴力、胁迫或其他手段等构成要件要素而不成立强奸罪。[①] 此处，妻子乙的"利他目的"只能说是为丈夫争取法律上不予认可的非法利益，而且是在以自己的人格权利为条件交换这种非法利益。在买春客以虚假的支付意愿或支付手段骗取性从业者提供性服务的场合，法益关系错误说不认可性从业者的承诺无效，显然不是因为其主观上是"图利目的"而非"利他目的"，而是因为法益主体用性利益去交换的其他利益，不在强奸罪所保护的"性自主决定权"范围之内。即便是法规范所承认的"利他目的"，如果某大富豪欺骗女明星，只要女星与其发生性关系，他就向女星所参与的慈善项目捐款，在该场合也难以认可存在与性自主决定权有关的法益关系错误。本书认为，行为人针对法益主体的利他目的，要求法益主体以自己的自由类法益为条件去保护、救助其他人的利益，要在这样的场合否定法益主体

---

① 张明楷：《刑法学（上）》（第五版），法律出版社 2016 年版，第 225 页，脚注 233。需要说明的是，张明楷教授已经修改了相关观点，认为法益主体实现目的的手段与该重要目的之间的关系并不具有正当性，即使因为受欺骗而存在认识错误，且该重要目的也没有实现，也不能认为该承诺无效。参见张明楷《刑法学（上）》（第六版），法律出版社 2021 年版，第 299 页。

的承诺效力，从法益主体的自由意思程度是否受到不当缩减或压抑这个方向进行思考，是较为稳妥的选择，也更能顺畅地联结构成要件该当性的判断。

其三，张明楷教授认为，在捐献器官的场合，对器官受体的欺骗不属于"与重要目的有关的欺骗"，因而承诺有效，例如，甲欺骗乙说将乙的肾脏捐献给一位女士，事实上捐献给一位男性的，乙的承诺有效，甲不成立故意伤害罪。[①] 本书认为，类似情形涉及供体受体双方的人格尊严、法益主体的主观意愿、对法益主体的法益保护等多方因素，张明楷教授的意见还需要仔细讨论。一方面，在甲欺骗以乙的子女需要移植眼角膜为名欺骗乙捐献眼角膜，甲其实将乙的眼角膜挪作他用的场合，张明楷教授仍然认为乙的承诺无效，对甲的行为应认定为故意伤害罪，[②] 既然这种情形仍应否定承诺的效力，那就不能认为，只要甲不是捐献给自己的骨肉至亲，他人就可以随意更改捐献受体，不尊重法益主体主观的意愿；否则的话，如果医生欺骗法益主体向法益主体的杀父仇人捐献器官以延其残喘之时，难道也要承认法益主体的承诺有效吗？另一方面，在法益主体捐献器官、骨髓、血液的场合，是将自己的身体、生命法益扩展至他人的人格领域而存续，因此，法益主体限定了自己的身体、生命扩展对象时，就是在选择自己的人格利益在何处存续；他人就受体进行欺骗或擅自更改受体的，也应该是对法益主体的人格尊严的违法侵犯。但是，如果在法益主体所捐献的血液、器官等身体组织仍然存续的条件下，仅以尊重法益主体的人格尊严、主观意愿等为理由否定承诺的效力，那么，似乎又是在动用故意伤害罪保护身体法益之外的其他利益。本书在此谨慎地表明保守态度：此类情形与伦

---

① 张明楷：《组织出卖人体器官罪的基本问题》，《吉林大学社会科学学报》2011年第 5 期；张明楷：《刑法学（上）》（第六版），法律出版社 2021 年版，第 299 页。

② 张明楷：《组织出卖人体器官罪的基本问题》，《吉林大学社会科学学报》2011年第 5 期。

理学上著名的"电车难题"（Trolly Problem）类似，① 最好是留待经过医学伦理讨论后形成的医学规范予以回答；在此之前，只能认为，接受捐赠的相对人并不一定是故意伤害罪的规范保护目的内重要事项。当行为人以救助子女为名欺骗法益主体时，可以视为以法益主体紧密相关（甚至可以说是负有保护义务）的事项要求法益主体牺牲利益，法益主体维持自身法益的选择可能性受到限制，以此否定其承诺的有效性。

二 法益维持的选择可能性及其判断标准

前文已述，当法益主体没有因为受骗而产生与法益有关的错误时，判断的重点就转移到考察法益主体在意思决定之际是否存在"任意性"，也就是法益主体的意思自由是否受到强制、压迫等不当影响。根据本书的观点，考察法益主体是否基于意思自由而作出的承诺，最主要的就是考察，在欺骗行为人所虚构的情境下，法益主体维持法益的条件是否减损，或者维持法益是否需要付出额外代价，导致法益维持的选择可能性受到压缩。

当一项来自外部世界的、人为或非人为的作用力直接消灭了其他选择可能，使得个人可选择的"开放选项"数目发生了减损甚至全部丧失，以及虽然没有减损选择权数目，但是将原本不用付出代价即可获得的选项替换成了必须付出一定代价才能获得的选择，那么就可以认为法益主体的意思自由受到了减损和压迫。质言之，某一行为直接消灭了个人的选择可能，或使得个人的选择变得困难和

---

① "电车难题"（有轨电车难题）是伦理学领域最为知名的思想实验之一，其最原始的设例情形是：一个疯狂的行为人把五个无辜的人绑在电车轨道上，一辆失控的电车朝他们驶来，并且片刻后就要碾压到他们。此时，"你"，可以操纵一个扳道的拉杆，让电车开到另一条轨道上去，但是，另一条轨道上也绑着一个人。该问题可以层层设例，最终要拷问的是："你"在个人情感、道德情感、法律意识等层层牵绊之下，如何在对立的平等人格之间做选择？这与正文所探讨的疑难大体相似。

代价高昂，便可以视同对个人的意志自由施加强制性影响力。① 当自然界或人为的强力直接作用于法益主体的身体或其所处在的空间，造成其只能做或不做某种行为，丧失了全部选择可能性之时，理论上称之为"绝对的强制"（absoluter Zwang，absolute coerce）。毫无疑问，在这种"绝对的强制"的场合，法益主体的意志自由完全丧失。但是，当外部世界的作用力不是直接作用于法益主体的身体，而是作用于其内部的主观心理时，如何判断法益主体的选择可能性受到了减损或选择的困难程度增加？

关于在选择可能性意义上的"任意性"判断，理论上习惯于整理为"主观说"与"客观说"两个阵营。主观说阵营的观点认为，判断任意性的要点在于，法益主体基于自己的价值观、心理状态，是否在当时不得不放弃法益。客观说的观点一般将"任意性"理解为，从一般观念来看，法益主体放弃法益的意思决定是否合理。②

日本学者林干人教授是主观说阵营的代表性学者。林干人认为，在承诺并非出于法益主体自身的自由意思之场合，就不能以存在承诺为由否定犯罪的成立，这一点在法益主体受到胁迫的场合是很明确的。同样的，即便是在行为人使用欺骗手段使法益主体出现错误认识的场合，法益主体因为该错误而在意思受到支配的状况下作出了法益处分决定，该意思决定就是由制造错误的行为人所引起的，承诺归于无效。根据林干人的观点，基本上只要行为人虚构出了客观上不存在的紧急事态，包括依据伪造的搜查令进入住宅搜查的情形、[例12-1]［头虱事例]、[例12-2]［猛兽事例]、[例12-3]［山火毁林事例] 等情形，在判断承诺的效力时更为根本的内容和重点就是法益主体丧失了自由意思。既然承诺阻却违法性的根据是尊

---

① ［美］乔治·范伯格：《刑法的道德界限·第三卷：对自己的损害》，方泉译，商务印书馆 2015 年版，第 208、209 页。

② ［日］松原芳博：《刑法总论重要问题》，王昭武译，中国政法大学出版社 2014 年版，第 111 页；张明楷：《外国刑法纲要》（第三版），法律出版社 2020 年版，第 149 页。

重法益主体本人的个人意思和自我决定权，那么，是否能根据法益主体丧失了自由意思而判断承诺无效，也应该是以法益主体本人的个人价值判断为基准，按照法益主体个人的意思主观地加以判断。① 具体而言，应该如此思考自由意思丧失的判断方法：法益主体之所以处分法益，是为了获得更大的利益，而在错误的场合，处分法益实际上并不能带来更大的利益，但法益主体却相信能够带来。因此，在判断是否丧失了自由意思时，一方面需要考察法益主体认为其所处分的法益具有多大的价值，另一方面也要考察法益主体认为通过处分法益能够带来的利益有多大的价值；然后，从法益主体的自身的价值观出发，如果法益主体误信相对人所谎称的不利后果是极其重大，要想避免这样的不利后果就不得不处分相应的法益，就可以认为法益主体已经陷入丧失自由意思的错误之中。如果能够认为，法益主体是在已经没有衡量余地的认识下才作出法益处分，则法益主体的意思决定就是不自由的。②

松原芳博教授支持林干人教授的立论根据。松原教授认为，既然"任意性"的意义在于选择可能性，那么在任意性的判断上就应该支持主观说，以法益主体自己的价值观、心理状态为基准判断选择可能性是否受到缩减。再者，松原教授认为，个人所享有的自由，原本就只是受到了自然的、非人为的原因限制、缩减之后剩下的"相对的自由"。客观上，限制自由的因素总是存在的，而法益主体的其他选择可能性也并非完全不存在。例如，在［例6］［诈取眼角膜案］中，母亲不移植眼角膜的选择可能性，在客观上其实是一直存在的，否则的话，当孩子确实需要移植眼角膜的时候，就要认为母亲是在没有客观的选择可能性的条件下作出的意思决定，承诺反

---

① ［日］林干人：《基于错误的被害者同意》，收录于《松尾浩也先生古稀祝贺论文集·上卷》，有斐阁1998年版，第244页。

② ［日］林干人：《基于错误的被害者同意》，收录于《松尾浩也先生古稀祝贺论文集·上卷》，有斐阁1998年版，第248页以下。

倒还无效了。因此，不同于意思自由受到了非人为的抑制，只要法益主体因为胁迫、欺骗等人为因素而使得意思自由受到大幅缩减，就可以根据"相对的不自由"为理由，认定承诺无效。①

的确，着眼于"承诺系承诺者之自我决定"，主观说阵营的观点值得倾听。与之相对，客观说则认为，法益主体之意思自由亦可加以客观判断。

日本学者林美月子教授借鉴了德国学者雅克布斯的思考，雅克布斯认为，在行为人有责地引起了一种可以认为法益主体放弃法益才是合理选择的状况时，应当将该行为人作为正犯处理。特别是在行为人虚构出类似紧急避险状况，法益主体需要依靠放弃法益的方法脱离困境的场合，自由的意思决定是不存在的。例如［例 12-2］［猛兽事例］，即便是没有法益关系的欺骗和错误，法益主体也陷入了和遭受强制同样的心理状态之中，承诺已然不是出于自由决定。因为在该情形下，就算法益主体不情愿，行为人也一样可以杀掉猛兽以保护一般公众的生命、身体，法益主体大概也正是这么考虑才不得不同意。再例如，欺骗饥肠辘辘的贫困学生说只要抽取少量的血液就可以得到高额的报酬和营养餐，该学生考虑到当天已经断粮而同意抽血，也可以认为该贫困学生的意思决定并非自由。总之，当行为人通过欺骗造成法益主体面临以下局面，即按照一般的价值标准对放弃法益之利弊进行衡量，根据利弊衡量结果不得不承诺放弃法益时，就可以认为法益主体不是自由地作出意思决定。②

我国学者付立庆教授认为，承诺是否任意应当客观判断，具体方法是：在一般人看来，如果能够认为法益主体在存在选择可能的情况下，基于自身的利益衡量作出了承诺，则承诺具有任意性，是

---

① ［日］松原芳博：《刑法总论重要问题》，王昭武译，中国政法大学出版社 2014 年版，第 111 页。

② ［日］林美月子：《基于错误的同意》，收录于《刑事法学的现代状况·内藤谦先生古稀祝贺》，有斐阁 1994 年版，第 33 页以下。

有效的承诺；相反，如果在规范上评价，法益主体的承诺是在无可选择或意志自由受到很大压制的情况下作出的，则承诺欠缺任意性。即便最终的处分结果与法益主体内心的真实想法不符，也需要尽可能尊重其自由意志支配下的客观表达。①

实际上，这里的"主观说"和"客观说"的对立应当通俗地整理为"法益主体的个别判断"与"一般人的判断"之对立。正如前文所述，当欺骗行为直接消灭了法益主体的选择可能性，或者使选择变得困难和代价高昂，就属于对法益主体的意思自由施加了强制影响力。如果按照这样的观点归类，松原芳博和付立庆教授的观点与"选择可能性"之存否有关，争论的是某项选择是在法益主体自己看来被消灭了还是在一般人看来被消灭了；而林干人与林美月子两位教授的观点是与选择代价有关的判断，争论的问题是，究竟是当法益主体自己判断"牺牲法益成了代价较低的合理、必要选择"时，还是在一般人看来"法益主体牺牲法益是代价较低的合理、必要选择"时，法益主体是不得不牺牲法益的？这样一来，真正的矛盾也就浮出水面了，那就是，当法益主体由于自身特别的原因，比如胆小、体弱等原因，对选择可能性与选择代价的判断与一般人存在较大差异时，应当如何处理？

付立庆教授反对基于法益主体的个人意思、价值观等内容判断选择的可能性。理由在于，法益主体的承诺毕竟是不法阶段的判断课题，终究是构成要件该当性阶段或违法性阶段客观地、一般地考察的问题，而不是像有责性阶段一样个别化讨论；在不存在法益关系错误的条件下考察承诺的任意性，如果强调法益主体的自主判断、个人价值观等内容，在诉讼上过分依赖法益主体的个人陈述，必然流于随意，且通常会因为承诺有悖于法益主体的价值体系而认定无效，趋近于主观真意说（条件错误说）或全面无效说的结论，应当

---

① 付立庆：《被害人因受骗而同意的法律效果》，《法学研究》2016 年第 2 期。

加以反对。①

日本学者菊地一树认为，在行为人以欺骗行为对法益主体的心理施加强制影响时，要达到什么程度可以排除承诺的自律性，法益主体自身的性格和属性在该判断中具有什么样的意义，是真正值得思考的问题。例如，行为人所虚构的情形对于一般人来说，不足以造成畏惧心理，但是，法益主体因为性格胆小，因此畏惧地作出承诺，这种意思决定的自律性应当如何评价就成为问题。对此，如果从必须客观地判断暴行或胁迫的实行行为性的原则立场出发，那么法益主体的主观特性必须排除出考虑范围。但毋宁认为，法益主体胆小这样的主观情事在客观判断中也应当予以重视，必须谨慎对待这样一个问题，如果完全不考虑法益主体胆小等主观情事，就是因为胆小而降低了对法益主体的保护。菊地指出，在受欺骗承诺的法律效力判断问题上，采取法益关系错误说作为第一道检验机制，已经是以客观的标准来决定"什么样的内容是法益主体需要认识的重要内容"，这里不存在对法益主体的个人价值观进行特殊保护的嫌疑；那么，如果能够将一些法益主体的个人属性，如胆小、体弱等社会中一般人能够认识和接受的特点予以类型化，针对这些特点提高对法益主体的保护水准，既是可行的也是必要的。②

本书认为，菊地一树的观点具有一定的启发意义和借鉴价值。确实，判断法益主体受到欺骗后的承诺是否具有任意性，很大程度上也是判断行为人的行为是否造成了法益主体的任意性丧失，是一个实行行为性的问题，内核是因果性的判断。客观的相当因果关系说，在被害人特殊体质的问题上，不是主张将特殊体质作为行为当时所存在的客观条件包括在判断资料内吗？这不仅不损及判断的客

---

① 付立庆：《被害人因受骗而同意的法律效果》，《法学研究》2016 年第 2 期。

② ［日］菊地一树：《法益主体的同意与规范的自律（2·完）》，《早稻田法学会志》第 67 卷第 1 号（2016），第 192、193 页。

观性，反倒是贯彻了判断的客观性。因此，只是以法益主体的个人特性作为判断资料，而不是作为判断标准，应该是不会出现付立庆教授所担心的流于随意的问题。在前文所举的［例13］［吓杀债主案］中，也应该是在考虑了老妇人独居、体弱、认识不全等老年人群体的特征之后，肯定老妇人当时已经不能自主决定。问题在于，还是必须注意，刑法不能无限定地承认被害人的价值观，[①] 当然也不是溺爱、纵容个人的无原则家长。法益主体的特殊体质之所以能够纳入判断资料，是因为这些内容都具有医学上的客观检验可能性，是得到医学证明支撑的；而法益主体的心理特质、性格特质等内容，顶多能够得到一些心理学的支撑，而心理学的客观性还不能比肩医学。因此，本书认为，菊地一树所称的"社会中一般人能够认识和接受的特点予以类型化"是一种好的限定方向，但是，类似于胆小这种特质虽然社会一般观念似乎也能认可和接受，但由于缺乏客观的标准，还是不能纳入判断资料；而强迫症、焦虑症、抑郁症等在临床心理学上已经得到相当证明的特质，虽然社会一般人对此认识不够，反倒应该纳入判断资料予以考虑。

至于法益主体的个人价值观，也不应当纳入判断资料。正如林美月子教授所指出的，法益主体在承诺的任意性上面临问题之时，一般是存在类似于紧急避险的利益冲突和取舍问题，紧急避险场合的法益衡量规则提供了一个判断法益主体是否仍然可以自由作出意思决定的借鉴。[②] 如果行为人所欺骗的内容是真实的，确实有利益处在紧急状态之下，需要法益主体在自己的法益与其他利益之间进行决断选择的话，判断其他选择是否代价太大，应当借助客观的价值位阶标准，例如，公司的董事长欺骗女下属，如果与其发生性行为就可以立刻升职，否则继续原地等待升职，如果单纯在

---

① ［日］小林宪太郎：《刑法的归责》，弘文堂2007年版，第243页。

② ［日］林美月子：《基于错误的同意》，收录于《刑事法学的现代状况·内藤谦先生古稀祝贺》，有斐阁1994年版，第33页以下。

升职与性自主决定权之间选择，肯定还是性自主决定权的价值位阶更高，不能认为不升职就是取消了选择可能性或者是使得保护性自主决定权的代价显著升高；相应地，身患皮肤过敏疾病的化工厂青年女工为了避免接触化学药品，多次向车间主任提出调换工种，车间主任趁机提出发生性关系的无理要求，青年女工拒绝后遭到车间主任报复，被安排从事与药品接触多的工作，结果加重了皮肤疾病，青年女工只得与车间主任发生性关系；① 在该情形中，车间主任使得青年女工需要牺牲自己的性自主决定权和性利益才能换取本来有权避免的身体戕害，就属于明显压抑了青年女工的意思自由。

第三节　二阶的法益关系错误说之具体应用

众所周知，法益主体仅能就自己享有处分权限的个人法益而为承诺。因此，在受欺骗承诺的场合进行讨论的罪名，主要涉及以下三种类型的法益：第一种是旨在保护其存立的法益，包括故意杀人罪、故意伤害罪等罪名的生命、身体健康法益；第二种是与法益主体的人格有关的法益，如强奸罪、非法侵入住宅罪等罪名的保护法益；第三种是针对交换价值而进行保护的法益，最典型的就是财产犯罪的保护法益。② 也有学者直接分类为针对财产的犯罪，针对自由的犯罪，如非法侵入住宅、非法拘禁、强奸罪等，以及针对生命、身体的犯罪。③ 这两种分类方式其实在罪名范围上并无太大差别，只是所着眼的特性有所差别而已。对具体罪名的保护法益进行分类，

---

① 何洋：《强奸罪：解构与应用》，法律出版社 2014 年版，第 236 页。

② ［日］小林宪太郎：《所谓的"法益关系的错误"的意义与界限》，《立教法学》第 68 号（2005），第 35 页。

③ ［日］佐藤阳子：《被害者的承诺——根据各论的考察再构成》，成文堂 2011 年版，第 27 页。

突出了"法益"背后的真实利益关系，为法益关系错误说的适用提供了便利。不过，上述分类也只是从刑法分则的具体罪名分类中推导出来的固有结论，判断是否存在法益关系错误还是取决于在各论中将什么解释为具体罪名的保护法益，并不取决于具体罪名属于上述分类的什么类型。①

在此，本书拟根据上述分类，在每一类型中各选择一个兼具代表性和问题性的罪名予以详细讨论。鉴于前文已经多有论及故意伤害罪的事例，本书在有关生命、身体法益的罪名中选取故意杀人罪进行分析；而在财产犯罪中，诈骗罪当仁不让应该成为重点的讨论罪名；在有关自由、人格的犯罪中，使用欺骗手段实施强奸行为的案件一直是司法实务的热点和难点，值得重点研究。下文即分别对故意杀人罪、诈骗罪和强奸罪中的"受欺骗承诺"问题进行探讨。

一　故意杀人罪与二阶的法益关系错误说

各国刑法普遍给予生命法益以"绝对保护"，而如何处理法益主体承诺他人杀死自己的行为，也是刑法上颇为棘手的难题。尤其是，我国刑法没有规定类似于德日刑法的受嘱托杀人、业务上帮助杀人，或同意杀人及参与自杀等罪名，而且共同犯罪的立法例并非区分正犯与共犯的二元制模式，因此，如何正确处理包含承诺情节的故意杀人案件就更应当谨慎。近年来，我国刑法学界较为关注的是自杀行为的违法与否问题，以及与此相关的教唆自杀、帮助自杀的共犯处罚根据问题，对于因欺骗而引发的自杀问题并没有详细的讨论。多数学者笼统地表示，行为人具有致他人死亡的故意，并以诱骗手段促使他人自杀的，对诱骗者应以故意杀人罪定性；仅有钱叶六教授、王钢副教授等少数学者在欺骗他人自杀的场合分别表明了支持

---

① ［日］佐伯仁志：《关于被害者的错误》，《神户法学年报》第 1 号（1985），第 62 页。

法益关系错误说和全面无效说的立场。① 事实上，欺骗作为一种唤起、刺激他人自杀决意的手段，在现实生活中并不罕见，且其手段的隐蔽性也给司法实务带来了处理上的难题，需要予以重视。

本书承认，对于生命法益应当给予尽可能周延的"绝对保护"，而在行为人以欺骗手段诱使他人自杀的场合，适用全面无效说和条件错误说能够更有效地处罚行为人。不过，本书认为，对于亡者的遗属，以及惋惜亡者的其他第三人而言，不必在任何情况下都要为亡者的死亡找到一个"负责人"，而对于决意自杀的人来说，亦应当珍惜自己的生命，尤其是尽量不要将自己的生死寄托于他人之上。坦率地讲，这并不贴近我国现阶段的社会现实，却实在是需要坚持、宣扬的生命理念。因此，即便欺骗他人自杀事关生命法益的周全保护，本书仍不改初衷，坚持以二阶的法益关系错误说判断他人的自杀承诺是否有效。那么，哪些诱使他人自杀的情形，可以肯定自杀者存在法益关系的错误，或者不具有任意性？

正如前文所述，有效的承诺需要法益主体对放弃的法益本身有正确认识。在行为人欺骗法益主体，致使法益主体对即将发生的死亡结果本身不存在任何认识时，或者法益主体根本未承诺真正的死亡时，可以很清楚地肯定法益关系错误的存在。例如，在问题的提出部分所举出的姚定荣故意杀人案，被害人成乃章根本没有就"真正的死亡"进行承诺，即使认为一般人不可能不认识到自缢会导致死亡，成乃章也是在姚定荣保证一定会及时解救、消除危险的欺骗下实施该行为，可以认为被害人成乃章对于死亡结果不存在任何承诺。再如，行为人以"信任游戏"为名欺骗被害人，让被害人蒙上

---

① 钱叶六：《参与自杀行为的可罚性研究》，《中国法学》2012 年第 4 期；王钢：《自杀的认定及其相关行为的刑法评价》，《法学研究》2012 年第 4 期；王钢：《自杀行为违法性之否定——与钱叶六博士商榷》，《清华法学》2013 年第 3 期；周光权：《教唆、帮助自杀行为的定性——"法外空间说"的展开》，《中外法学》2014 年第 5 期；朱彦：《自杀行为"违法性"的双向证成——兼论自杀参与行为的可罚性》，《法学》2019 年第 2 期。

眼睛一直往前走，最终跌落悬崖摔死，被害人对于生命法益即将受到侵害的事实完全没有认识，自然无所谓对死亡结果的承诺，也可以很清楚地肯定故意杀人罪的成立。可以讨论的问题是，行为人并不是直接针对死亡结果本身进行欺骗，而是就生命的剩余期限欺骗法益主体致其自杀的，比如，医生欺骗患者说患者已经罹患癌症时日无多，导致患者丧失求生的欲望，请求医生停止抢救让自己从容赴死，这样的事例应当如何处理？

对此，多数学者认为欺骗行为人应当以故意杀人罪论处，而且，持法益关系错误说的学者也大多将有关"生命余期"的错误认识作为"法益关系错误"理解。黎宏教授认为，有关生命存续时间的欺骗，如"时日无多"之类，乃是和生命法益直接相关的事实，因此，法益主体由于受欺骗而错误认识自己的剩余期限的，应当属于法益关系错误。[①] 佐伯仁志教授表示，杀人罪所保护的生命法益，除了抽象的"有（生）"或"无（死）"之外，法益主体所具体享有的生命的"量"，也就是生命的时长，也应当包括在内。[②] 值得一提的是日本学者上岛一高的见解。前文也曾提及，上岛一高认为，即便是法益关系错误，也可能因为没有相当大程度地影响法益主体的意思决定，而不能否定承诺的效力。具体到有关"生命的余期"的欺骗问题，上岛一高既承认了法益主体有关生命的余期的错误认识属于"法益关系错误"，同时又主张，如果不能认为真实的所剩时间对患者心理产生的影响很大，而且真实的剩余时间与虚假的剩余时间之间的差别对患者的意思决定产生了相当大程度影响的话，也还是不能认定承诺无效。[③]

不过，理论上的有力观点认为，生命本身是不可分割的整体，

---

① 黎宏：《刑法学总论》（第二版），法律出版社 2016 年版，第 156 页。

② ［日］佐伯仁志：《关于被害者的错误》，《神户法学年报》第 1 号（1985），第 67 页。

③ ［日］上岛一高：《被害者的同意（下）》，《法学教室》第 272 号（2003），第 81 页。

生命的价值也不可量化和相对化，法益主体对生命的剩余期限的错误认识不属于法益关系的错误。林美月子教授认为，如果将有关生命剩余期限的欺骗和错误也作为与法益有关的欺骗和错误，那么，便在同一生命主体的内部也肯定了生命之间的差别（也就是长寿和短夭的差别），这样一来，对于第三人的生命也就可能肯定同样的差别。应当认为，无论对于何人来说，生命都具有同样的价值。① 盐谷毅教授继而指出，如果将剩余的生命也按照时间长短来计算考量的话，那就和欺骗他人说价值连城的真品壶是赝品从而致使其同意将其损坏的场合一样了，生命法益和财产法益都具有了可以计算的价值量差，这就会得出生命法益因剩余期限之长短而有价值高低差异之结论。但是，对于生命法益来说，一个人的余生还有多长，与生命主体是谁一样（也就是每一个生命主体都享有平等的生命权，无高低贵贱之分），都不应该存在量或者是质的价值差异和价值相对化，既然法益主体在受欺骗而自杀的场合，仍然认识到了自己正在处分生命这一点，那么就放弃生命法益而言就应该认为不存在法益关系的错误。② 佐藤阳子博士也认为，也许对于生命主体本人来说，寿命的长短确实能够影响生命的价值，但是就刑法上的规范评价来说，寿命的长短并不是影响其价值的要素；不管生命主体余下的生命是 1 天还是 100 年，对杀人罪的规范评价来说，其价值都是一样的，应该同等考虑。因此，作为规范概念的"法益"而言，"生命法益"与剩余的生命期限无关，是一种绝对的价值。既然重视法益关系错误说中的"法益"概念，那么就应该认为，对于生命剩余期限的错误并非法益关系的错误。③

---

① ［日］林美月子：《基于错误的同意》，收录于《刑事法学的现代的状况·内藤谦先生古稀祝贺》，有斐阁 1994 年版，第 45 页。

② ［日］盐谷毅：《被害者的同意与自己答责性》，法律文化社 2004 年版，第 40、41 页。

③ ［日］佐藤阳子：《被害者的承诺——根据各论的考察再构成》，成文堂 2011 年版，第 210 页。

对于上述否定意见，山口厚教授和林干人教授分别予以了反驳。
山口厚教授认为，根据生命的长短肯定个人的生命价值差别，进而
再对个人予以区别对待或差别对待，确实会产生很多问题。但是，
在针对生命的剩余期限进行欺骗的场合这个问题是不存在的，"禁止
差别对待"的规范考虑在此也是不妥当的，仍然应该肯定"生命剩
余期限的长短"这一内容具有"法益关系性"。① 林干人教授认为，
所谓承诺，其基本内容就是在认识法益的同时又加以放弃。因此，
在对法益欠缺认识的场合，原本就不能肯定承诺的存在。在"认识
到并加以放弃"的场合，禁止差别性的规范考虑是不妥当的，应该
理所当然地肯定剩余生命的长度具有法益关系性。这是因为，对于
生命法益而言，不能仅仅抽象地看成是"有"还是"无"，生命法
益还包含着具体的、广泛的量的成分，相应地，法益主体对生命法
益的态度也存在要（延续）还是不要（放弃）的问题，这里也还有
长度的问题。在对于生命剩余时间长短进行欺骗的场合，与对于物
的价值大小的欺骗一样（甚至较之更为典型），与生命剩余时间有关
的错误无疑应属于法益关系的错误。在此种欺骗之下的承诺，实际
上是法益主体对于将要受到侵害的法益的内容存在认识错误，因此，
承诺应该就是无效的。②

所谓"杀人"，自然是"将他人的生命终期人为地提前"，在他
杀的场合，即便是将濒临死亡的人的终期提前一时半刻，也有肯定
行为的故意杀人性质和因果关系的余地，这一点在日本的"大阪南
港案"中就有体现，正如西田典之教授所述，"人的生命无比宝贵，
应重视其生命之长短，因此，因被告人的行为所可能引起的死亡、
因第三者的行为所实际导致的提前 30 分钟的死亡，这二者当然属于

---

① ［日］山口厚：《"法益关系的错误"说的解释论的意义》，《司法研修所论集》
第 111 号（2003-Ⅱ），第 102 页。

② ［日］林干人：《基于错误的被害者同意》，收录于《松尾浩也先生古稀祝贺论文
集·上卷》，有斐阁 1998 年版，第 239 页。

不同的结果";① 对"自杀"而言，自杀者的行为只是不可恢复地终结自己的生命，至于终结的是还有 100 年的生命还是只剩 1 个小时的生命，在"不可恢复地终结生命"这个终极意义上是没有差别的，都是"自杀"。如果这样来看，否定说的意见也不无道理，法益主体虽然在生命的剩余期限上受到欺骗，但毕竟对不可逆转地放弃自己的生命法益是没有认识错误的。佐伯仁志教授所提出的刑法保护生命之有无及其存续时长这一理由，对于他杀行为是完全成立的，对于自杀行为则似乎还未必能完全成立。林干人教授从利益放弃说角度进行的解说，也就是受欺骗的自杀者只有放弃虚假生命时限的承诺，而没有放弃真实生命时限的承诺，完全符合法益关系错误说的原旨，具有相当的说服力。相比之下，佐藤阳子博士认为山口厚教授的反驳意见不具有说服力，却避开了林干人教授的反驳意见，似乎林干人教授的反驳意见是法益关系错误说最优的解释方案。② 不过，有疑问的是，假设我们可以打开"上帝视角"，患者实际的生命时长其实只剩下一个月，但欺骗患者的医生却是个庸医，误诊为还剩一年后就欺骗患者说还只剩下三个月，患者绝望自杀。这样虚假的生命时限可能长于真实生命时限的场合，是不是又可以肯定在真实的生命时限上存在承诺了呢？或者换一种设想，医生明知癌症患者可能只剩三个月的时间，却欺骗患者说他还能活一年，结果早已不堪忍受的患者在接受当日的痛苦治疗之前自杀身亡，这又应当如何处理？这样一来，似乎上岛一高的见解反倒显得更加正确一些：余生之长短，对于自杀者而言似乎只是动机而已。但是，贯彻上岛一高的观点，就会由法益主体的生活态度决定承诺的有效与否。

　　本书认为，时间不仅是生命的刻度，还是生命的重要质素，生

---

　　① 有关"大阪南港案件"，详见［日］西田典之：《日本刑法总论》（第 2 版），王昭武、刘明祥译，法律出版社 2013 年版，第 90、91 页。

　　② ［日］佐藤阳子：《被害者的承诺——根据各论的考察再构成》，成文堂 2011 年版，第 210 页。

命之修短寿夭，向来是生命哲学的重要思考内容。所以，否定论者以"生命不可相对化"的理由排斥对生命剩余期限的长短考量，不具有说服力。将有关生命剩余期限的欺骗作为与生命法益有关的欺骗，确实不存在对生命的相对化、差别化对待的问题。有争议的其实只是自杀者的意思决定内容是对生命整体无差别地概括放弃，还是具体的"放弃这三个月的余生"。对此，自杀者认识到自己是不可逆地放弃生命，其实还只是对"死"的正确认识，而没有包括对"生"的认识在内，也只能看作是一种片面的认识。事实上，人都是向死而生，却又无法预知自己的终期在何时何处。一般的自杀者其实是在对自己的生命没有认识的条件下作出的自杀决定，但是，在生命的终期上受到欺骗的法益主体，却是在对自己的生命有了一个无法证实又无法证伪的不科学认识的条件下作出自杀决定，应当说，从这个角度可以肯定其对自己的生命法益存在错误认识。

总而言之，法益主体对于即将面临的死亡存在正确认识，也没有就生命的剩余期限等内容受到欺骗，而仅仅对自己自杀身亡的目的、意义有错误认识的场合，难以承认存在法益关系错误。按照本书的观点，此时还需要进一步考虑，法益主体是否在具有可供选择的条件、具有选择自由的情形下，任意地选择结束自己的生命。这是本书观点的逻辑延伸和归结。结合我国司法实践，值得讨论的是受到会道门、邪教组织或迷信思想的欺骗而"自杀"的案件。

我国《刑法》第300条第2款规定了组织、利用会道门、邪教组织，利用迷信致人重伤、死亡罪，该罪的实行行为是组织、利用会道门、邪教组织、利用迷信蒙骗他人，致使他人受到重伤或者死亡。根据2017年2月1日实施的最高人民法院、最高人民检察院《关于办理组织、利用邪教组织破坏法律实施等刑事案件适用法律若干问题的解释》第7条第1款规定，组织、利用邪教组织，制造、散布迷信邪说，蒙骗成员或者他人绝食、自虐等，或者蒙骗病人不接受正常治疗，致人重伤、死亡的，应当认定为刑法第300条第2款规定的"组织、利用邪教组织蒙骗他人，致人重伤、死亡"；该解释第 11 条同时规定，组织、利用邪教组织，制造、散布迷信邪说，组织、策划、煽动、胁迫、教唆、帮助其成员或者他人实施自杀、自伤的，依照刑法第 232 条、第 234 条的规定，以故意杀人罪或者故意伤害罪定罪处罚。根据上述规定，第 300 条第 2 款仅仅涵盖利用邪教、会道门及其他旁门左道的迷信邪说蒙骗他人实施绝食、自虐，或者蒙骗他人拒绝接受正常治疗等具有现实的生命危险性的行为，如果以迷信邪说欺骗他人实施直接终结生命的自杀行为，则应该属于以欺骗方式煽动、教唆他人自杀的范畴，应该成立第 232 条故意杀人罪。这种区分方法是我国刑事司法实务的一贯处理态度，在多项司法解释中均有相关规定。①

从司法实践的案件判决来看，适用第 300 条第 2 款进行处理的利用迷信邪说蒙骗他人拒绝接受治疗致人死亡的案件较为常见，而利用迷信邪说欺骗他人自杀的案件相对罕见。② 因此，司法实践对于利用邪教组织、会道门组织及迷信邪说欺骗他人自杀的行为如何处理，主要是对利用邪教组织、会道门、迷信邪说欺骗他人自杀与一般的欺骗他人自杀之情形是否需要加以区分，利用上述邪说欺骗他人自杀的行为人是否一律按间接正犯处理，并没有明确和细致的意见。我国学者对此则存在不同意见和争论。

----

① 相似的司法解释及司法解释性质的文件有：1999 年 10 月 20 日最高人民法院、最高人民检察院《关于办理组织和利用邪教组织犯罪案件具体应用法律若干问题的解释》第 3 条、第 4 条；1999 年 10 月 30 日最高人民法院《关于贯彻全国人大常委会〈关于取缔邪教组织、防范和惩治邪教活动的决定〉和"两院"司法解释的通知》；2001 年 6 月 4 日最高人民法院、最高人民检察院《关于办理组织和利用邪教组织犯罪案件具体应用法律若干问题的解释（二）》第 9 条。

② 张巧玲组织、利用会道门、邪教组织、利用迷信致人死亡案，河北省唐山市中级人民法院（2018）冀 02 刑终 466 号刑事裁定书；吉人台等利用迷信致人死亡案，内蒙古自治区通辽市科尔沁区人民法院（2017）内 0502 刑初 773 号刑事判决书；陈冬梅利用迷信致人死亡案、窝藏案，广西壮族自治区玉林市中级人民法院（2017）桂 09 刑终 388 号刑事裁定书；彭小禾利用迷信致人死亡案，湖南省永兴县人民法院（2017）湘 1023 刑初 57 号刑事判决书；任林宇利用迷信致人死亡案，河南省西平县（2017）豫 1721 刑初 573 号刑事判决书。

钱叶六教授基于法益关系错误说的立场提出了自己的见解。他认为，如果被害人主观上的错误认知与生命法益将会受损的事实无关，仅仅与期待的回报有关时，就应当认为被害人结束生命的行为仍属于自我决定的范畴，欺骗行为人仅成立故意杀人罪的教唆犯。不过，考虑到邪教组织一般具有严密的组织性、极大的欺骗性、强大的控制性和强烈的政治性等组织结构特征和组织行为特征，邪教组织能够通过制造歪理邪说，对组织成员施加身体和精神的双重控制，进而开展各项非法组织活动。鉴于邪教组织具有极大的欺骗性和较强的控制性，邪教组织的成员往往受到一种精神控制和压迫，他们在其他成员的蛊惑及欺骗下实施的自杀行为，并不能视为基于真实意思的自我决定。所以，只要是组织、煽动、指使、胁迫、教唆、帮助邪教成员自杀的行为都应该以故意杀人罪的间接正犯论处。①

付立庆教授也认为，即使邪教组织的成员是受到迷信邪说的欺骗，但只要邪教组织成员对死亡含义以及自身生命的价值内容具有明确的认识，那么就还是不能肯定法益关系错误的存在。但是，客观地观察和评价，邪教组织成员在选择自杀时所追求的"升天""圆满"等动机和目的，都属于邪教组织长期洗脑的结果，应该视为是意志自由受到压制和控制的意思决定，不能评价为任意选择的结果和自我决定权的实现。因此，肯定邪教组织诱骗其组织成员自杀的行为成立故意杀人罪的间接正犯，不仅在刑事政策上完全正当，也具有理论根据。②

周光权教授认为自杀行为本身处于刑法评价并不进入的"法外空间"，属于既非合法也不为违法的"第三种情形"，在我国现有刑法规定下，对教唆、帮助自杀等自杀参与行为（或称自杀关联行为）并不能以故意杀人罪处理。这样一来，对于司法实务中熟极而

---

① 钱叶六：《参与自杀的可罚性研究》，《中国法学》2012 年第 4 期。
② 付立庆：《被害人因受骗而同意的法律效果》，《法学研究》2016 年第 2 期。

流的"自杀"相关案件，就要准确判断哪些行为不是自杀而是故意
杀人罪的"杀害"，避免因误认"他杀"作"自杀"而形成处罚漏
洞，也就是必须严格掌握自杀的认定标准。周光权教授提出，一定
要按照最为严格的标准来认定"自杀"，必须只有是个人基于自由，
在自我负责的意思决定下，且必须正确地认识放弃生命的终局意义，
所实施的自我放弃生命之行为，才能认定为自杀。那么，对于受邪
教组织的歪理邪说欺骗蒙蔽的人员而言，由于邪教组织具有超乎想
象、难以揭穿的迷惑性和欺骗性，因此邪教组织的成员受到了强烈
的精神强制，在这种条件下选择"自杀"的人，虽然对于生命的终
结具有明确的认知，却错误认识了死亡的目的和意义；完全可以认
为，如果这些被害人不受邪教组织的控制、蛊惑和欺骗，就不会选
择自杀，因此，对于邪教组织成员自己造成死亡的案件，应当认定
属于邪教组织操纵、支配下的故意杀人行为，对邪教组织人员以故
意杀人罪的间接正犯处理。《刑法》第 300 条并不能涵摄"组织、利
用会道门、邪教组织实质地决定死亡结果、故意杀害他人"的
案件。①

　　王钢副教授表达了相反的意见。在个人受邪教的歪理邪说蛊惑
而选择死亡的案件中，并不能一概认定邪教组织成员完全丧失了意
志自由。这是因为，根据确信犯应当负担刑事责任的通常见解，当
受蛊惑的邪教组织成员受到指使侵犯他人法益时，显然不能认定其
欠缺有责性而不成立犯罪。王钢副教授认为，只有当自杀者的意思
决定达到了有效承诺的主观标准时，也就是自杀者具有充分的认知
和判断能力并且其意思表示无重大瑕疵时，才可以认定其是真正意
义上的自杀。据此，应当以全面无效说的立场处理利用邪教、迷信
邪说欺骗他人自杀的案件。不论自杀者是否属于邪教组织成员，当
其受邪教或迷信等歪理邪说影响而自我终结生命时，都对死亡的意

---

① 周光权：《教唆、帮助自杀行为的定性——"法外空间说"的展开》，《中外法
学》2014 年第 5 期。

义和目的存在错误认识，在这种动机错误的影响下，其死亡决定并非自由意志的真实体现，因而不能成立自主决定的自杀，此时应当认定幕后者成立故意杀人罪的间接正犯。①

上述各位学者之间的意见，大体上肯定了凡属于利用邪教组织的歪理邪说欺骗他人致使他人自杀的行为都应该按照故意杀人罪的间接正犯定罪处罚。其间具体说理的差异，不仅牵涉到本书所探讨的全面无效说、条件错误说和法益关系错误说之间的区别，更涉及"自杀究竟是违法还是合法"这一根基性问题。此处不便对"自杀合法或违法"的论题展开讨论，从本书的立场出发，在利用邪教或迷信等歪理邪说欺骗邪教组织人员或其他人员自己结束生命的，还是应当坚持先以法益关系错误为标准，再以任意性考察为补充，完整地评价自杀行为是否出于真实的意思决定。尽管王钢副教授所主张的全面无效说为本书所不取，但是，本书也赞成这样的判断，那就是尽管邪教组织确实对其成员进行精神控制，但司法实践仍然需要个案判断该精神控制是否达到完全控制的程度。由于缺乏相关的真实案例，本书在此仅提出初步的处理意见：其一，当受骗者误信邪说，认为自己的生命将会在"现世""此世"的另一地点或另一身体上继续存活的，或者相信自己会在死后复活，应当认为受骗者没有认识到死亡结果，按照法益关系错误处理；其二，当受骗者误信邪说，明知自己"现世""此世"的生命将要不可逆转地终结，却在自由的意志支配下自愿地为追求"彼岸的幸福"而自己终结生命的，例如，为了看金砖铺就的天堂之路，或者追求殉教之后进入每天有 72 个天女服侍的天堂，就不能按照法益关系错误处理，只能作为单纯的动机错误；② 其三，邪教组织人员或其他神棍长期编造谎言，不断向受骗者灌输现实世界种种不可忍受的疾苦，同时宣扬只要"心向大法"勇敢地"自我解脱"，便可以一念往生彼岸的极乐

---

① 王钢：《自杀行为违法性之否定》，《清华法学》2013 年第 3 期。
② 冯军：《刑法问题的规范理解》，北京大学出版社 2009 年版，第 179 页。

园等，诱使他人自杀的，本书认为也有否定承诺效力的余地。因为受骗者不仅仅是艳羡所谓的"彼岸幸福"而终结自己的生命，而是受到长期的灌输，对现世的现实生活充满畏惧和绝望。按照本书的观点，欺骗者已经完全否定了现世生存作为一个选项的存在意义，又提供了一个既容易达成又前景美好的虚假选项作为诱惑，可以认为受骗者并没有作出具有任意性的选择。同理，受骗者误信邪说，认为自己是罪孽深重的"恶灵"或"罪人"，只有死亡才能解脱，或者相信世界末日即将来临，即使现在苟延残喘届时肯定会下火狱，现在自我了断还有可能进天堂等，也是在一种走投无路的非自由状态下所作的决定，不能认为是有效承诺。不过，这里也需要再次重申前文的观点，那就是个人在自杀当时是否具有作出有效承诺的任意性，与在实施杀害他人的行为时是否具有责任能力，应当是有所不同的差异问题，这一点应当在个案判断中加以注意。

二 法益关系错误在诈骗罪认定中的作用

研究受欺骗承诺的刑法效果问题，诈骗罪是无法绕开的一个罪名。诈骗罪是直接以欺骗行为和受骗者的无效承诺作为构成要件内容的罪名，其构成要件精细严密，向来是刑法教学及思考不可或缺的"范例"，在理论解释上也是千家竞注的热点。① 仅就研究的规模而论，诈骗罪的构成要件解释完全可以与刑法总论部分的受欺骗承诺问题相埒。正如前文所述，受欺骗承诺的有效性问题应该是一个串联刑法总论与各论的理论点，也是验证刑法总论的理论成果能否在各论中获得运用的极佳素材。如果刑法总论部分有关受欺骗承诺的刑法效果的研究成果，不能进入诈骗罪的构成要件解释，并且发生相当的作用，则诈骗罪的解释论就应成为与"受欺骗承诺的刑法效果问题"相平行的理论问题，甚至于影响到刑法总论与各论之间的指导关系。这是就"受欺骗承诺的刑法效果问题"整体与诈骗罪

---

① 林钰雄：《刑法与刑诉之交错适用》，中国人民大学出版社 2009 年版，第 262 页。

构成要件的关系而言。

对于本书所支持的法益关系错误说而言，如何在诈骗罪的构成要件解释中发挥作用，则是一个困难而迫切的问题。从前文的介绍可知，自阿茨特以来，法益关系错误说在生命、身体等人格法益的场合，重视对法益本身的存立加以保护的倾向就十分明显；而对法益主体自己所期待的反对给付、所追求的目的等利益，则往往作为"交换利益"，委之于诈骗罪予以保护。毋庸讳言，在法益关系错误说的视域内，诈骗罪似乎处于截堵补漏的边缘位置，以至于批评意见认为法益关系错误说将诈骗罪当成了一个收容的"箩筐"（Auffangbecken）。法益关系错误说如何克服这一理论倾向，是需要加以重视的困难问题之一。另一个困难在于，正如佐伯仁志教授所反复强调的，对于法益关系错误说而言，在具体罪名的解释论中将什么解释为该罪名的保护法益，是决定其判断结论的要点；[①] 具体到诈骗罪而言，诈骗罪中的"财产"作为法益的实质究竟是什么，乃是法益关系错误的判断标准。[②] 不利的是，时至今日，诈骗罪中的财产概念仍然存在相当的分歧和争论，这就使得法益关系错误说在诈骗罪中的运用缺乏稳定的基础。

众所周知，对于诈骗罪的"财产损失"中所谓的"财产"，刑法理论上向来存在法律的财产说、经济的财产说和法律·经济的财产说这三种不同的观点。法律的财产说认为，财产就是财产性权利的总和，不能得到法律（主要是民事法律）承认的利益不属于财产，据此，财产犯罪的成立也不以行为造成经济损害为前提，只要损害了法律所承认的财产性权利也能成立财产犯罪。相对地，纯粹从经济价值或物的利益出发的经济财产说认为，所谓财产就是具体的物

---

① ［日］佐伯仁志：《关于被害者的错误》，《神户法学年报》第 1 号（1985），第 62 页；氏著：《刑法总论的思之道·乐之道》，于佳佳译，中国政法大学出版社 2017 年版，第 185 页，边码 222。

② ［日］山口厚：《刑法各论》（第 2 版），王昭武译，中国人民大学出版社 2011 年版，第 313 页。

或者利益所具有的经济价值，即便是通过非法或违反公序良俗的行为所获取的物或利益也同样是诈骗罪应该予以保护的财产。对上述两种极端见解予以折中的就是法律·经济的财产说，主张有经济价值的物或者利益都可以成为财产，但该物或利益还是必须得到法秩序的承认。[①] 这三种财产概念对诈骗罪中"法益关系错误说"的影响，其实在前引［例9］［给钱打人案］中便可窥见端倪：如果采取法律的财产说或法律·经济的财产说，则法益主体通过接受耳光、出卖自己的身体法益、人格尊严等所交换的金钱给付，因为不能得到法秩序和公序良俗的承认，难以认为是诈骗罪所保护的财产，那么，法益主体对该反对给付的误信和期待，即使在诈骗罪中也不能认为是"法益关系错误"，只有采用经济的财产说，才能在［例9］［给钱打人案］肯定法益主体具有与诈骗罪的保护法益相关的错误认识。同理，以虚假的支付愿望和支付能力欺骗性从业者提供性服务的场合，也只有将通过性服务换取的金钱给付肯定为"财产"之后，才能肯定性从业者具有法益关系的错误。

更为复杂的是，在诈骗罪中不仅"财产"概念具有争议，连最终的整体的"财产损失"概念也存在分歧。显然，不同的"财产损失"概念，会影响对受骗者是否认识到"财产损失"的认定结论，而这也是法益关系错误说的重要判断任务。关于诈骗罪的"财产损失"概念，理论上大致存在"整体财产损失说"和"个别财产损失说"的对立，[②] 其实也就是针对个别财产的犯罪与针对整体财产的犯罪在诈骗罪之"财产损失"要件上的投射。针对整体财产的犯罪要求行为人对被害人的整体财产状态进行侵犯，使被害人的整体财产状况恶化，其认定特点是将财产的取得与丧失作为整体加以综合

---

① 张明楷：《诈骗犯罪论》，法律出版社2021年版，第308—312页；王钢：《德国判例刑法（分则）》，北京大学出版社2016年版，第212页。

② 曾淑瑜：《刑法分则实例研习——个人法益之保护》（修订三版），台湾三民书局2011年版，第330页。

评价，如果整体财产没有减少即否定财产损失的存在；针对个别财产的犯罪则只要求行为人侵害了个别财产，只要行为人使被害人丧失了个别特定的财产，即使被害人同时还获得了其他相应的利益，也可以认定财产损失的存在。① 德国刑法理论通说认为，诈骗罪是针对整体财产的犯罪，诈骗罪中的"财产损失"应当根据客观判断标准对被害人的整体财产状况和价值在法益处分行为前后的损益变化进行整体评估。② 日本刑法理论通说认为，除背信罪以整体财产减损为必要，属于针对整体财产的犯罪之外，其余财产犯罪均为针对各个财物、各个债权等个别财产的犯罪。③

再进一步，诈骗罪中的财产损失除了在一般原则的层面上有"整体财产损失""个别财产损失"的区别，在具体案件中还有结合被害人的个人具体情况确定"个人化的财产损失"之余地。由于所谓的"个人化的财产损失"是从受骗者个人的使用目的、价值评价等个人具体情况出发认定财产损失，也可以称为"主观的财产损失"，以区别于一般原则上纯粹以经济交易中的客观价值标准认定的"客观的财产减损"。④ 这里主要涉及的是"严重偏离使用目的"以及"目的不达"等情形。前者是指，在一项交易或交换中，被害人无法对行为人所交付的财物加以利用，或者从行为人的合约债务履行中实现自己订立合约的目的，常见的例子比如行为人隐瞒书籍的内容，欺骗一个中国古典文学的本科生购买了一本昂贵的德文原版刑法杂志。后者是指，被害人因为受到行为人的欺骗而对自己处分

---

① 张明楷：《刑法学（下）》（第六版），法律出版社 2021 年版，第 1309、1310 页。

② 王钢：《德国刑法诈骗罪的客观构成要件》，《政治与法律》2014 年第 10 期；陈子平：《刑法各论（上）》，台湾元照出版公司 2017 年版，第 567 页。

③ ［日］西田典之：《日本刑法各论》（第 7 版），王昭武、刘明祥译，法律出版社 2020 年版，第 155 页；［日］山口厚：《刑法各论》（第 2 版），王昭武译，中国人民大学出版社 2011 年版，第 197 页。

④ 卢映洁：《刑法分则新论》（修订六版），台湾新学林出版公司 2013 年版，第 691 页。

财产的意义产生了错误认识，最终未能实现财产处分所欲达成的目的，当然，只能是可以客观化的、蕴藏在具体财产处分行为中与经济价值相关的目的。"目的不达"所包含的情形十分复杂，既包括以捐赠诈骗和乞讨诈骗为典型的单方面无偿处分财产的事例，也包括双方互相负担对价义务，但受骗者订立合约的目的完全无法满足的情形，还包括行为人骗取国家为实现特定社会经济政策而提供的公共福利资源，致使国家社会福利政策落空的情形。①

总而言之，法益关系错误说在诈骗罪中的运用，对"财产"概念及"财产损失"的认定这一环节依赖颇多，并不像全面无效说、条件错误说那样能够独立地发挥判断功能，甚至动机错误说也比法益关系错误说更加独立。因此，如果从一般观念来看，法益关系错误说欠缺对立性可能会导致该说无法稳定地得出一致结论，成为该说的一大软肋。尤其是，诈骗罪的构成要件结构是"行为人实施诈骗行为→受骗者陷入认识错误→受骗者基于认识错误处分财产→行为人或第三人取得财产→被害人遭受财产损失"；在这个结构内，判断受骗者的处分意思或交付意思是否有效，本应当是处于判断链条的前端，结果采用法益关系错误说之后，变成至少需要同时结合最末端的"财产损失"要件来进行判断，难免给人以判断步骤有欠清晰的印象。不过，本书倒是认为，法益关系错误说对诈骗罪的"财产损失"要件的依赖性，非但不是该说的软肋，反倒是应该加以妥善利用的优长。

从我国刑法学者对诈骗罪的现有研究来看，对"被害人的财产损失"的关注度要显著高于"被害人的认识错误"；② 就"被害人的认识错误"问题而言，多数学者只要求被害人的认识错误内容应当

① 王钢：《德国判例刑法（分则）》，北京大学出版社 2016 年版，第 225—227 页。

② 此处引用一条直观的数据进行对比：笔者以"诈骗罪中的财产损失"为主题在"中国知网"进行检索，共得出精细检索结果 334 条；而以"诈骗罪中的认识错误"为主题进行检索，则符合主题的结果仅 40 余条。以上数据虽然可能是不完全统计，但也能说明问题。

与行为人的欺骗行为内容保持同一性，以保证欺骗行为与认识错误之间的因果关联；而对于行为人的欺骗行为内容，多数研究者限于粗略地归纳为"虚构事实或隐瞒真相"，即便是有所深入，也仅及于"事实"的性质讨论而已，也就是"事实"是否包括对将来的预测等问题，极少涉及受骗者错误认识的"事实"是否属于"与法益有关的内容"。① 这里还可以举出一个典型的例子来说明我国刑法学者在诈骗罪研究中对"财产损失"和"认识错误"两个要件的厚此薄彼。诈骗罪中存在一种针对受骗者的财产处分目的进行欺骗的子类型，典型事例就是通常所称的"捐赠诈骗"；域外刑法学者多有将"捐赠诈骗"放置在"对事实的认识错误"这一环节加以探讨者，而在我国刑法学者则仅涉及"捐赠诈骗"最后的财产损失认定问题。② 这也许只是个别学者的研究偏好而已，但也反映出我国刑法学者还没有将"受骗者认识错误"与"被害人受到财产损失"关联考察的问题意识。不仅我国刑法理论研究缺乏对"受骗者认识错误"与"被害人财产损失"的关联意识，我国司法实践割裂二者联系的现象也很普遍，这就造成具体个案处理在二者间顾此失彼。

司法实践重视"被害人受到财产损失"而忽略"受骗者的错误认识"的情形，可以举出湖北省利川市的"铁钉棺材案"。

[例 14]［铁钉棺材案］被告人孔竹清系湖南省宁远县人，以制造及销售棺材为业。2014 年 9 月起，孔竹清租用湖南省靖州县某木材加工厂，使用钉铁钉，以乳白胶、黄粉黏合等方法用木材加工制

---

① 张明楷：《诈骗犯罪论》，法律出版社 2021 年版，第 69—80 页；王钢：《德国判例刑法（分则）》，北京大学出版社 2016 年版，第 195、196 页。近期较为深入地涉及行为人虚构或受骗者错误认识的"事实"应当区分"动机错误""事实错误"的研究成果，参见郭莉《诈骗罪客观构成要件中的"事实"》，《北方法学》2018 年第 4 期。

② 前者详见［日］山口厚《刑法各论》（第 2 版），王昭武译，中国人民大学出版社 2011 年版，第 314 页；林钰雄：《刑法与刑诉之交错适用》，中国人民大学出版社 2009 年版，第 285 页。后者可参考陈毅坚《捐赠诈骗的刑事可罚性研究——以对"目的失败理论"的批判为中心》，《政治与法律》2018 年第 4 期；蔡桂生：《论诈骗罪中财产损失的认定及排除——以捐助、补助诈骗案件为中心》，《政治与法律》2014 年第 9 期。

作棺材。2015 年 5 月至同年 8 月间，孔竹清将加工的半成品棺材先后运往湖北省利川市等地，出售给赵某、贺某、田某等 17 人，销售获款共计 225400 元。按照湖北省利川市当地风俗，供安葬使用的棺材中不能带有铁制器件，湖南省宁远县则没有类似风俗。孔竹清谎称自己销售的棺材是没有使用铁钉钉合的"整墙整盖"，致使赵某、贺某、田某等 17 人产生错误认识，分别购买了销售的棺材半成品或配件，导致购买的棺材按当地习俗不能用于安葬死者。

对于本案，孔竹清及其辩护人辩解称，处理刑事案件全国一体适用同一部刑法，既然湖南省宁远县使用的棺材都要钉铁钉，任何法律或行业标准都没有禁止棺材使用铁钉的规定，不能同一行为在湖南合法而在湖北成为犯罪。最终，本案二审法院认为，孔竹清在销售木质棺材的过程中，为了赚取更多的利益，隐瞒出售的棺材系用铁钉连接拼凑的真相，致使对方当事人产生错误认识而购买棺材，导致利益受损。但孔竹清主观上无非法占有他人财物的故意，其为了赚取更多的利益在销售棺材时隐瞒真相的行为，不符合诈骗罪的犯罪构成要件。①

本案辩护人及最终的无罪判决理由都值得推敲。我国《刑法》适用的统一性与同一行为是否能在不同地区给他人造成损害，完全是两个不同的问题。况且，多数风俗礼仪的禁忌事项，"是传统社会生活的表达形式，因长时间被遵守而制度化"，只要这种制度化不明显与国家制定法相抵牾，应该是法律应该予以尊重的补充规则。② 因此，本案辩护人所使用的"同一行为不可能在湖南不是犯罪在湖北成为犯罪""任何法律和行业规定都没有不允许使用铁钉"等辩护理由未免强词夺理。试想，假如"不许使用铁制配件"是湖北恩施

---

① 湖北省恩施土家族苗族自治州中级人民法院（2016）鄂 28 刑终 133 号刑事裁定书。

② ［德］阿图尔·考夫曼：《法律哲学》（第二版），刘幸义等译，法律出版社 2011 年版，第 238 页。

当地土家族的风俗习惯，是否还能使用上述辩护理由？显然，出售使用了铁钉的棺材是否给购买者造成了财产损失，是本案的第一个关键问题。本案的二审法院正确认定了被告人孔竹清的欺骗销售行为给购买者造成了"利益损失"，却又以孔竹清的主观目的是"获利目的"，不属于"非法占有目的"为由否定了诈骗罪成立，实属不妥。实际上，本案属于典型的发生在交易过程中的"商品瑕疵型"诈骗行为，出卖方有意隐瞒商品之重大瑕疵的行为，完全可以成立诈骗罪，并不需要纠结于是民事欺诈还是刑事诈骗。① 该案一审法院和二审法院都纠结于被告人孔竹清的"获利目的"属不属于"非法占有目的"，试图以此来区分其欺骗行为是民事欺诈还是刑事诈骗，却始终没有考虑到，受骗者对"铁钉棺材"的错误认识，已经属于是对"有无财产损失"这一法益侵害性的认识错误，仅此便可以奠定被告人孔竹清的行为具有诈骗罪的实行行为性！

与此相对的，近年来屡屡引起争议的"酒托诈骗案"，则往往表现出只重视"受骗者的错误认识"，忽略"被害人的财产损失"的特点。所谓"酒托诈骗案"，一般表现为诈骗团伙以"恋爱""交友""一夜情"等名义在网络上吸引男性网友，而后由团伙成员将男性网友带至指定的酒吧、餐厅等消费场所刻意进行高消费。我国司法实践对于"酒托"类案件几乎均以诈骗罪论处。有研究者专门针对相关案件的裁判文书进行研究，归纳出了以下特点：其一，绝大多数案件的裁判文书都只是直接援引了我国《刑法》第 266 条关于诈骗罪的规定，指出犯罪团伙使用虚构身份、隐瞒"假见面真消费"的真实目的等欺骗手段取得被害人信任，具有虚构事实及隐瞒真相的特点；其二，司法实践并不区分既假借恋爱、交友等名义，又以假冒伪劣酒水冒充高档酒水引诱男性网友消费的双重"虚构事实、隐瞒真相"，和仅仅引诱男性网友高消费的单一"虚构事实、隐

---

① 卢映洁：《刑法分则新论》（修订六版），台湾新学林出版公司 2013 年版，第 684 页，脚注 9。

瞒真相"，统一认定为诈骗罪。①

　　深究起来，司法实践的认定结论和认定方式均有不妥当之处。一方面，在诈骗罪的成立上，并非所有导致受骗者陷入任何性质的认识错误的行为，都能成为诈骗罪的实行行为，只有当欺骗行为导致受骗者陷入处分财产的认识错误时，有招致财产损失的危险时，该欺骗行为才是诈骗罪的实行行为。② 在"酒托"类案件中，受骗者是抱着恋爱、交友、一夜情等目的与"酒托女"见面、消费，应该说只是对于消费的目的、动机存在认识错误，这一认识错误并不能等同于处分财产的认识错误，也不当然导致受骗者处分财产。二是受骗者前往酒吧等消费场所赴约，对于高消费所带来的财产处分是有预见和承诺的，在多数案件中，受骗者在点单或结账付款时已经有所怀疑，但往往碍于情面而自愿付款。也就是说，受骗者对于财产处分及其后果有较为明确的意识，能否认定存在"财产损失"，不无疑问。概言之，我国司法实务对"酒托"类案件的处理，是一开始就片面肯定了犯罪团伙的欺骗行为和受骗者的错误认识都具有诈骗罪所要求的性质，于是最终只要受骗者进行了不合理的高消费，全部直接成为"财产损失"。

　　由此可以看出，如果能够使"受骗者产生错误认识"与"被害人受到财产损失"两个环节真正产生关联性互动，而不是成为平面图上的先后流程，应该能够对诈骗罪的合理认定起到良好的促进作用。其主要的理论意义在于，诈骗罪的欺骗行为不再仅止于"虚构事实而隐瞒真相"，必须是"虚构或隐瞒与财产损失有关的事实"，由此该欺骗行为就成为制造出被害人财产损失危险的行为，其所引起的受骗者错误认识也就是这一财产损失的危险的体

---

① 俞小海：《"酒托"诈骗案定罪的法理基础与量刑规则优化》，《犯罪研究》2014年第4期。

② 曾淑瑜：《骗人不一定成立诈欺罪》，《台湾法学杂志》总第225期（2013），第166页。

现，而最终的财产损失就是同一财产损失危险的现实化结果。上文所引的［例14］［铁钉棺材案］，已经从反面展示了这一理论意义和效果。

在本书看来，要使"受骗者产生错误认识"与"被害人受到财产损失"产生关联互动，只有法益关系错误说能实现，其余诸说均不具备相应功能。详言之，全面无效说是从欺骗行为出发判断受骗者的承诺效力，使得"受骗者产生错误认识"这一环节形同"行为人实施欺骗行为"的附庸，有如在检验流程上加盖图章；条件错误说是以欺骗行为和错误认识之间的条件因果关系为判断基准，对于受骗者的错误认识内容则不予识别，自然无法使"受骗者产生错误认识"与其后的"财产损失"产生对应；动机错误说虽然能够识别受骗者的错误认识，但只能初步的识别何者为"不重要的错误"，至于说明什么是"重要的错误"则力所不能。① 前文在分析条件错误说的不足之处时曾经指出，诈骗罪客观构成要件的基本构造本身具有形式化的倾向，在全面无效说、条件错误说的配合下，可能成为扩张诈骗罪处罚范围的机制。事实上，我国司法实践对"酒托"类案件统一以诈骗罪论处，已经证明了本书的上述论断。在日本刑法学界，在"受骗者产生错误认识"的环节采用"法益关系错误说"，同时要求必须审查"财产损失"是否发生，以这样的判断方法限制诈骗罪成立范围的见解正成为有力说。②

那么，采用法益关系错误说，搭配什么样的财产概念和财产损失概念，能够产生出适当的限制效果呢？此处需要回到有关"财产损失"的概念分歧，与法益关系错误说逐一搭配、试错。

如果采取形式的个别财产说，那么当法益主体将个别的财物交付他人，或将个别的财产性利益转移给他人，而无须考虑法益主体

---

① 林钰雄：《刑法与刑诉之交错适用》，中国人民大学出版社2009年版，第290页。

② ［日］杉本一敏：《围绕诈骗罪的日本争议的现状——以"重要的事项"的问题为中心》，杨秋野译，《刑事法评论》第40卷，第313页。

在处分财产时所换得的反对给付之价值，或者法益主体通过处分财产达到了什么目的，这种个别财产的丧失就是诈骗罪的财产损害本身。毫无疑问，在形式的个别财产说之下，"财产损失"的范围是最为广泛的。不过，此时搭配法益关系错误说，就会形成相反的局面：只要法益主体对交付财物或转移财产性利益具有认识，那么就没有法益关系错误存在的余地，其承诺都具有有效性，而诈骗罪也就无从成立了。这也可以看出，法益关系错误说对于诈骗罪的成立具有何等的限制效果。

如果采取实质的个别财产说，主要是财产价值减少说，那么诈骗罪的成立就以法益主体的整体财产减少为必要，在相对人提供了相应的反对给付时，不仅要就受骗者交付财物或转移利益的客观价值与该反对给付的客观价值相比较，还要进一步衡量受骗者（法益主体）的交易目的等主观价值进行比较。这样的见解，已经与整体的财产说没有原则性区别。① 因此，实质的个别财产说或整体财产说与法益关系错误说搭配，其理论效果应当相差无几。如果采取整体财产说或实质的个别财产说搭配法益关系错误说的组合，由于需要考虑受骗者所交付财物或转移利益与所得到的反对给付是否相当，其所涵盖的"财产损失"范围较形式的个别财产说狭窄，但受骗所需要正确认识的内容则相应地丰富起来。

不过，如果贯彻整体财产说或实质的个别财产说，都会在经济价值相当性之外还考虑法益主体的"个人化的财产损失"，此时，应该在多大程度上考虑法益主体的"交易目的"等内容，才能够让诈骗罪的处罚范围在法益保护上既不至于不足也不至于膨胀，就成为需要思考的问题。我国学者蔡桂生博士认为，如果行为人的欺骗使得被害人处分财产的"决定性的客观目的"落空，则可以认定存在财产损失。具体而言，在普通的诈骗案件中，被害人的决定性目的是在交换中获取对价；在单方给付类捐助、补助诈骗中，救济他人

---

① 张明楷：《诈骗犯罪论》，法律出版社 2021 年版，第 343—345 页。

的社会目的是决定性的客观目的；在通过经济交易进行捐助、补助的混合形式中，需要分情形对待，当欺骗行为人需要提供价值相当的反对给付以获得捐助、补助时，还是以"获取对价"作为被害人处分财产的决定性目的，而当欺骗行为人只需要提供部分比例的反对给付时，被害人财产处分的决定性目的则兼有"获取对价"和"救济他人"。① 山口厚教授则认为，在诈骗罪中，财产是作为具有"交换手段、目的达到手段"价值的法益而加以保护的，因此，在"财产交换""目的达到"上有错误的，就能肯定存在法益关系错误。为此，对于直接关系到反对给付或给付目的之内容存在错误的，就可以认定存在法益关系的错误，反之，对并不直接关系到"财产的交换""交易目的之达到"的事项，只能认定为是对附随事项的错误，否定法益关系错误的存在。②

那么，本书所主张的法益关系错误说与实质的个别财产说或整体财产说关联互动的判断模式，在我国刑法的诈骗罪解释论中有无运用的空间呢？

从我国《刑法》第 266 条的文言来看，难以解读出类似《德国刑法典》第 263 条"致使他人之财产受到损害"的意涵，也就难以根据立法的形式规定而采取整体财产说。同时，我国《刑法》第 266 条有关"数额"的规定，似乎是个别财产说的立场。黎宏教授认为，在计算诈骗罪的财产损失数额时，应当计算行为人使用诈骗手段骗取的财物价值，而非实际获取的经济利益价值；诈骗罪是以个别财产为对象的犯罪，有无损害应当根据成为骗取对象的财物自身来判定，即使行为人在骗取他人财物时支付了相当对价，也不影响本罪成立。③ 相对的，张明楷教授认为，我国《刑法》中的诈骗

---

① 蔡桂生：《论诈骗罪中财产损失的认定及排除——以捐助、补助诈骗案件为中心》，《政治与法律》2014 年第 9 期。

② ［日］山口厚：《刑法各论》（第 2 版），王昭武译，中国人民大学出版社 2011 年版，第 313、314 页。

③ 黎宏：《刑法学各论》（第二版），法律出版社 2016 年版，第 330 页。

罪虽然不是针对整体财产的犯罪，但应该采取实质的个别财产说较为合理，在行为人提供了反对给付或法益主体实现了自己目的的场合，司法实践或许应当限制诈骗罪的成立范围；完全不顾及法益主体的意志、目的，以个别财产的丧失作为财产损失的绝对标准的做法，有悖于刑法保护法益的目的。① 周光权教授则认为，单就理论效果而言，个别财产损害说更为周延，但也应该看到，在欺骗他人并同时给付相应对价的场合，交易关系事实上存在，在这样的前提下，即使受骗者因为受欺骗而交付了财产，但只要获得了价值大致相当的反对给付，满足了经济目的，很难说有较大的实质财产损害。事实上，司法实务在有些支付相当对价后骗取财物的场合，原则上不以诈骗罪定罪处罚，而是以其他含有欺骗行为要素的实际罪名进行处罚。这是可以成立的操作方法。②

本书倾向于赞同张明楷和周光权二位教授的看法。的确，认定实质上的经济损失以及损失程度，还是结合法益主体所丧失及获得的财产价值进行评价更为适当，"如果只考虑被骗者交付财产这一面，以此作为判断财产损害的根据，完全不看行为人同时向其支付了价值相当的财物这一面，这似乎不公平合理，社会公众接受起来有一定难度"。③ 再者，从解释论上来看，《刑法》第 266 条有关"数额"的规定，也并不一定意味着我国诈骗罪的解释论中没有"财产损失"的存在空间。详言之，"财产损失"是学理解释对于诈骗罪的客观构成要件构造的解释，是一种不成文的构成要件要素；相应地，"数额"规定的体系地位则还存在争议，如果以"数额"作为诈骗罪的客观构成要件，往往会面临"数额"是否要成为故意的认识内容的问题；因此，二者在诈骗罪的构成要件中可以不发生

---

① 张明楷：《刑法学（下）》（第六版），法律出版社 2021 年版，第 1309 页；氏著：《诈骗犯罪论》，法律出版社 2021 年版，第 343—346 页。

② 周光权：《刑法各论》（第四版），中国人民大学出版社 2021 年版，第 144、145 页。

③ 刘明祥：《财产罪比较研究》，中国政法大学出版社 2001 年版，第 246 页。

冲突。在司法认定上，如果行为人通过欺骗手段获得了相应数额的财物，而受骗人又相应的没有实质财产损失，还是可以考虑援引《刑法》第 13 条但书规定进行调和。因此，本书所主张的认定模式还是能够运用于我国刑法的诈骗罪的解释论之中。

最后，不妨运用本书所主张的判断方法，对当前我国社会生活中较为多发的名为诈骗实为"感情欺骗"的案件进行简单的评析。除了上述"酒托"类案件之外，随着网络聊天、网络直播技术的兴起，行为人在网络聊天中以恋爱、交友为名，博取男性网友的好感，而后让男性网友替自己出资进行高消费的现象日益普遍。在这些案件中，部分情形是行为人通过化妆、滤镜等技术改变自己的外貌，博取他人好感，进而让他人为自己心甘情愿的消费、打赏等；有部分情形甚至是男性化妆或诈称是女性，进而与他人聊天、为他人表演，博取他人好感后提出消费要求。对于相关案件，我国司法实践一般均以诈骗罪定罪处罚。①

对此，本书认为，除非欺骗者虚构了虚假的资金用途，例如在网恋过程中提出自己的父母需要借钱看病，或自己做生意需要资金周转，实际上却将钱款用于自己挥霍，欺骗者借助网恋关系等情感因素，向他人提出消费需求，事后自己确实挥霍消费的，应当不认定为诈骗罪。张明楷教授在分析"酒托"类案件时指出，如果男性网友前往消费场所只是为了与女性见面，应该认为其支付饮食费用的目的基本实现，不宜认定财产损失的存在。② 本书进一步认为，网恋关系中一方对另一方的期待，完全是出于社会情谊上的情感满足

---

① 例如，发生在安徽省太和县的李某诈骗案。李某本为男性，以"章薇薇"的网名和女性身份在某直播平台注册，其后主动与江西省宜春市的王某在网络上聊天，通过虚假的靓丽照片博取王某的好感后，主动提出做王某的女朋友。其后李某经常甜言蜜语安抚王某，但就是拒绝正式见面，但多次提出消费或借钱等事项，前后从王某处获得了20 余万元的钱款。安徽省太和县人民法院判处李某诈骗罪成立。相关报道详见 http：//learning. sohu. com/20131017/n388362034. shtml。

② 张明楷：《诈骗罪与金融诈骗罪研究》，清华大学出版社 2006 年版，第 250 页。

目的，我们不能要求接受给付的一方满足这种目的。如果一方在这种畸形的情感关系中的任何目的的未能满足，都能视为"财产损失"，那岂不是赤裸裸地要求另一方因为拿人钱财，就要满足他人的欲望？男扮女装掩盖性别这种客观事实构成"虚构事实"，那么，在恋爱关系中对伴侣不忠贞，也是掩盖了内部的主观事实，为什么又不按诈骗罪处理呢？要言之，这种社会情谊关系上的情感满足目的，根本就不能与"交易目的"并列，受骗者情感目的未能满足者不能视为财产损失，而受骗者对相关事实的认识错误也不属于法益关系错误，而是应该归入典型的动机错误。① 不过，现实中多发的假借订立婚姻为名骗取彩礼定金的案件，由于彩礼属于我国礼俗，具有相当的制度化约束力，而民事司法实践对彩礼问题也有明确规定，② 双方当事人对彩礼的约定可以视为准民事法律行为，因此，受骗者给付彩礼之后行为人携款潜逃的，可以视为给付彩礼所欲完成的民事法律行为未能实现，肯定财产损失及法益关系错误的存在，进而肯定诈骗罪的成立。③

三　"骗奸"行为与二阶的法益关系错误说

大体而言，我国的 1979 年刑法及 1997 年修订实施的现行刑法，对于性侵害犯罪的规定在立法技术上均体现了条文简要、覆盖广阔的鲜明特点。对性侵害犯罪的行为类型，基本上以直接发生性接触的"奸淫"和不必直接发生性接触的"猥亵"为双轨，再根据保护

---

① 林钰雄：《刑法与刑诉之交错适用》，中国人民大学出版社 2009 年版，第 299 页。

② 2017 年 2 月 20 日最高人民法院《最高人民法院关于适用〈中华人民共和国婚姻法〉若干问题的解释（二）的补充规定》第十条："当事人请求返还按照习俗给付的彩礼的，如果查明属于以下情形，人民法院应当予以支持：（一）双方未办理结婚登记手续的；（二）双方办理结婚登记手续但确未共同生活的；（三）婚前给付并导致给付人生活困难的。适用前款第（二）、（三）项的规定，应当以双方离婚为条件。"

③ 曾淑瑜：《刑法分则实例研习——个人法益之保护》，台湾三民书局 2011 年版，第 354 页。

对象区分保护力度，对于儿童和幼女特别加强保护。与德国、日本等国刑法体例比较，我国刑法的性犯罪规定可谓精简之至，例如，《德国刑法典》在 2017 年修订之后，即使除去纯粹的处罚规定和概念规定，有关性犯罪的条文也有 20 条之多，所规制的行为繁杂多样，对于保护对象的区分也极为细致。① 正因为我国《刑法》对性侵害犯罪的规定简约且稳定，对于部分性侵害行为的处理就需要学理解释和司法经验的补充。以欺骗手段侵害他人性自主决定权的行为便是如此。

我国刑法学者习惯将行为人使用欺骗手段与妇女发生性关系的行为称为"骗奸行为"。1979 年刑法实施后不久，便有学者撰文指出，使用欺骗方法与妇女性交的，由于妇女的"自愿"系出于行为人的欺骗，因此实际上仍然是违背妇女意志的强奸行为。② 其后，有学者提出了反对意见，认为"骗奸"行为虽然违背了妇女意志，但并没有使用强制手段，正如诈骗罪不同于抢劫罪一样，"骗奸"与"强奸"存在着行为方式上的根本差别。③ 这一争论并没有充分持续地展开。1984 年 4 月 26 日最高人民法院、最高人民检察院、公安部《关于当前办理强奸案件中具体应用法律的若干问题的解答》（以下简称《解答》）明确规定了三种构成强奸罪的"骗奸"情形，即利用迷信手段进行欺骗、奸污妇女，利用或假冒治病等方法对妇女进行奸淫；冒充妇女的丈夫进行奸淫。尽管前引《解答》已于 2013 年废止，但是，我国司法实践至今仍然只将上述三种情形的"骗奸"行为认定为强奸罪，至于冒充公职人员身份、编造职业、收入、社会地位，或者以恋爱、结婚为诱饵诱骗他人发生性行为的，一般不作为犯罪处理，仅当行为人存在明显有悖公序良俗的情节时肯定民

---

① 徐久生：《德国刑法典的重大变化及其解读》，《刑事法评论》第 40 卷，第 390—394 页。

② 刘光显：《试论强奸罪》，《法学研究》1982 年第 5 期。

③ 王希仁：《关于强奸罪的几个理论问题》，《宁夏社会科学》1984 年第 1 期。

事侵权责任。① 也就是说，《解答》基本划定了我国司法实务对于"骗奸"行为的处罚范围。

不过，即便有司法解释或司法惯例的限定和加持，以强奸罪处罚"骗奸"行为的正当性证成，还需要取决于以下两个条件。

第一，能否以强奸罪处罚"骗奸"行为，取决于如何确定我国《刑法》第 236 条强奸罪的本质特征。在相当长的时期内，我国刑法学者对于该问题有不同认识，有观点认为，违背妇女意志与暴力、胁迫或其他手段是强奸罪不可分割的两部分，都是强奸罪的本质特征；有观点主张，强奸罪的本质特征就是行为人手段的强制性；还有意见表示，即使强奸罪的本质特征是违背妇女意志，但也不是采用任何程度的手段都会构成强奸罪，行为人的手段特征至少具有证据法上的意义，不可忽略；目前，我国多数刑法学教材都将"违背妇女意志"作为强奸罪不可或缺的要素，有相当数量的学术论文将"违背妇女意志"作为强奸罪的本质特征。② 实际上，仅当"违背妇女意志"成为强奸罪的唯一本质特征，且同时肯定以欺骗手段与他人性交也"违背妇女意志"，"骗奸"行为才能视同以暴力、胁迫等强制手段实施的"强奸"行为。只要当"强制手段"成为强奸罪本质特征"不可分割"的部分，"骗奸"行为都与"强奸"行为存在本质差别。

第二，能否以强奸罪处罚"骗奸"行为，还取决于我国《刑法》第 236 条第 1 款的解释是否遵循对"例示性选择要素"的同类解释原理。第 236 条第 1 款的文言表述是"以暴力、胁迫或者其他手段强奸妇女的"，按照法学方法论的一般解释原理，在例示性概念之旁出现的一般条款，典型的就是"或其他……方法"，原则上应受

---

① 张红：《性侵之民事责任》，《武汉大学学报》（哲学社会科学版）2019 年第 1 期。

② 相关争论的详细情形及相关文献，详见何洋《强奸罪：解构与应用》，法律出版社 2014 年版，第 200—206 页。

到前行例示概念内涵的拘束。① 例如，我国刑法学者在解释《刑法》第 114 条规定的"放火、决水、爆炸以及投放毒害性、放射性、传染病病原体等物质或者以其他危险方法危害公共安全"时，普遍认为只有与放火、决水、爆炸等相当的方法才属于此处的"其他危险方法"。② 如果严守同类解释原理，那么，第 236 条第 1 款的"其他手段"就必须与暴力、胁迫具有相当的手段强制性。③ 即使肯定"骗奸"行为与"强奸"行为都具有"违背妇女意志"的相同本质，也只能肯定具有与暴力、胁迫相当的部分"骗奸"行为符合强奸罪的构成要件。我国台湾地区所谓的"刑事规范"所规定的"强制性交罪"便是如此。其"强制性交罪"条文内容为："对于男女以强暴、胁迫、恐吓、催眠术或其他违反其意愿之方法而为性交者，处三年以上十年以下有期徒刑。"因此，台湾地区刑法学界就"强制性交罪"之"强制手段必要性"问题争执不休，在探讨使用欺骗方法与他人性交是否能够成立"强制性交罪"时，必须首先讨论欺骗方法是否属于"违反意愿之方法"，再讨论欺骗性交行为应当具有何种强度的强制性质。④

本书认为，前引 1984 年的《解答》对"骗奸"行为的规定，是在性自主决定权还没有被普遍接受为强奸罪的保护法益的条件下，颇具理论前瞻性的规定，也具有司法实践上的必要性。从第 236 条第 1 款强奸罪的保护法益是女性的性自主决定权的立场出发，应当

---

① 张明楷：《刑法分则的解释原理（上）》，中国人民大学出版社 2011 年版，第 58、59、60 页；蔡圣伟：《论"对幼童性交罪"与"强制性交罪"的关系》，《月旦裁判时报》总第 8 期（2011），第 68 页，脚注 18。

② 黎宏：《刑法学各论》（第二版），法律出版社 2016 年版，第 23 页；张明楷：《刑法学（下）》第六版，法律出版社 2021 年版，第 891 页；周光权：《刑法各论》（第四版），中国人民大学出版社 2021 年版，第 185 页。

③ 张明楷：《刑法分则的解释原理（上）》，中国人民大学出版社 2011 年版，第 60 页。

④ 王皇玉：《强制手段与被害人受欺瞒的同意：以强制性交猥亵罪为中心》，《台湾大学法学论丛》第 42 卷第 2 期（2013），第 394—412 页。

肯定"骗奸"行为能够成立强奸罪。

第一，从目的解释的角度出发，我国《刑法》第 236 条第 1 款的强奸罪，应该以"违背妇女意志"为唯一本质特征，不包括强制手段在内。众所周知，性自主决定权的基本内容就是个体按照自己的意志决定性行为的权利。① 也就是说，其属于意思自由的权利。因此，"违背妇女意志"就不仅仅是一种主观的心理事实，还是"侵犯性自主决定权"的征表或通俗化表达。一旦以"女性的性自主决定权（或性自由）"作为第 236 条第 1 款的保护法益，便意味着刑法保护的对象只有女性是否意愿与他人发生性行为的意思自由，刑法的任务就是尽可能周延地保护这一自由。② 强制手段是妨碍性自主最显著、最强力的手段，其也只是"违背妇女意志"这一主观事实最有效的客观证明而已。③ 如果要将强制手段确定为强奸罪的本质特征，只能基于两个前提假设：一是只有强制手段才能侵犯女性的性自主决定权，二是我国《刑法》第 236 条第 1 款只保护妇女的性自主权免受强制手段的侵犯。前一假设显然是不能成立的，德日等国均在"妨碍性自主"罪章之下规定有多种非强制的侵犯性自主决定权的罪名；后一假设，在我国现行刑法的体例下难以接受，正如前文所述，除第 236 条之外，我国《刑法》中再无保护妇女在直接性接触行为上的自主决定权利的专门条款，无法与德国、瑞士等国相比，如果只保护受到强制侵犯的女性，会形成处罚漏洞。因此，从我国《刑法》第 236 条第 1 款保护妇女的性自主决定权的规范目的出发，应当认为"违背妇女意志"是第 236 条第 1 款强奸罪的唯一本质特征。

第二，以欺骗方法与他人发生性行为的，也属于"违背意志"，

---

① 张明楷：《刑法学（下）》（第六版），法律出版社 2021 年版，第 1132 页。

② 林大为：《论诈术性交罪——兼论"宗教骗色"案件之认事用法问题》，《军法专刊》2013 年第 5 期，第 122 页。

③ 罗翔：《刑法中的同意制度——以性侵犯罪为切入》，法律出版社 2012 年版，第 49 页。

构成对性自主决定权的侵犯。从外观上看，以欺骗方法与他人发生性行为的，并没有直接压制他人的意思自由，也就是没有"违背意志"的事实表现。对此，理论上有多种解释方案。有观点认为，以暴力、胁迫、催眠术等方法明显而直接地侵犯他人有关性行为的自主意愿，是对性自主权的绝对侵害；而以欺骗方法与他人发生性行为的，属于向他人传递有瑕疵的行为信息，干扰他人的性自主意识，此时他人的性自主决定权没有完全自由，属于对性自主决定权的相对侵害。[①] 也有观点主张，"违背妇女意志"更准确、更具有规范性的表述就是"不同意"，因此强奸罪的本质特征就应该是"妇女不同意"，那么，受欺骗与受强制当然都是不同意的表现形式。[②] 要言之，"违背意志"实为"未经有效同意"。[③]

第三，我国《刑法》第 236 条第 1 款的文意解释是否需要严格遵循同类解释原理适用，也有待思考。张明楷教授认为，同类解释是对刑法规定的"其他""等"内容的具体化，而不是将法无明文规定的行为以犯罪论处，因此，第 236 条第 1 款的"其他手段"，应当仅限于与例示列举的暴力、胁迫的强制作用相当的方法，而非泛指一切其他方法，否则必然扩大处罚范围，违反罪刑法定原则。[④] 这样的担忧和疑虑当然是一种解释论上的审慎态度。正如前文所述，我国台湾地区的刑法学者对于"其他违反意愿之方法"是否应当以强制性质为必要争议未休，持"强制手段必要说"的学者就是认为，只注重性自主决定权的侵犯，完全不要强制手段的解释方式，使得"强制性交罪"的

---

① 李圣杰：《从性自主权思考刑法的性行为》，《中原财经法学》2003 年第 10 期，第 14、15 页。

② 罗翔：《刑法中的同意制度——以性侵犯罪为切入》，法律出版社 2012 年版，第 48、54、158 页。

③ 刘艳红主编：《刑法学（下）》（第二版），北京大学出版社 2016 年版，第 207 页。

④ 张明楷：《刑法分则的解释原理（上）》，中国人民大学出版社 2011 年版，第 60 页。

构成要件过于宽松，而且使得条文列举的强暴、胁迫、恐吓等行为全部丧失其作为构成要件要素的意义，实属矫枉过正。① 在条文明示了强暴、胁迫、恐吓、催眠术等手段的情况下，"其他违反意愿之方法"在解释上仍应限缩为与例示程度相当之高度强制手段为宜。②

对此，不妨参考和倾听我国台湾地区学者的不同意见。有学者提出，使用欺骗手段与他人发生性行为显然违背被害人之意愿，足以妨害被害人之性自主，不能因为条文未将其明确例示为违反意愿之方法而有所影响，甚至将其排斥在"强制性交罪"的构成要件之外；对于"以强暴、胁迫、恐吓、催眠术或其他违反其意愿之方法而为性交"的解释，从"其他违反其意愿之方法"的概括规定来看，显然是应当以抽取例示行为的共通概念"违反意愿"作为规范重点，唯有违反被害人意愿的手段始属该罪之构成要件行为，解释上本就不必以强暴、胁迫、恐吓等手段为限。③ 另有学者指出，"强制性交罪"中的"强暴、胁迫"等例示行为旨在表明被害人的性自主在行为人的行为当时受到了强力压制，因此"其他违反其意愿之方法"的概括规定，也宜有类似的"优越支配"，但另一方面，既然"强制性交罪"的保护法益是性自主决定权，如果一味强调被害人需要受到"暴力、胁迫"等程度的强大压制，反而失去了保护性自主决定权的特殊价值；要言之，即使是制造一个使被害人处于无助而难以反抗、难以逃脱状态的"低度强制行为"，也不妨解释为"强制性交罪"的实行行为。④

---

① 林山田：《评一九九九年的"刑法修正"》，《月旦法学杂志》总第 51 期（1999），第 31 页。

② 甘添贵：《刑法各论（下）》，台湾三民书局 2010 年版，第 237 页。

③ 林大为：《论诈术性交罪——兼论"宗教骗色"案件之认事用法问题》，《军法专刊》第 59 卷第 5 期（2013），第 119、120 页。

④ 李圣杰：《妨害性自主：第三讲：类型阐述》，《月旦法学教室》总第 23 期（2004），第 103、104 页；王皇玉：《强制手段与被害人受欺瞒的同意：以强制性交猥亵罪为中心》，《台湾大学法学论丛》第 42 卷第 2 期（2013），第 397 页。

本书认为，对于《刑法》第 236 条第 1 款"其他手段"的解释，不必拘泥于受"暴力、胁迫"牵制的"同类解释原理"。理由有二：第一，第 236 条第 1 款的文义解释重点应当是"以……手段强奸妇女"，"强奸"才是该文言表述的核心，"以……手段"只是起说明和修饰作用的状语，而"强奸"就是"违背意志而奸淫"。第二，《刑法》第 236 条第 1 款与第 114 条"放火、决水、爆炸以及投放毒害性、放射性、传染病病原体等物质"的规定不同。明显可以看出，放火、决水、爆炸、投放危险物质的行为内容不同，其行为的烈度、危险性程度不好比较，没有明显的高下之分；相反，第 236 条第 1 款例示的暴力、胁迫两种行为，本身就存在强制程度上的差别，也就是说，第 236 条第 1 款本身就采取了一种强度递降的枚举法。因此，对于《刑法》第 236 条第 1 款的解释，就应当遵循立法者的例示方法，从最强力的暴力手段开始递降，直至最后能够确定无误地认为"违背妇女意志"的手段为止。

总之，我国《刑法》第 236 条第 1 款强奸罪的实行行为，是包括暴力、胁迫等高度强制手段在内的侵犯妇女性自主决定权的行为，以欺骗手段实施的自然也包括在内。由于强奸罪的实行行为，是从高度强制的暴力、胁迫逐渐递降直至最后能够确定无误地认为性自主决定权受到侵犯的情形，因此，这也就要求强奸罪的解释论重心，不能再躲在"暴力、胁迫"这颗大树的树荫下，而应该深耕"刑法应该保护的性自主决定权的内容界限何在""性自主决定权受到侵犯或妨害的细致类型""某一行为是在什么意义上侵犯、妨害了性自主决定权"等课题，真正推动"性自主决定权"在我国强奸罪的解释论中生根发芽。

对于不在例示手段之列，通过学理解释和司法解释才挤入强奸罪之处罚范围的"骗奸"行为而言，更是要有紧迫的问题意识和研究意识，要以有效的理论方法说明：哪些包含有欺骗因素在内的性行为，属于表面上没有违背妇女意志，实际上不是妇女的性自主决定权的实现？又有哪些包含欺骗因素在内的性行为，即使妇女后来悔之不及，也应该认为性行为是妇女自己决定的结果？对此，本书所主张的"二阶的法益关系错误说"能够相当出色的完成这一理论任务。详言之，当行为人的欺骗手段使得妇女就要不要发生性行为的任意性受到影响，也就是不发生性行为的选择减少或选择成本显著变大，行为人的欺骗已经具有某种程度的强制效果，成立强奸罪自不待言；当行为人的欺骗手段使妇女产生了与性自主决定权的内容相关的重要错误时，也应该否定性行为出于妇女的自主决定。正如前文所述，1984 年《解答》对"骗奸"的三种基本情形的规定是具有前瞻性的规定，但在"二阶的法益关系错误说"的观照下，仍有一些需要澄清的问题。

第一，行为人利用妇女将自己误认为是配偶或稳定的性伴侣的错误认识，与妇女发生性行为的，能否归入"欺骗手段"，有待研究。

[例 15]［孙某强奸案］1997 年 3 月 5 日凌晨，被告人孙某某饮酒之后去本厂 21 号女工宿舍，在推门进入时将正在熟睡的女工赵某惊醒。赵某恍惚之间以为孙某某是自己的男朋友，便问孙某"站在那干啥"。孙某即意识到赵某误将自己认成男友，遂乘机与赵某发生了性行为。赵某后察觉孙某并非自己男友，于是高声呼救，孙某逃离现场后被该厂保卫人员抓获归案。新疆哈密垦区人民法院以强奸罪判处孙某三年有期徒刑。[①]

本案属于社会生活中多发情形，司法实践对此类情形一般都以强奸罪论处。有学者认为，本案被告孙某凌晨进入他人宿舍，在明知他人将自己误认为是男朋友的情况下，不仅不申明事实，反而继续强化被害人的认识错误，继而与被害人发生性行为，虽然是被害人首先产生了错误认识，但被告人强化、维持了被害人的错误认识，可以认定为"冒充他人的配偶或伴侣"。[②]

---

① 最高人民法院中国应用法学研究所编著：《人民法院案例选（刑事卷·上）》（1992—1999 年合订本），中国法制出版社 2000 年版，第 525 页。

② 何洋：《强奸罪：解构与应用》，法律出版社 2014 年版，第 257 页。

不过，从上述"被害人产生错误认识在先，被告人维持强化于后"的说理逻辑来看，显然是在将被告人的行为以"不作为的欺骗"进行分析。这就存在一个问题，类似案件中行为人的作为义务或保证人地位应当从何而来？难道是基于公民的诚实守法义务，行为人具有保护被告人的性自主决定权不受侵犯的作为义务？还是行为人进入被害人宿舍、卧室等私密空间，已经属于以自己的危险前行为设定了对被害人性自主决定权的排他性支配？或者认为，行为人在被害人熟睡时期接近被害人，属于以"默示"的欺骗方式冒充被害人的配偶或性伴侣？① 显然，这些理由都似是而非，缺乏说服力。林东茂教授认为，类似案件中的行为人都没有任何法秩序所期待的义务或保证人地位去唤醒陷入错误的妇女，申明自己的身份；行为人利用被害人自己产生的错误认识乘机发生性行为的，属于利用了被害人与身心障碍类似的"不知或不能抗拒"的状态而侵犯性自主决定权；在我国台湾地区，可以考虑成立"乘机性交罪"，而非使用欺骗手段使对方误认自己配偶的"诈术性交罪"。② 本书认为，在妇女将行为人误认为是配偶的情况下，妇女不会形成、表达、或贯彻自己的抵抗意志，行为人因此属于利用妇女不知抵抗的时机进而与妇女发生性行为，也能够肯定对性自主决定权的侵犯，肯定强奸罪的成立是妥当的，但不应该以"欺骗"为理由肯定强奸罪的成立，还是需要刑法理论在解释上单独阐明"乘机强奸"的不法内涵。

第二，性自主决定权的基本内涵就是个人自由决定是否与他人发生性行为，因此，性对象的同一性始终是重要内容。行为人以欺骗手法冒充他人，使妇女对性对象的同一性产生错误认识，进而发

---

① 卢映洁：《刑法分则新论》（修订六版），台湾新学林出版公司 2013 年版，第682—685 页；蔡桂生：《缄默形式诈骗罪的表现及其本质》，《政治与法律》2018 年第2 期。

② 林东茂：《乘机性交与诈术性交》，《月旦法学教室》总第 60 期。

生性行为的，妇女的承诺无效，行为人应当成立强奸罪。① 但是，在司法实践中还是需要谨慎判断。

例如，发生在甘肃省庆阳市的［例16］［冯某某强奸案］。被害人晋某某系卫校在读学生，被告人冯某某租住于晋家。冯想与晋谈恋爱，遭到晋拒绝。2013年3月，冯某某加晋某某为QQ"好友"，并谎称自己名为"方冲"，目前在上海上学。随后二人确定网恋关系。同年5月，冯某某以"方冲"的名义告知晋某某，二人是三世姻缘，为了在现实中能在一起，让晋某某找一个男子脱光衣服躺在床上，然后念21遍咒语"方冲，来吧"，"方冲"就可以附身在该男子身上，然后"方冲"就能与晋发生性关系。冯某某又使用诱导方式让自己成为晋某某所找的附身男子。其后，晋某某按照"方冲"所告知的方法，与冯某某脱光衣服躺在床上，晋某某念完咒语后，冯某某假装自己被"方冲"附身，与晋发生性关系。冯某某为了得到晋某某信任，事后谎称自己在性行为当时失去意识。晋某某听后更加深信不疑。后冯某某利用此种方法诱骗晋某某发生多次性关系。冯某某又以"方冲"的名义通过QQ向晋某某索取裸照。2013年7月，晋某某向"方冲"提出结束这种关系，冯某某以裸照相威胁，要求晋某某仍通过之前选择的"附身人"继续以原方法与"方冲"发生多次性行为。

本案一审法院认为，被告人冯某某利用迷信手段，违背妇女意志，先后多次与妇女发生性关系，其行为已构成强奸罪，判处被告人冯某某有期徒刑六年。被告人冯某某提起上诉，主张起初二人发生性关系出自双方自愿；被害人已经成年，多次与自己发生性关系，其上当受骗程度让人难以置信，被害人自身也应承担相应的责任。二审法院认为，冯某某利用网络虚拟他人身份和迷信方法骗取被害人的信任，被害人起初与冯某某发生性关系，均基于冯之不法蛊惑，

① ［日］林美月子：《基于错误的同意》，收录于《刑事法学的现代状况：内藤谦先生古稀祝贺》，有斐阁1994年版，第38页。

是在违背晋某某真实意愿的情况下实施的奸淫行为；上诉人利用迷信和胁迫手段诱骗和迫使涉世不深的在校学生与其多次发生性关系，主观恶性深重，社会危害性大，不应当认定被害人在本案中负有一定责任。①

从表面上看，本案被告人冯某使用迷信手法，使得被害人晋某某误将与冯某某发生的性行为当作是与"方冲"发生的性行为。但是，本案中晋某某对冯某某的存在及行为始终是有认识的，只是在诱骗下对冯某某的人格究竟是"方冲"还是"冯某某"有错误认识；行为人冒充妇女的配偶、性伴侣与妇女发生性关系时，妇女的认识状态一般来说是没有认识到行为人的真实存在和行为的；二者之间还是有所差别。本案能否以强奸罪定案，不无疑义。再者，本案被害人晋某某作为卫生学校的成年学生，在认识到冯某某的客观存在的条件下，却会认为与其发生性关系的是"方某"，着实匪夷所思。本案在承诺的有效性判断之外，是否有适用被害人自我答责原理的空间，也值得研究。

第三，行为人利用治病等机会或名义，欺骗妇女与之发生性关系的，要分情形处理。第一种情形是谎称对妇女的私密部位进行检查，却趁机实施性交行为的，妇女所承诺的是检查行为，未对性交行为予以承诺，行为人的欺骗行为与侵害法益的种类和内容有直接关联，肯定属于侵犯妇女的性自主决定权。② 第二种情形是，欺骗妇女"性交是治疗疾病的必需手段"，使得妇女承诺性交。

例如，[例 17]［游医强奸案］孙某是无证行医的游医，在为女青年马某治疗化脓性膝关节炎时，产生奸淫马某的意图。某日，孙某在给马某上药时，以不能见风为由将他人支开，并关上房门。然后脱下马某衣裤将药水抹在马某的疮口上，接着将药水倒在马某的

---

① 甘肃省庆阳市中级人民法院（2014）庆中刑终字第 177 号刑事裁定书。

② 王皇玉：《强制手段与被害人受欺瞒的同意：以强制性交猥亵罪为中心》，《台湾大学法学论丛》第 42 卷第 2 期（2013），第 397 页。

私密部位，并欺骗马某说此举是为了更快的消炎，并且进一步谎称需要用生殖器往马某体内送药，欺骗马某同意了其行为。后孙某以同样方法与马某发生了数次性行为。①

对于类似情形，有学者认为，本案中的被害人已经很清楚地认识到医生的行为是性交行为，只是对这种性交行为的作用产生了错误认识，误以为这种行为可以带来正向价值的后果，因此，被害人的错误是动机错误而非法益关系错误；但是，被害人在医生的欺骗下，不得不在生命健康与性自由之间进行选择，其意思自由受到压抑，医生的欺骗其实是通过医患之间的优势地位而形成了一种强制性质。② 本书赞成上述分析，这与"二阶的法益关系错误说"的判断结论吻合。

与此相关的是，在行为人向女性谎称性交行为具有某种特殊功效，能引起、产生某种正向的变化，从而诱使女性与自己发生性行为的，是否可以成立强奸罪？

例如，[例18] [张某强奸案] 史某（女，15周岁）系某校初二学生。2006年9月15日晚自习之后，班主任张某将史某带到办公室，欺骗史某说，如果史某与其发生性关系，能够促进其大脑成熟，提高学习成绩。史某信以为真，当晚即与张某发生性关系。次日早晨回到家中，向家人谎称在同学家留宿。该学期期末考试之后，史某见成绩并无提高，感到被骗，于是经常情绪低落、哭泣。史母经过追问得知详情后向公安机关报案。③

有一种意见认为，在假托治病等名义而奸淫妇女的场合，当事妇女认为此时的行为属于治疗行为，对目的行为属于奸淫行为这一

---

① 转引自罗翔《刑法中的同意制度——以性侵犯罪为切入》，法律出版社2012年版，第165页，脚注 [1]。

② 黎宏、何洋：《刑事案例诉辩审评——强奸罪、拐卖妇女儿童罪》，中国检察出版社2014年版，第28、29页。

③ 鲍雷、刘玉民：《侵犯人身犯罪疑难案例精析》，浙江大学出版社2007年版，第225页。

点存在错误认识，是对侵害内容欠缺认识，属于法益关系错误。[①] 据此，似乎可以认为，本案中史某误以为班主任张某的行为属于"促进大脑成熟、提高学习成绩的辅导行为"，对属于"目的行为"的奸淫行为存在错误认识。本书不同意这样的观点，史某对性行为本身是有认识的，而且是在追求提高成绩的目的时承诺与张某发生性行为的，难以承认对所谓"目的行为"的错误认识也属于法益关系错误。如果广泛地肯定类似于"目的行为"这种似是而非的说理方法，那么，只要受骗者没有认识到行为人的真实目的，那就可以肯定"法益关系错误"的存在，这显然不是法益关系错误说的判断方法。

　　在日本，曾经发生过这样的两起案件，一件是行为人欺骗被害人说，性交可以治疗梅毒，被害人听信其言而与之性交，另一件是行为人对当事妇女谎称，当事妇女的子宫歪曲不正将来恐怕难以怀孕，行为人可以通过性交方式进行"灵感治疗"，当事妇女信以为真与之性交。对此，日本法院肯定了前者成立准强奸罪而否定了后者成立准强奸罪。林美月子教授指出，在伪称治疗目的而促使性交的场合，如果被害者陷入错误，从而认为不得不放弃关于性交的自由来保护更为优越的利益（生命、身体健康），那就不能说是存在自由的意思决定，这种情形属于与紧急避险类似的欺骗和错误；与此相对，所谓的"灵感治疗"的案件，并不是直接与必须立即治疗的病症有关的错误，当事妇女对灵感治疗必然伴随的行为和风险又是有清楚认识的，毋宁说当事妇女是抱着一种"将来的不安感""试一试也好"的心态而接受性行为的，不构成准强奸罪是妥当的。[②] 本书认为，日本法院对两种情形的分别处理和林美月子教授的解说是准确的，值得我国刑法理论和司法实践借鉴。

---

　　① 付立庆：《被害人因受骗而同意的法律效果》，《法学研究》2016 年第 2 期。

　　② ［日］林美月子：《基于错误的同意》，收录于《刑事法学的现代状况：内藤谦先生古稀祝贺》，有斐阁 1994 年版，第 38 页。

第四，利用封建迷信、会道门、邪教组织的歪理邪说欺骗妇女，进而发生性关系的案件是我国司法实践中的重点问题。1999 年 10 月 20 日最高人民法院、最高人民检察院《关于办理组织和利用邪教组织犯罪案件具体应用法律若干问题的解释》第五条规定，组织和利用邪教组织，以迷信邪说引诱、胁迫、欺骗或者其他手段，奸淫幼女、妇女的，依照刑法第 236 条的规定，以强奸罪定罪处罚。对此，本书仍然主张，当邪教组织确实控制了组织成员的精神，或行为人以虚假的将要发生的恶害为内容告知受骗者时，成立强奸罪是不存在问题的。① 但是，当邪教组织人员或神棍欺骗妇女，以发生性关系的方式获取"修成正果"等利益时，不能认为存在法益关系错误。付立庆教授认为，这种场合，妇女虽然对发生性关系这一点存在认识，但是对自己的性自主权的保护价值产生了错误认识，属于规范评价误认型的法益关系错误。② 前文已经表明了对于"规范评价错误"的谨慎态度，兹不赘述。

第四节　本章小结

综上所述，本章先从受欺骗承诺的效力判断究竟能否"毕其功于一役"这一问题出发，确定了按照"认识内容"和"任意性"两个版块分阶段判断的基本框架；在此基础上，分别吸收了法益关系错误说和规范的自律性说的合理内核，形成了"二阶的法益关系错误说"。从结构上来看，"二阶的法益关系错误说"似乎是以规范的自律性说来修正法益关系错误说，但实际内容却并非如此。"二阶的法益关系错误说"仍然以法益关系错误说为内核，也坚持使用"法

---

① 黎宏、何洋：《刑事案例诉辩审评——强奸罪、拐卖妇女儿童罪》，中国检察出版社 2014 年版，第 28、29 页。

② 付立庆：《被害人因受骗而同意的法律效果》，《法学研究》2016 年第 2 期。

益关系错误说"的客观判断方法。与规范的自律性说等学说相比较，"二阶的法益关系错误说"的重心始终是放在"是否存在与法益有关的错误认识"上，主张不能狭隘理解"与法益有关的错误"，人为限制法益关系错误说的理论功能发挥；法益主体在承诺当时的"任意性"之判断，只是作为补充，而且仍然以具体法益为指月之指。而与其他的修正的法益关系错误说相比，"二阶的法益关系错误说"不主张为了维持一个全能学说的形象而损及"与法益有关的错误"这一判准的明晰性，同时，即便扩充法益关系错误的内容，也要时刻警惕法益主体的主观利益渗入其中。本书之所以坚持在法益关系错误说的基础上作如此的修正努力，主要是重视"与法益有关的错误"这一内核，既能在"受欺骗承诺的刑法效果"之判断上，澄清具体罪名之间的关系界限，也能最有效的与具体罪名的解释论发生关联。本章选取三个具体罪名进行解说，也是初步验证"二阶的法益关系错误说"与刑法分则解释论之关联。

第 四 章

结 论

行文至此，本书已经基本完成了对"受欺骗承诺的刑法效果"的问题所在、学说争议等内容的梳理，也在此基础上提出并论证了本书的核心主张。在此，对本书的内容进行全面的回顾和总结。

第一节 本书的主要结论

对于受欺骗承诺的刑法效果问题而言，如何判断该承诺在刑法上的效力是最为关键的内容，本书正是围绕此一核心展开研究。本书的研究思路是，先全面性地介绍和评析相关各个学说，再选取其中相对最为合理的学说进行辩证分析，在保留其合理内核、克服其理论不足的基础上，进一步提出更为合理的判断框架，并加以论证。经过梳理和分析，本书的主要结论如下。

第一，就受欺骗承诺的效力判断而言，现有的四种主要学说之中，"全面无效说"虽然是德国刑法理论和司法判例的通说，而且能够最大限度地保护法益主体的意志自由，但处罚范围过大，只具有原理性意义，为本书所不取；日本刑法理论通说和司法判例所支持的"条件错误说"，同样会导致几乎所有基于欺骗而作出的承诺都归于无效，也不具有限定处罚范围的过滤功能，而且其以判断客观因果关系的逻辑公式判断心理事实层面的条件关系，亦不足取；"动机错误说"抽象出"动机错误"这一类型概念作为判断标准，增强了判断方法的客观性，是其理论贡献和理论优势，但"动机错误"概念自身缺乏明确性，概念的内涵和外延模糊，并不是一个成功的检验标准。阿茨特提出的法益关系错误说将判断受欺骗承诺的法律效力的标准落实在"与法益有关的错误"上，既能够厘清刑法分则具体各罪的保护范围，又能兼顾具体各罪构成要件的定型性，较之其他三种学说更为合理。

第二，法益关系错误说也不是绝对合理的学说，对法益关系错误说的质疑和批判意见值得重视。总的看来，法益关系错误说在多数场合将法益主体有关反对给付的错误期待排除在保护范围之外，乃是该学说的合理内容；但是，在行为人针对法益主体的利他目的进行欺骗的场合，阿茨特的法益关系错误说可能会导致法益主体的利他目的落空且得不到救济，而在行为人虚构紧急事态欺骗法益主体的场合，则又会肯定法益主体在形格势禁的条件下作出的选择也被作为有效承诺；这是法益关系错误说必须要进行修正的问题。现有的两种修正观点，都着力于扩张"与法益有关的错误"的范围。其中，通过在"法益"中加入"法益处分自由"的主张，同时损及"法益"和法益关系错误说这二者的理论品质，并不可取；而在"原则—例外"框架下以类推适用的方式扩张运用法益关系错误说的修正方案，虽然维持法益关系错误说的基本框架，但也留有隐患，主要是"例外情形"的范围无法明确，以及"例外情形"能够作为法益关系错误处理的理由并不坚实。

第三，由于受欺骗而承诺的情形具有相当的复杂性，与其汲汲于以一个绝对标准在某一方面完全解决受欺骗承诺的效力判断问题，不如回归承诺有效要件的视野，对该问题分而治之。法益关系错误说的意义并不在于没有法益关系的错误则承诺有效，而是表明存在法益关系的错误则承诺无效。在受欺骗承诺的法律效力之判断上，法益关系错误说仅仅是第一道考察机制；如果不能认定其错误认识与具体构成要件的保护法益有关，则进一步考察该承诺能否在规范评价上视为法益主体自由意思的表达和自己决定权的实现。这样的二元判断框架是合理的，不过，采取这种二元的判断框架的几种代表性学说，如规范的自律性说、自律的自我决定说、客观真意说在判断标准上存在模糊之弊，而且有弱化第一道考察机制之嫌。有鉴于此，本书提出"二阶的法益关系错误说"，主张将对具体法益的观察贯穿在整个判断过程中；在判断受欺骗承诺的法律效力时，第一步首先判断法益主体是否因为该欺骗而产生了与相应构成要件的保护法益有关的错误；如果未产生上述错误，则进一步考察，法益主体是否误以为维系该法益的选择可能性已经丧失或缩减，并基于这一判断放弃了该法益。

第二节　本书可能的创新之处

刑法理论发展至今，任何一个问题应当说都是"既旧且新"的论题。若说某一学说全由作者自出机杼，不蹈前人之迹，绝对是凤毛麟角；若说某一学说绝无任何疑问点可供参详，也绝无任何空间可以推进，似乎也并不可能。受欺骗承诺的刑法效果问题是德日刑法理论已经深耕细作过的"熟地"，留给本书的创新突破空间着实有限，即使是本书的最终主张，也是多方吸收既有学说的先进见解之后改进而成。本书抱着"即便是相同的问题意识与研究结论，但也要尝试以不同的考察进路和理论根据加以说明"的想法，努力呈现"旧瓶新酿"的效果。大致而言，本书在以下方面尝试进行了创新。

第一，研究结论的创新，在前贤的研究基础上尝试提出、论证了自己的见解，即"二阶的法益关系错误说"。"二阶的法益关系错误说"，既克服了法益关系错误说仅考察认识内容的局限，在法益主体的意思自由的判断上，又提供了相对客观和可操作的判断标准，使两个层面、两个阶段的判断都围绕"法益"而展开。

第二，研究方法和研究思路的创新。以往刑法学者在研究受欺骗承诺问题时，会自觉或不自觉地着眼于某一学说将扩大还是限缩处罚范围，导致讨论内容趋同，研究素材单薄。本书对于各个主要学说回溯其理论源流和思想背景，不仅充分显现了各个学说的理论意义，部分学说也得以重新定位。例如，全面无效说、动机错误说经久不衰的理论影响力与德国民法学密切相关；法益关系错误说具有摆脱民法理论影响的变革意义，其理论初衷只是提供一个效力判断的实质标准，而非成为一个统一标准。这些观察结论此前都不为刑法学者所留意。

第三，论证角度及论证方法的创新。例如，动机错误说与条件错误说虽然在理论上广受批评，却仍保有强大的影响力，这与批评意见不够深入有关。本书以跨学科、跨理论版块的比较方法，从全新的论证角度用新的论据对二说进行了批评：通过民法理论和刑法理论的对比，指出"动机错误说"在移植民法理论时刻意"移花接木"，不仅欠缺理论说明还遗留重大问题；通过因果关系论中的条件关系公式进行批判分析，指出条件关系公式原本并不具有探明客观因果关系的功能，借用该公式来推断法益主体的主观真意自然更不可靠。

第三节　本书的不足之处

第一，正如问题的提出部分所述，受欺骗承诺问题有其特殊的理论价值，具有平衡承诺论的体系研究与问题研究，以及探讨个人自主决定的保护边界的意义。但是，本书的研究内容还是局限在"受欺骗承诺"的围城内，还是纠结于不同学说的度长絜短。对承诺论的整体宏旨阐发不够，没有充分展现受欺骗承诺问题的理论价值。

第二，诚如佐伯仁志教授所指出的，法益关系错误说的判断结论取决于把什么解释为保护的法益，把什么解释为法益相关错误，因解释不同而不同，而讨论具体犯罪的保护法益又是刑法分论的任务。① 受欺骗承诺问题是一个沟通刑法总论和刑法分论的问题，本书对这一理论特质的展示同样不够。

第三，"受欺骗承诺的刑法效果问题"涉及承诺论、归属论、间接正犯论三个领域。从德日刑法理论的研究来看，受欺骗承诺问题在归属论和正犯论上也有重要的研究成果。本书选择最为成熟、最为传统的承诺论领域进行集中讨论，固然能够探骊得珠，但由于三个理论版块研究进路的差异，未能深入归属论和间接正犯论。

---

① ［日］佐伯仁志：《刑法总论的思之道·乐之道》，于佳佳译，中国政法大学出版社 2017 年版，第 185 页。

参考文献

一 中文文献

(一) 著作类

蔡圣伟：《刑法问题研究（一）》，台湾元照出版公司 2008 年版。

蔡圣伟：《刑法问题研究（二）》，台湾元照出版公司 2013 年版。

车浩：《阶层犯罪论的构造》，法律出版社 2017 年版。

陈家林：《外国刑法理论的思潮与流变》，中国人民公安大学出版社、群众出版社 2017 年版。

陈家林：《外国刑法通论》，中国人民公安大学出版社 2009 年版。

陈兴良：《本体刑法学》（第三版），中国人民大学出版社 2017 年版。

陈兴良：《规范刑法学》，中国人民大学出版社 2017 年版。

陈兴良：《教义刑法学》（第三版），中国人民大学出版社 2017 年版。

陈兴良：《刑法各论的一般理论》（第二版），中国人民大学出版社 2007 年版。

陈子平：《刑法总论》，台湾元照出版公司 2008 年版。

陈子平：《刑法各论（上）》，台湾元照出版公司 2017 年版。

陈子平：《刑法各论（下)》，台湾元照出版公司 2016 年版。

储槐植：《美国刑法》（第三版），北京大学出版社 2005 年版。

储剑鸿：《刑法分则释论（上册）》（三次增订本），台湾商务印书馆 2001 年版。

董安生：《民事法律行为》，中国人民大学出版社 2002 年版。

冯军：《刑法问题的规范理解》，北京大学出版社 2009 年版。

冯军、肖中华：《刑法总论》，中国人民大学出版社 2016 年版。

付立庆：《刑法总论》，法律出版社 2020 年版。

甘添贵：《体系刑法各论》（第一卷），台湾瑞兴图书有限公司 2008 年版。

甘添贵：《体系刑法各论》（第二卷），台湾瑞兴图书有限公司 2008 年版。

甘添贵：《刑法各论（上）》，台湾三民书局 2010 年版。

甘添贵：《刑法各论（下）》，台湾三民书局 2010 年版。

甘添贵：《刑法总论讲义》，台湾瑞兴图书有限公司 1992 年版。

高铭暄、马克昌：《刑法学》（第九版），北京大学出版社、高等教育出版社 2019 年版。

高铭暄、赵秉志：《中国刑法立法之演进》，法律出版社 2007 年版。

顾祝轩：《民法概念史·总则》，法律出版社 2014 年版。

何立荣：《性权利的刑法规制研究》，中国法制出版社 2017 年版。

何洋：《强奸罪：解构与应用》，法律出版社 2014 年版。

黄明儒：《刑法总论》，北京大学出版社 2014 年版。

黄荣坚：《基础刑法学（上）》，台湾元照出版公司 2012 年版。

黄荣坚：《基础刑法学（下）》，台湾元照出版公司 2012 年版。

黄荣坚：《刑法问题与利益思考》，台湾元照出版公司 2003 年版。

黄瑛琦：《被害人行为导入定罪机制研究》，法律出版社 2011 年版。

靳宗立：《刑法总论Ⅰ.桃园：作者自版》，2010 年版。

靳宗立：《刑法总论Ⅱ.桃园：作者自版》，2011 年版。

靳宗立：《刑法各论Ⅰ.桃园：作者自版》，2011 年版。

靳宗立：《刑法各论Ⅱ.桃园：作者自版》，2011 年版。

柯耀程：《刑法总则》，台湾三民书局 2014 年版。

黎宏：《日本刑法精义》（第 2 版），法律出版社 2008 年版。

黎宏：《刑法学总论》（第二版），法律出版社 2016 年版。

黎宏：《刑法学各论》（第二版），法律出版社 2016 年版。

黎宏：《刑法总论问题思考》（第二版），中国人民大学出版社 2016
年版。

李希慧、康均心、黄明儒：《刑法总论》，武汉大学出版社 2008
年版。

林东茂：《刑法综览》，台湾一品文化出版社 2015 年版。

林山田：《刑法各罪论（上）》（修订五版），北京大学出版社 2012
年版。

林山田：《刑法各罪论（下）》（修订五版），北京大学出版社 2012
年版。

林山田：《刑法通论（上）》（增订十版），北京大学出版社 2012
年版。

林山田：《刑法通论（下）》（增订十版），北京大学出版社 2012
年版。

林亚刚：《刑法学教义（总论）》，北京大学出版社 2017 年版。

林亚刚：《刑法学教义（各论）》，北京大学出版社 2020 年版。

林钰雄：《新刑法总则》（第 7 版），台湾元照出版公司 2019 年版。

林钰雄：《刑法与刑诉之交错适用》，中国人民大学出版社 2009
年版。

刘明祥：《财产罪比较研究》，中国政法大学出版社 2001 年版。

刘宪权：《刑法学（上）》（第四版），上海人民出版社 2016 年版。

刘宪权：《刑法学（下）》（第四版），上海人民出版社 2016 年版。

刘艳红：《刑法学（上）》，北京大学出版社 2014 年版。

刘艳红：《刑法学（下）》，北京大学出版社 2014 年版。

卢映洁：《刑法分则新论》（修订六版），台湾新学林出版公司 2013
年版。

罗翔:《刑法中的同意制度——以性侵犯罪为切入》,法律出版社 2012 年版。

马克昌:《百罪通论(上)》,北京大学出版社 2014 年版。

马克昌:《百罪通论(下)》,北京大学出版社 2014 年版。

马克昌:《比较刑法原理》,武汉大学出版社 2002 年版。

马克昌:《犯罪通论》,武汉大学出版社 1999 年版。

马克昌、莫洪宪:《刑法》,高等教育出版社 2012 年版。

马卫军:《被害人自我答责研究》,中国社会科学出版社 2018 年版。

曲新久:《刑法学》(第四版),中国政法大学出版社 2017 年版。

屈学武:《刑法总论》,中国社会科学出版社 2015 年版。

冉克平:《意思表示瑕疵:学说与规范》,法律出版社 2018 年版。

申柳华:《德国刑法被害人信条学研究》,中国人民公安大学出版社 2011 年版。

沈达明:《德意志法上的法律行为》,对外经济贸易大学出版社 2015 年版。

宋炳庸:《法律行为基础理论研究》,法律出版社 2008 年版。

孙立红:《刑法被胁迫行为研究》,中国人民公安大学出版社 2010 年版。

孙利:《诈骗罪客观要素研究》,中国政法大学出版社 2016 年版。

田宏杰:《刑法中的正当化行为》,中国检察出版社 2004 年版。

童德华:《外国刑法原论》,北京大学出版社 2005 年版。

王皇玉:《刑法总则》(第 5 版),台湾新学林出版公司 2019 年版。

王骏:《超法规的正当化行为研究》,中国人民公安大学出版社 2007 年版。

王世洲:《现代刑法学》(第二版),北京大学出版社 2018 年版。

王文生:《强奸罪判解研究》,人民法院出版社 2005 年版。

王政勋:《正当行为论》,法律出版社 2000 年版。

王作富:《刑法分则实务研究(上)》,中国方正出版社 2010 年版。

王作富:《刑法分则实务研究(中)》,中国方正出版社 2010 年版。

王作富：《刑法分则实务研究（下）》，中国方正出版社 2010 年版。

王作富、黄京平：《刑法》（第六版），中国人民大学出版社 2016 年版。

谢望原：《刑法学》（第二版），北京大学出版社 2012 年版。

许恒达：《法益保护与行为刑法》，台湾元照出版公司 2016 年版。

许玉秀：《当代刑法思潮》，中国民主法制出版社 2005 年版。

许泽天：《刑总要论》，台湾元照出版公司 2009 年版。

薛泰成：《德国刑法中合法化事由的体系》，作者自版，2007 年版。

杨春然：《刑法的边界研究》，中国人民公安大学出版社 2013 年版。

杨柳：《专断性医疗行为刑法处遇问题研究》，东南大学出版社 2015 年版。

叶良芳：《刑法总论》，法律出版社 2016 年版。

游涛：《普通诈骗罪研究》，中国人民公安大学出版社 2012 年版。

余振华：《刑法深思·深思刑法》，台湾元照出版公司 2005 年版。

余振华：《刑法违法性理论》（第二版），瑞兴图书出版公司 2010 年版。

曾淑瑜：《刑法分则实例研习——个人法益之保护》（修订三版），台湾三民书局 2011 年版。

张丽卿：《刑法总则理论与运用》，台湾五南图书出版公司 2015 年版。

张明楷：《法益初论》（增订本）（上），商务印书馆 2021 年版。

张明楷：《法益初论》（增订本）（下），商务印书馆 2021 年版。

张明楷：《侵犯人身罪与侵犯财产罪》，北京大学出版社 2021 年版。

张明楷：《外国刑法纲要》（第三版），法律出版社 2020 年版。

张明楷：《刑法分则的解释原理（上）》（第二版），中国人民大学出版社 2011 年版。

张明楷：《刑法分则的解释原理（下）》（第二版），中国人民大学出版社 2011 年版。

张明楷：《刑法学（上）》（第六版），法律出版社 2021 年版。

张明楷:《刑法学（下）》（第六版），法律出版社 2021 年版。

张明楷:《诈骗犯罪论》，法律出版社 2021 年版。

张明楷:《诈骗罪与金融诈骗罪研究》，清华大学出版社 2006 年版。

张小虎:《刑法学》，北京大学出版社 2015 年版。

张志勇:《诈骗罪研究》，中国检察出版社 2008 年版。

钟宏彬:《法益理论的宪法基础》，春风煦日学术基金 2012 年版。

周光权:《刑法总论》（第四版），中国人民大学出版社 2021 年版。

周光权:《刑法各论》（第四版），中国人民大学出版社 2021 年版。

庄劲:《从主观到客观刑法结果归责的路径研究》，中山大学出版社 2019 年版。

（二）中文译著

［德］阿图尔·考夫曼:《法律哲学》（第二版），刘幸义等译，法律出版社 2011 年版。

［德］埃里克·希尔根多夫:《德国刑法学：从传统到现代》，江溯、黄笑岩等译，北京大学出版社 2015 年版。

［德］贝恩德·许迺曼:《不移不惑献身法与正义》，许玉秀、陈志辉译，春风煦日学术基金 2006 年版。

［日］川端博:《刑法总论·集中讲义》，余振华译，甘添贵监译，台湾元照出版公司 2008 年版。

［日］川端博:《刑法总论二十五讲》，余振华译，甘添贵监译，台湾元照出版公司 1999 年版。

［日］大谷实:《刑法讲义总论》，黎宏译，中国人民大学出版社 2007 年版。

［日］大谷实:《刑法讲义各论》（新版第 2 版），黎宏译，中国人民大学出版社 2008 年版。

［日］大塚仁:《刑法概说（总论）》，冯军译，中国人民大学出版社 2003 年版。

［日］大塚仁:《刑法概说（各论）》，冯军译，中国人民大学出版社 2003 年版。

［德］迪特尔·梅迪库斯：《德国民法总论》，邵建东译，法律出版社 2013 年版。

［奥］恩斯特·A. 克莱默：《法律方法论》，周万里译，法律出版社 2019 年版。

［德］弗兰茨·冯·李斯特：《德国刑法教科书》，［德］埃贝哈德·施密特修订，徐久生译，北京大学出版社 2021 年版。

［德］冈特·施特拉腾韦特、洛塔尔·库伦：《刑法总论 I ——犯罪论》，杨萌译，法律出版社 2006 年版。

［日］高桥则夫：《刑法总论》，李世阳译，中国政法大学出版社 2020 年版。

［德］格吕恩特·雅科布斯：《行为·责任·刑法：机能性描述》，冯军译，中国政法大学出版社 1997 年版。

［英］H. L. A. 哈特、托尼·奥若尔：《法律中的因果关系》，张绍谦、孙战国译，中国政法大学出版社 2005 年版。

［德］汉斯·海因里希·耶赛克、托马斯·魏根特：《德国刑法教科书》，徐久生译，中国法制出版社 2017 年版。

［德］京特·雅各布斯：《规范·人格体·社会：法哲学前思》，冯军译，法律出版社 2001 年版。

［日］井田良：《刑法总论的理论构造》，秦一禾译，中国政法大学出版社 2021 年版。

［德］卡尔·拉伦茨：《法学方法论》，陈爱娥译，商务印书馆 2015 年版。

［德］克劳斯·罗克辛：《德国刑法学总论》（第 1 卷），王世洲译，法律出版社 2005 年版。

［德］克劳斯·罗克辛：《德国刑法学总论》（第 2 卷），王世洲等译，法律出版社 2013 年版。

［德］克劳斯·罗克辛：《德国最高法院判例刑法总论》，何庆仁、蔡桂生译，中国人民大学出版社 2012 年版。

［德］克劳斯·罗克辛：《刑事政策与刑法体系》（第二版），蔡桂生

译，中国人民大学出版社 2011 年版。

［德］尼克拉斯·卢曼：《法社会学》，宾凯、赵春燕译，上海世纪出版集团、上海人民出版社 2013 年版。

［德］尼克拉斯·卢曼：《风险社会学》，孙一洲译，广西人民出版社 2020 年版。

［日］平野龙一：《刑法的基础》，黎宏译，中国政法大学出版社 2015 年版。

［日］前田雅英：《刑法总论讲义》（第 6 版），曾文科译，北京大学出版社 2017 年版。

［美］乔尔·范伯格：《刑法的道德界限（第一卷）：对他人的损害》，方泉译，商务印书馆 2013 年版。

［美］乔尔·范伯格：《刑法的道德界限（第二卷）：对他人的冒犯》，方泉译，商务印书馆 2014 年版。

［美］乔尔·范伯格：《刑法的道德界限（第三卷）：对自己的损害》，方泉译，商务印书馆 2015 年版。

［美］乔尔·范伯格：《刑法的道德界限（第四卷）：无害的不法行为》，方泉译，商务印书馆 2015 年版。

［日］日高义博：《违法性的基础理论》，张光云译，法律出版社 2015 年版。

［日］山口厚：《从新判例看刑法》（第 3 版），付立庆、刘隽、陈少青译，中国人民大学出版社 2019 年版。

［日］山口厚：《刑法总论》（第 3 版），付立庆译，中国人民大学出版社 2018 年版。

［日］山口厚：《刑法各论》（第 2 版），王昭武译，中国人民大学出版社 2013 年版。

［日］松宫孝明：《刑法总论讲义》，钱叶六译，中国人民大学出版社 2013 年版。

［日］松宫孝明：《刑法各论讲义》，王昭武、张小宁译，中国人民大学出版社 2018 年版。

［日］松原芳博：《刑法总论重要问题》，王昭武译，中国政法大学
　　出版社 2014 年版。

［德］特奥多尔·菲韦格：《论题学与法学——论法学的基础研究》，
　　舒国滢译，法律出版社 2012 年版。

［德］维尔纳·弗卢梅：《法律行为论》，迟颖译，法律出版社 2013
　　年版。

［德］乌尔斯·金德霍伊泽尔：《刑法总论教科书》（第六版），蔡桂
　　生译，北京大学出版社 2015 年版。

［日］西田典之：《日本刑法总论》（第 2 版），王昭武、刘明祥译，
　　法律出版社 2013 年版。

［日］西田典之：《日本刑法各论》（第 7 版），桥爪隆修订，王昭
　　武、刘明祥译，法律出版社 2020 年版。

［德］亚图·考夫曼：《类推与事物本质》，吴从周译，颜厥安审校，
　　台湾新学林出版公司 2016 年版。

［古希腊］亚里士多德：《尼各马可伦理学》，廖申白译，商务印书
　　馆 2003 年版。

［日］伊东研祐：《法益概念史研究》，秦一禾译，中国人民大学出
　　版社 2014 年版。

［德］约翰内斯·韦塞尔斯：《德国刑法总论》，李昌珂译，法律出
　　版社 2008 年版。

［英］约翰·密尔：《论自由》，孟凡礼译，广西师范大学出版社
　　2011 年版。

［日］曾根威彦：《刑法学基础》，黎宏译，法律出版社 2005 年版。

［日］佐伯仁志：《刑法总论的思之道·乐之道》，于佳佳译，中国
　　政法大学出版社 2017 年版。

　　　（三）中文论文

宾凯：《法律悖论及其生产性——从社会系统论的二阶观察理论出
　　发》，《上海交通大学学报》（哲学社会科学版）2012 年第 1 期。

宾凯：《法律如何可能：通过"二阶观察"的系统建构——进入卢

曼法律社会学的核心》,《北大法律评论》2006 年第 2 期。

蔡桂生:《论被害人同意在犯罪论体系中的定位》,《南京师范大学学报》(社会科学版) 2013 年第 6 期。

蔡桂生:《论诈骗罪中财产损失的认定及排除——以捐助、补助诈骗案件为中心》,《政治与法律》2014 年第 9 期。

蔡圣伟:《论强制性交罪违反意愿之方法》,《"中研院"法学期刊》2016 年第 1 期 (总第 18 期)。

蔡圣伟:《台湾"刑法"中保护性自主决定权的制裁规范》,《月旦刑事法评论》2016 年第 3 期 (总第 3 期)。

蔡颖:《重构被害人自陷风险的法理基础》,《法制与社会发展》2020 年第 3 期。

车浩:《"被害人承诺"还是"被害人同意"?——从犯罪论体系语境差异看刑法概念的移植与翻译》,《中国刑事法杂志》2009 年第 11 期。

车浩:《被害人教义学在德国:源流、发展与局限》,《政治与法律》2017 年第 10 期。

车浩:《盗窃罪中的被害人同意》,《法学研究》2012 年第 1 期。

车浩:《德国关于被害人同意之错误理论的新进展》,《环球法律评论》2008 年第 6 期。

车浩:《过失犯中的被害人同意与被害人自陷风险》,《政治与法律》2014 年第 5 期。

车浩:《假定因果关系、结果避免可能性与客观归责》,《法学研究》2009 年第 5 期。

车浩:《论被害人同意的体系地位——一个中国语境下的"德国问题"》,《中国法学》2008 年第 4 期。

车浩:《论被害人同意在故意伤害罪中的界限——以我国刑法第 234 条第 2 款中段为中心》,《中外法学》2008 年第 5 期。

车浩:《论刑法上的被害人同意能力》,《法律科学》2008 年第 6 期。

车浩:《抢劫罪与敲诈勒索罪之界分——基于被害人的处分自由》,

《中国法学》2017 年第 6 期。

车浩：《自我决定权与刑法家长主义》，《中国法学》2012 年第 1 期。

陈家林：《法益理论的问题与出路》，《法学》2019 年第 11 期。

陈少青：《刑民界分视野下诈骗罪成立范围的实质认定》，《中国法学》2021 年第 1 期。

陈毅坚：《被害人目的落空与诈骗罪——基于客观归责理论的教义学展开》，《中外法学》2018 年第 2 期。

陈毅坚：《捐赠诈骗的刑事可罚性研究——以对"目的失败理论"的批判为中心》，《政治与法律》2018 年第 4 期。

陈子平：《强盗罪与恐吓取财罪之界线》，《月旦裁判时报》2015 年 1 期（总第 31 期）。

邓毅丞、申敏：《被害人承诺中的法益处分权限研究》，《法律科学》2014 年第 4 期。

方军：《被害人同意：根据、定位与界限》，《当代法学》2015 年第 5 期。

付立庆：《被害人因受骗而同意的法律效果》，《法学研究》2016 年第 2 期。

付立庆：《有关被害人受骗同意的几个问题》，《刑事法评论》2019 年第 1 期。

高金桂：《强制性交罪的强制力行使》，《月旦法学杂志》2011 年第 2 期（总第 189 期）。

高铭暄、张杰：《刑法学视野中被害人问题探讨》，《中国刑事法杂志》2006 年第 1 期。

古承宗：《捐助欺诈与施用诈术》，《月旦法学教室》2015 年第 1 期（总第 147 期）。

郭莉：《诈骗罪客观构成要件中的"事实"》，《北方法学》2018 年第 4 期。

郭理蓉：《被害人承诺与认识错误》，《云南大学学报》（法学版）2003 年第 1 期。

韩世远：《重大误解解释论纲》，《中外法学》2017 年第 3 期。

黄国瑞：《法益论之解构》，《辅仁法学》2014 年第 2 期（总第 48 期）。

黄惠婷：《证明"违反意愿"非强制性交罪之必要条件》，《台湾法学杂志》2010 年第 19 期（总第 161 期）。

黄荣坚：《2010 年"刑事法"发展回顾：欲望年代，欲望"刑法"?》，《台湾大学法学论丛》2011 年特刊（总第 40 卷特刊）。

黄宗旻：《法益论的局限与困境：无法发展立法论机能的历史因素解明》，《台湾大学法学论丛》2019 年第 1 期（总第 48 卷第 1 期）。

黎宏：《被害人承诺问题研究》，《法学研究》2007 年第 1 期。

李俊青：《〈民法总则〉重大误解视野下动机错误的救济路径分析》，《法学论坛》2017 年第 6 期。

李圣杰：《从性自主权思考刑法的性行为》，《中原财经法学》2003 年第 1 期（总第 10 期）。

李圣杰：《妨害性自主：第三讲：类型阐述》，《月旦法学教室》2004 年第 9 期（总第 23 期）。

李世阳：《刑法中有瑕疵的同意之效力认定——以"法益关系错误说"的批判性考察为中心》，《法律科学》2017 年第 1 期。

林大为：《论诈术性交罪——兼论"宗教骗色"案件之认事用法问题》，《军法专刊》2013 年第 5 期（总第 59 卷第 5 期）。

林东茂：《乘机性交与诈术性交》，《月旦法学教室》2007 年第 10 期（总第 60 期）。

林东茂：《诈欺罪的财产损害》，《"中央"警察大学法学论集》总第 3 期（1998 年）。

林山田：《评一九九九年的"刑法修正"》，《月旦法学杂志》1999 年第 8 期（总第 51 期）。

刘光显：《试论强奸罪》，《法学研究》1982 年第 5 期。

梅伟：《民法中意思表示错误的构造》，《环球法律评论》2015 年第 3 期。

钱叶六：《参与自杀行为的可罚性研究》，《中国法学》2012 年第 4 期。

冉克平：《民法典总则意思表示瑕疵的体系构造——兼评〈民法总则〉相关规定》，《当代法学》2017 年第 5 期。

宋盈：《被害人同意中法益的内涵与刑法家长主义》，《刑法论丛》2016 年第 3 期。

孙荣杰：《有瑕疵的被害人承诺效力问题分析》，《东南大学学报》（哲学社会科学版）2017 年第 5 期。

涂金春、刘柏江：《以宗教之名行骗性交是否构成强制性交罪？》，《军法专刊》2012 年第 3 期（总第 58 卷第 3 期）。

王钢：《被害人承诺的体系定位》，《比较法研究》2019 年第 4 期。

王钢：《被害人自治视域下的承诺有效性——兼论三角关系中的判断》，《政法论丛》2019 年第 5 期。

王钢：《盗窃与诈骗的区分——围绕最高人民法院第 27 号指导案例的展开》，《政治与法律》2015 年第 4 期。

王钢：《德国刑法诈骗罪的客观构成要件——以德国司法判例为中心》，《政治与法律》2014 年第 10 期。

王钢：《动机错误下的承诺有效性问题研究》，《中外法学》2020 年第 1 期。

王钢：《自杀的认定及其相关行为的刑法评价》，《法学研究》2012 年第 4 期。

王钢：《自杀行为违法性之否定——与钱叶六博士商榷》，《清华法学》2013 年第 3 期。

王焕婷：《刑法中的被害人行为理论史考察》，《河南警察学院学报》2015 年第 3 期。

王皇玉：《欺瞒病人而抽血成立伤害罪吗？》，《月旦法学教室》2009 年第 6 期（总第 80 期）。

王皇玉：《强制手段与被害人受欺瞒的同意：以强制性交猥亵罪为中心》，《台湾大学法学论丛》2013 年第 2 期（总第 42 卷第 2 期）。

王皇玉：《强制罪之比较研究》，《军法专刊》2013 年第 5 期（总第 59 卷第 5 期）。

王利明：《论受害人自甘风险》，《比较法研究》2019 年第 2 期。

王希仁：《关于强奸罪的几个理论问题》，《宁夏社会科学》1984 年第 1 期。

魏汉涛：《骗奸案中错误同意的效力分析》，《江西警察学院学报》2012 年第 3 期。

萧宏宜：《掺伪假冒的刑事争议问题》，《台湾"本土"法学杂志》2014 年第 4 期（总第 242 期）。

徐久生：《德国刑法典的重大变化及其解读》，《刑事法评论》2017 年第 40 期。

徐久生、康子豪：《论被害人错误同意的效力——对民法中意思表示瑕疵之借鉴》，《河南财经政法大学学报》2018 年第 5 期。

徐然：《结果避免可能性与过失犯的客观归责》，《北大法律评论》2015 年第 2 期。

许恒达：《变质的友情：侵入住居与妨害性自主之个案检讨》，《月旦法学教室》2016 年第 8 期（总第 166 期）。

许玉秀：《妨害性自主之强制、乘机与利用权势——何谓性自主?》，《台湾"本土"法学杂志》2003 年第 1 期（总第 42 期）。

薛智仁：《巧取公职型诈欺罪》，《月旦法学杂志》2013 年第 1 期（总第 212 期）。

杨春然：《论被伤害权对同意效力范围的限制——兼论被害人同意在三阶层犯罪论体系中的位置》，《清华法学》2013 年第 3 期。

余振华：《得被害人承诺之行为评价——林山田教授纪念论文集编辑委员会》，《刑与思：林山田教授纪念论文集》，台湾元照出版公司 2008 年版。

俞小海：《"酒托"诈骗案定罪的法理基础与量刑规则优化》，《犯罪研究》2014 年第 4 期。

恽纯良：《诈欺罪中财产损害之判断——"财产危险"概念的回顾

与展望》,《台北大学法学论丛》2017 年第 3 期（总第 103 期）。

曾淑瑜：《骗人不一定成立诈欺罪》,《台湾法学杂志》2013 年第 11 期（总第 225 期）。

张红：《性侵之民事责任》,《武汉大学学报》（哲学社会科学版）2019 年第 1 期。

张明楷：《刑法学中危险接受的法理》,《法学研究》2012 年第 5 期。

张明楷：《组织出卖人体器官罪的基本问题》,《吉林大学社会科学学报》2011 年第 5 期。

张清：《论民法中的错误——以动机错误为中心》,《江苏社会科学》2008 年第 2 期。

张天一：《拿人钱财，不与人消灾？——"类宗教行为"于诈欺罪上之问题》,《台湾法学杂志》2010 年第 19 期（总第 161 期）。

张枝涛：《被害人同意错误之效力刍议——新"本质错误说"的构建与提倡》,《福建警察学院学报》2014 年第 2 期。

赵星：《被害人承诺的体系定位及其展开》,《政法论坛》2014 年第 4 期。

赵毅：《错误二元模式的罗马法教义及现代继受》,《法律科学》2018 年第 1 期。

周光权：《教唆、帮助自杀行为的定性——"法外空间说"的展开》,《中外法学》2014 年第 5 期。

周漾沂：《从实质法概念重新定义法益：以法主体性论述为基础》,《台湾大学法学论丛》2012 年第 3 期（总第 41 卷第 3 期）。

周子实：《受害人承诺与受害人自冒风险中的刑民关系研究——基于英美法系与德国的比较视角》,《刑法论丛》2018 年第 1 期。

周子实：《危险接受理论的历史考察与概念界分——以德国为镜评我国的研究现状》,《东南法学》2016 年第 2 期。

朱彦：《自杀行为"违法性"的双向证成——兼论自杀参与行为的可罚性》,《法学》2019 年第 2 期。

庄劲：《被害人危险接受理论之反思》,《法商研究》2017 年第 2 期。

庄劲：《客观归责理论的危机与突围》，《清华法学》2015 年第 3 期。

邹兵建：《合法则性条件说的厘清与质疑》，《环球法律评论》2017 年第 3 期。

邹兵建：《欺骗并胁迫而索财行为之定性研究》，《南都学坛》（人文社会科学学报）2014 年第 5 期。

二 外文文献

（一） 德文文献

Amelung, Knut: Die Einwilligung in die Beeinträhtigung eines Grund-

rechtsgutes, Eine Untersuchung im Grenzbereich von Grundrechts und Strafrechtdogmatik, 1981.

Amelung, Knut: Irrtum und Täuschung als Grundlage von Willens-mängeln bei der Einwilligung des Verletzten, 1998.

Amelung, Knut: Willensmängeln bei der Einwilligung als Tatzurechung-problem, ZStW 109 (1997), S.490 ff.

Arzt, Gunter: Willensmängel bei der Einwilligung, 1970.

Braun-Hülsmann, Katrin: Die Einwilligung als Zurechnungsfrage unter Parallelisierung zur Betrugsdogmatik, 2012.

Brandts, Ricarda/Schlehofer, Horst: Die täuschungsbedingte Selbs-tötung im Lichte der Einwilligungslehre, in: JZ 1987, S.442 ff.

Cramer, Peter: Vermögensbegriff und Vermögensschaden im Strafrecht, 1968.

Ellmer, Manfred: Betrug und Opfermitantwortung, 1986.

Ensthaler, Jürgen, Einwilligung und Rechtsgutspreisgabe beim fahr-lässigen Delikt, 1983.

Fahl, Christian: Ermöglichung fremder Selbstgefährdung, in: JA 1998, S.105 ff.

Fuchs, Helmut: Österreichisches Strafrecht Allgemeiner Teil, 2008.

Freund, Georg: Strafrecht Allgemeiner Teil, 2009.

Frisch, Wolfgang: Funktion und Inhalt des Irrtum im Betrugstatbestand, in: Festschrift für Paul Bockelmann, 1978, S.647 ff.

Geerds, Friedrich: Einwilligung und Einverständnis des Verletzten, Dies. Kiel, 1953.

Geerds, Friedrich: Einwilligung und Einverständnis des Verletzten, GA 1954, S.262 ff.

Gropp, Walter, Strafrecht Allgemeiner Teil, 2015.

Gerhold, Thomas: Zweckverfehlung und Vermögensschaden, 1988.

Häcker, Johanners: Wille und Interesse bei der mutmaßlichen Einwilligung zugleich ein Beitrag zur übergesetzlichen Rechtfertigung, 1973.

Heinrich, Manfred: Rechtsgutszugriff und Entscheidungsträgerschaft, 2002.

Hengstenberg, Nike: Die hypothetische Einwilligung im Strafrecht, 2013.

Jakobs, Günter: Strafrecht Allgemeiner Teil, 1991.

Jakobs, Günter: System der Strafrechtlichen Zurechung, 2012.

Jescheck, Hans Heinrich/Weigend, Thomas, Lehrbuch des Strafrechts, 1995.

Jordan, Adolf − Dietrich: Untreue und Betrug durch Zweckverfehlung, in: JR 2000, S.133 ff.

Kindhäuser, Urs: Täuschung und Wahrheitsanspruch beim Betrug, in: ZStW 103 (1991), S.398 ff.

Küper, Wilfried: Autonomie, Irrtum und Zwang bei mittelbarer Täterschaft und Einwilligung, in: JZ 1986, S.219 ff.

Kußmann, Michael: Einwilligung und Einverständnis bei Täuschung, Irrtum und Zwang, 1988.

Magnus, Dorothea: Patientenautonomie im Strafrecht, 2015.

Menrath, Marc: Die Einwilligung in ein Risiko, 2013.

Stratenwerth, Güter/Kuhlen, Lothar: Strafrecht Allgemeiner Teil, 2011.

Roxin, Claus/Greco, Luís: Strafrecht Allgemeiner Teil Band I, 2020.

Roxin，Claus：Strafrecht Allgemeiner Teil Band Ⅱ，2003.

Roxin，Claus：Die durch Täuschung herbeigeführte Einwilligung im Strafrecht，Noll-GS，1984.

Wagner，Christine：Die Schönheitsoperation im Strafrecht，2015.

Welzel，Hans：Das Deutsche Strafrecht. Eine systematische Darstellung，1969.

Zaczyk，Rainer：Strafrechtliches Unrecht und die Selbstverantwortung des Verletzten，1993.

Zipf，Heinz：Einwilligung und Risikoübernahme im Strafrecht，1970.

（二）日文文献

［日］平野龙一：《刑法总论》，有斐阁，1975。

［日］平野龙一：《刑法概说》，东京大学出版会，1977。

［日］平野龙一：《犯罪论的诸问题》（上），有斐阁，1981。

［日］平野龙一：《犯罪论的诸问题》（下），有斐阁，1982。

［日］福田平：《全订刑法总论》（第五版），有斐阁，2011。

［日］铃木茂嗣：《刑法总论》（犯罪论），成文堂，2001。

［日］山中敬一：《刑法总论》（第3版），成文堂，2015。

［日］西田典之：《刑法总论》（第3版），桥爪隆补订，弘文堂，2019。

［日］曾根威彦：《刑法的重要问题·总论》（第2版），成文堂，2005。

［日］曾根威彦：《刑法中的正当化理论》，成文堂，1980。

［日］浅田和茂：《刑法总论》（补正版），成文堂，2007。

［日］林干人：《刑法总论》（第2版），东京大学出版会，2008。

［日］松原芳博：《刑法总论》（第2版），日本评论社，2017。

［日］松原芳博：《刑法各论》，日本评论社，2016。

［日］佐久间修：《刑法总论》，成文堂，2009。

［日］井田良：《刑法总论的理论构造》，成文堂，2005。

［日］井田良：《讲义刑法学·总论》，有斐阁，2008。

［日］井田良：《讲义刑法学·各论》，有斐阁，2016。

［日］盐谷毅：《被害者的承诺与自己答责性》，法律文化社，2004。

［日］小林宪太郎：《刑法的归责》，弘文堂，2007。

［日］须之内克彦：《刑法中的被害者的同意》，成文堂，2004。

［日］佐藤阳子：《被害者的承诺——根据各论的考察再构成》，成文堂，2011。

［日］山中敬一：《被害人同意中的意思欠缺》，《关西大学法学论集》，1983，33（3·4·5）：271—316。

［日］佐伯仁志：《关于被害者的错误》，《神户法学年报》，1985，1（1）：51—123。

［日］齐藤诚二：《基于欺罔的承诺》，泽登俊雄、光藤景皎：《刑事法学的历史与课题：吉川经夫先生古稀祝贺论文集》，法律文化社，1994：159—183。

［日］林干人：《基于错误的被害者同意》，芝原邦尔、西田典之、井上正仁：《松尾浩也先生古稀祝贺论文集·上卷》，有斐阁，1998：233—255。

［日］林美月子：《基于错误的同意》，松尾浩也，芝原邦尔：《内藤谦先生古稀祝贺文集·刑事法学的现代的状况》，有斐阁，1994：21—53。

［日］森永真纲：《被害人承诺中的欺骗与错误（一）》，《关西大学法学论集》，2002，52（3）：199—253。

［日］森永真纲：《被害人承诺中的欺骗与错误（二·完）》，《关西大学法学论集》，2003，53（1）：204—240。

［日］小林宪太郎：《所谓的"法益关系的错误"的意义与界限》，《立教法学》，2005，68：27—51。

［日］山口厚：《"法益关系的错误"说的解释论的意义》，《司法研究所论集》，2003，111：97—113。

［日］上岛一高：《被害者的同意（上）》，《法学教室》，2003，270：49—67。

［日］上岛一高：《被害者的同意（下）》，《法学教室》，2003，272：76—92。

［日］佐伯仁志：《被害者的同意及其周边（1）》，《法学教室》，2005，295：107—129。

［日］佐伯仁志：《被害者的同意及其周边（2）》，《法学教室》，2005，296：84—96。

［日］菊地一树：《对法益关系的错误概念的扩张的批判的检讨》，《早稻田大学大学院法研论集》，2015，156：107—129。

［日］菊地一树：《法益主体的同意与规范的自律（1）》，《早稻田法学会志》，2016，66（2）：165—215。

［日］菊地一树：《法益主体的同意与规范的自律（2·完）》，《早稻田法学会志》，2016，67（1）：171—223。

［日］吉田敏雄：《被害者的同意中的意思瑕疵》，井田良、川口浩一、葛原力三、盐见淳、山口厚、山名京子：《山中敬一古稀祝贺论文集（上卷）》，成文堂，2017：237—261。

索　引

后　记

　　此情可待成追忆，只是当时已惘然。跋涉万言，此句漫卷全篇。

　　受人之愚，凡夫圣贤莫能免乎是。如果不是当时惘然，想必也不会受骗。所幸，当初选择以受欺骗承诺作为博士学位论文的研究课题，是愚钝的我自主决定。从选题奔向结语期间的灰暗与明亮，都已在时间的旷野上呼啸而过，徒留追忆在此时气喘吁吁。我曾迫不及待地在论文结尾时泼洒出长长的致谢，记录下一些不约而同的相聚和约而不同的分散，又在打印店的键盘上按照学校要求一笔一笔裁剪。后来我在致谢里说，"年轻人的友谊，虽然没有经历大的患难，却总能让人觉得再难寻觅"。这本在博士学位论文上修改而成的小书何尝不是如此，没有特别的苦心和特别的创见，却有再难寻觅的心绪。

　　这本并不厚重的小书是我在学生时代的学习总结。博士毕业当年的九月，我拿着一支翻页笔走上讲台，开始在一片小小的园地里播种和对话。挂锄而立的时候，自然会想起在珞珈山和清华园的日子。能够有幸得到莫洪宪教授、林亚刚教授、陈家林教授、何荣功教授、叶小琴副教授，以及张明楷教授、周光权教授、劳东燕教授、王钢副教授等诸位老师授业解惑，实在是莫大的机缘。各位老师在学业之外对我的关怀和关照，不动声色却厚重温暖。

　　在求学路途上，有两次际遇意义重大：一是在本科刑法课堂上受到康均心教授的启蒙，在康老师的指导下开始稚拙地学习刑法；二是黎宏教授不弃驽钝接纳我为弟子，指引我以学术为志业。整理书稿时，我特别感念黎宏老师的苦心。黎师对我的学业是严肃的，只要我显出漫不经心的迹象，不论在任何场合都立加棒喝；对我却是温煦亲切的，以至于即使是阅读老师的学术著作，我也常有正在接席而谈的感觉；我最为珍视的收获并不是恩师言传的知识与方法，而是恩师以不言之教给我立起来的心志与态度。我或许是一个不坏也不好的学生，总是在散漫与用心之间往复，连累我的老师们也在宽容与严格之间奔波。

承蒙国家社会科学基金资助，拙著得以付梓，在此郑重感谢。感谢项目评审过程中给予支持和提出意见的匿名专家，以及论文评审和答辩时提出宝贵建议的刘明祥教授、林维教授，帮助我加深对受欺骗承诺问题的思考。感谢中国社会科学出版社的宫京蕾老师和其他默默付出的同仁促成拙著顺利出版。感谢华中科技大学法学院的同事和领导在工作上对我的关照。

学术亦是坐隐，我的家人为我付出爱与包容，我始终歉疚。

拙著的句点，应当只是问题的起点，以此就正于读者方家，期待赐教。

杜治晗
2022. 2. 16